创新型教育学专业精品教材

小学科学课程与教学

主编　王　位　张非池

镇　江

内容提要

本书主要介绍了小学科学课程的主要内容及相关的教育教学理论和教学技能，以帮助小学教育专业的学生掌握科学教育活动的理论知识和技能。本书共10章，包括小学科学课程理论、小学科学课程资源、小学科学教学理论、小学科学教学设计与实施、物质科学相关内容教学、生命科学相关内容教学、地球与宇宙科学相关内容教学、技术与工程相关内容教学、小学科学教学评价和小学科学教师。

本书内容丰富，重点突出，针对性强，学练结合，可作为高等院校小学教育专业学生的教材。

图书在版编目（CIP）数据

小学科学课程与教学 / 王位，张非池主编. -- 镇江：江苏大学出版社，2024.4

ISBN 978-7-5684-1938-3

Ⅰ. ①小… Ⅱ. ①王… ②张… Ⅲ. ①科学知识—教学研究—小学 Ⅳ. ①G623.62

中国版本图书馆CIP数据核字(2022)第255015号

小学科学课程与教学
Xiaoxue Kexue Kecheng Yu Jiaoxue

主　　编 / 王　位　张非池
责任编辑 / 徐　婷
出版发行 / 江苏大学出版社
地　　址 / 江苏省镇江市京口区学府路301号（邮编：212013）
电　　话 / 0511-84446464（传真）
网　　址 / http://press.ujs.edu.cn
排　　版 / 三河市悦鑫印务有限公司
印　　刷 / 三河市悦鑫印务有限公司
开　　本 / 787 mm×1 092 mm　1/16
印　　张 / 16.25
字　　数 / 388千字
版　　次 / 2024年4月第1版
印　　次 / 2024年4月第1次印刷
书　　号 / ISBN 978-7-5684-1938-3
定　　价 / 49.80元

如有印装质量问题请与本社营销部联系（电话：0511-84440882）

前言
PREFACE

2022 年 4 月，教育部印发《义务教育课程方案和课程标准（2022 年版）》，旨在推进育人方式改革，着力培养学生核心素养，为义务教育的优质均衡、高质量发展提供有力支撑。这意味着我国义务教育课程改革又进入一个崭新的时代——核心素养时代。

小学科学课程是义务教育课程的重要组成部分。《义务教育课程方案和课程标准（2022 年版）》为小学科学课程的教学改革指明了方向，具体依据为《义务教育科学课程标准（2022 年版）》。《义务教育科学课程标准（2022 年版）》首次将 1～9 年级的科学课程内容作为一个整体进行规划，注重幼小衔接、小初衔接和初高衔接，同时提出了包括科学观念、科学思维、探究实践和态度责任 4 个维度的科学课程核心素养，并针对课程内容设置了 13 个学科核心概念与 4 个跨学科概念，对小学科学课程的教学提出了新的要求。

为了推进小学科学课程的教学改革，推动科学教育的高质量发展，我们编写了这本《小学科学课程与教学》。本书从小学科学教育的特征和实际要求出发，系统阐述了小学科学课程教学的基本特点和我国小学科学教育改革发展的新理念、新要求、新方式，全面介绍了小学教育专业学生从事小学科学教学工作所必须掌握的科学教育基本理论、科学课程教学方法、科学课程教学设计技能、科学课程教学评价方式等。

总体而言，本书具有以下特色。

1. 立德树人，培根铸魂

党的二十大报告指出："育人的根本在于立德。"本书全面贯彻党的二十大精神，积极落实立德树人的根本任务，以培养学生正确的世界观、人生观和价值观为己任，将爱国精神与文化自信、人文精神与工匠精神、创新意识与社会责任、科技进步与社会发展等素质教育元素有机地融入正文与各类模块中，以引导学生培养良好的职业素养，使其逐步成长为"有理想信念、有道德情操、有扎实学识、有仁爱之心"的小学科学教师。

2. 校企合作，协同育人

本书由双师型教师和企业专职人员合作编写而成，其内容安排和体例设计充分考虑了课程标准的要求和小学科学教师的实际需求，注重培养学生的专业核心素养与科学教育实践能力。通过对本书的学习，学生能够更好地掌握小学科学课程与教学的相关知识，并做到学以致用，从而为将来更好地开展小学科学教育活动打好基础。

3. 创新理念，助力成长

本书切实践行“以学生为主体，以教师为主导，以能力为根本”的教育理念，按照“必需、够用、兼顾发展”的原则组织内容。在内容的编排上，本书采用“案例导入+知识讲解+案例研读+思考探究+课后实践”的框架，让学生化被动为主动，在做中学，在学中做，进而使其逐步加深对教学原理的认识，全面提升实际教学能力。

4. 体例丰富，学有所用

本书内容丰富，逻辑清晰，重点突出，各章均设置了“学习目标”“案例导入”“实践活动”等模块，以增强教材内容的实用性、可读性和趣味性。其中，“学习目标”模块可以帮助学生明确各章的学习要点；“案例导入”模块从典型案例入手，引出各章的学习内容，可以激发学生的学习兴趣；“实践活动”模块根据各章所讲解的内容安排相应的实践活动，可以检验和巩固学生的学习成果。此外，本书正文中适当穿插了“典型实例”“提示”“合作探究”“知识链接”“匠心筑梦”等模块，不仅能帮助学生深入理解所学知识，还能拓宽学生的知识面。

5. 精讲案例，指导实践

本书注重内容的实用性，在保证够用的情况下尽量简化理论内容，并在文中穿插了大量与实际教学工作联系紧密的典型案例。这些案例可引导学生将所学知识灵活运用到真实的教学情境中，并为学生开展科学教学工作提供相应的指导，有利于学生快速提升实践能力。

6. 科技赋能，平台支撑

本书配备了丰富的学习资源。读者可以借助手机或其他移动设备扫描书中的二维码获取微课视频，也可以登录文旌综合教育平台“文旌课堂”查看和下载本书配套资源，如优质课件、教案等。读者在学习过程中有任何疑问，都可以登录该平台寻求帮助。

本书由王位、张非池担任主编，吴彦旻、代桂萍、游宇晴、王宪锋、李青松、李梅担任副主编。由于编者水平和能力有限，书中难免存在疏漏与不妥之处，敬请广大读者批评指正。

特别说明：

（1）本书在编写过程中参考了大量资料并引用了部分文章和图片。这些资料大部分已获授权，但由于部分资料来自网络，我们暂时无法联系到原作者。对此，我们深表歉意，并欢迎原作者随时与我们联系，我们将按规定支付酬劳。

（2）本书中没有注明出处的案例均为编者自编或根据实例改编。

本书配套资源下载网址和联系方式

网址：https://www.wenjingketang.com

电话：400-117-9835

邮箱：book@wenjingketang.com

目录
CONTENTS

03 第三章 小学科学教学理论

04 第四章 小学科学教学设计与实施

05 第五章 物质科学相关内容教学

第一章

小学科学课程理论

学习目标

知识目标

- 理解科学的概念。
- 了解我国小学科学课程的目标和内容。
- 明确我国小学科学课程的性质和理念。

技能目标

- 能在实际教学中落实小学科学课程的目标和理念。

素养目标

- 充分认识小学科学课程的育人功能，树立大科学观。

案例导入

在为小学1年级学生的第一堂小学科学课备课时，对于如何让学生认识这门课并对这门课产生兴趣，小学科学教师刘老师绞尽了脑汁。最终，刘老师决定用猜谜语的方式引导学生认识科学。

进入教室后，刘老师先做了简单的自我介绍，然后对学生说："上课前，我们先做一个小游戏——猜谜语。"全班学生兴致勃勃地等待刘老师出题。"'千条线，万条线，落在水里看不见。'大家猜猜看，这是什么？"刘老师的话音刚落，大家便纷纷猜测起来，很快就有人回答："老师，是雨！"刘老师笑眯眯地说："真聪明！那同学们再想一想，天上为什么会下雨呢？"这个问题可把学生难住了，大家鸦雀无声。

刘老师继续引导大家猜谜语："像是烟来没有火，说是雨来又不落，有时能遮半边天，有时只见一朵朵。"话音刚落，就有学生抢答："是云！"刘老师继续问："云是怎样形成的呢？"有人问："是棉花飘到了天上吗？"刘老师笑着摇摇头，请大家猜第3个谜语："有时落在山腰，有时挂在树梢，有时像面圆镜，有时像把镰刀。""是月亮！"大家异口同声地说。刘老师继续问大家："月亮为什么会变来变去呢？"学生的回答很有趣，有人说"因为云遮住了月亮"，还有人说"因为月亮会变身"。大家你一言我一语地猜测着。

等大家安静下来后，刘老师笑着说："天空为什么会下雨？云是怎么形成的？月亮为什么会变来变去？这些问题的背后都蕴涵着一定的科学道理。同学们，在科学课上，大家可以认识大自然，学习各种自然现象中所蕴含的科学知识。接下来，让我们一起走近科学，探索大自然的奥秘……"

第一节 走近科学

一、什么是科学

对于"科学"的定义，一些权威文献进行了总结，如《辞海》（第七版）认为"科学是运用范畴、定理、定律等思维形式反映现实世界各种现象的本质和规律的知识体系"，《现代汉语词典（第7版）》对"科学"的解释是"反映自然、社会、思维等的客观规律的分科的知识体系"。可见，前述两个文献均把科学视为一种知识体系。

2022年4月，我国教育部印发了《义务教育科学课程标准（2022年版）》（以下简称《课程标准》）。《课程标准》开篇就对科学做出了明确的定义："科学是人类在研究自然现象、发现自然规律的基础上形成的知识系统，以及获得这些知识系统的认识过程和在此过

程中所利用的方法。根据研究对象不同，可将科学分为物理学、化学、生物学、天文学、地球科学等分支。这些分支具有研究方法的差异，也共享一些通用的科学方法，呈现出相互渗透、交叉融合的趋势。科学为技术与工程提供了理论基础。科学、技术与工程的相互促进作用日益增强……在广义的理解中，科学也包括技术与工程。”

也就是说，其一，科学不仅是一种知识体系，还是形成科学思维的过程和探究未知领域的方法；其二，小学科学课程中的科学主要指自然科学，包括物理学、化学、生物学、天文学、地球科学等；其三，科学包括技术与工程。

科学的发展

在古代，人们并没有对科学与哲学进行严格的区分。公元前 6 世纪，古希腊人便开始探索宇宙的奥秘，他们将某一物质作为世界的起源，认为这一物质经过不断变化产生了世界万象。

公元前 4 世纪（亚历山大东征之后），东西方文化在历史上出现了第一次大规模的冲撞和交融，富有理性精神的西方哲学与古代近东（早期文明的发源地，即今中东一带）的数学、天文学相结合，使得自然科学取得了突破性的发展：科学与哲学逐渐分离，各学科日益专门化，数学、物理学、化学、地理、生物学、医学、天文学等成为既相互渗透又相互独立的学科。这一时期被历史学家称为“古代科学的黄金时代”。

近代科学始于 16 至 18 世纪的科学革命。这一时期出现了一系列科学发明，这些科学发明引起了知识、思维方式及社会的巨大改变。从 16 世纪开始，一大批科学家积极从事各门科学的研究与探索，天文学、物理学、化学、生物学、医学等科学都有了突破性进展，取得了丰硕的成果。最终，数代人的不懈努力使西欧各国出现了持续两个多世纪的科学革命和近代历史上的第一次科学大发现。

与此同时，科学的发展也推动着技术的不断进步，技术的不断进步推动了工业革命的进程。反过来，技术的不断进步也推动着科学的不断发展。

（资料来源：王斯德，《世界通史・第二编：工业文明的兴盛：16—19 世纪的世界史（第三版）》，华东师范大学出版社，2020 年）

二、科学的特征

人们对科学特征的认识和理解，随着科学的发展而不断深化。根据人们对科学史的理解和对不同科学观的总结，科学的主要特征可以归纳为以下几点。

（一）客观真理性

科学的客观真理性主要体现在两个方面。一方面，科学研究的对象是客观事物或现象，是以客观事实为出发点的；另一方面，科学结论是对客观事物本质及其规律的反映，是不以人的意志为转移的。

（二）可检验性

任何科学理论都必须在可控条件下接受重复的检验，以确保其客观真理性。如果某一科学理论经过科学检验后被证伪，那么该理论就必须考虑废弃或进行修正。例如，被誉为“数学皇冠上的明珠”的哥德巴赫猜想至今尚未被证明，所以不能作为数学定理来使用。又如，古希腊学者欧多克斯提出的“地心说”被波兰天文学家哥白尼提出的“日心说”修正。

科学理论接受检验的过程也是理论自身逐渐完善的过程。随着技术的不断发展，人们可以进一步观察参数变化在一定条件下对科学结论的影响，进而完善科学理论的表述。

任何科学理论都有其特定的适用条件或范围。例如，广义相对论在微观世界会失效，量子理论在宏观世界会失效。因此，某一科学理论不适合某种特定情况，并不意味着该理论无效，而只能说明这个理论不能应用于这种情况。

（三）理论系统性

科学的理论系统性表现为科学是系统化的知识体系。它在对自然现象及其规律进行探究和分析的基础上，通过概念、判断、推论等方式将客观知识准确地表达出来，使其构成严密的逻辑体系。科学的理论系统性要求科学全面地反映客观事物，避免片面和僵化。

第二节　小学科学课程概述

小学阶段是儿童认识自然、学习科学的启蒙阶段。在这一阶段，实施科学教育不仅能够激发儿童对科学的兴趣，而且能够培养儿童的科学思维能力，帮助儿童养成科学的生活习惯，进而提升科学素养。因此，在小学阶段开设科学课程具有重大意义。

一、小学科学课程的性质

《课程标准》明确指出，“义务教育科学课程是一门体现科学本质的综合性基础课程，具有实践性”。这里所说的基础性、实践性和综合性，可以理解为小学科学课程的性质。

（一）小学科学课程是一门基础性课程

小学科学课程的基础性主要体现在课程地位上。《课程标准》将科学视为与语文、数学同等重要的基础课，并规定从小学 1 年级开始开设科学课程。这就意味着科学课程将贯穿于整个义务教育阶段，科学知识是小学生必须掌握的基础知识。

《课程标准》明确指出，科学课程有助于学生保持对自然现象的好奇心，从亲近自然走向亲近科学，初步从整体上认识自然世界，理解科学、技术、社会与环境的关系，发展基本的科学能力，形成基本的科学态度和社会责任感，逐步树立正确的世界观、人生观和价值观，为今后学习、生活及终身发展奠定良好的基础；有助于提高全民科学素质，促进经济社会发展和科技强国建设。

具体而言，小学科学课程的基础性主要体现在课程对学生科学观念、科学思维、探究实践、态度责任的培养上。在科学观念方面，小学科学课程能让小学生初步了解与其认知水平相适应的一些基本的科学知识，从而为中学阶段学习物理学、化学、生物学、天文学、地球科学等学科奠定基础。在科学思维方面，小学科学课程能让小学生初步掌握观察、调查、比较、分类、分析资料、得出结论等方法。在探究实践方面，小学科学课程能让小学生运用科学观念和科学思维理解身边的自然现象并解决一些简单的实际问题。在态度责任方面，小学科学课程能让小学生对自然充满好奇心，树立批判意识、创新意识、环境保护意识、合作意识，并培养社会责任感，从而为今后的学习、生活及终身发展奠定良好的基础。

（二）小学科学课程是一门实践性课程

小学科学课程的实践性主要体现在育人方式和学习方式两个方面。一方面，义务教育课程要求变革育人方式，使育人方式突出实践性；另一方面，科学课程内容本身的特点和青少年认知发展的阶段性特点，要求小学生在探究实践的过程中进行学习。前述两个方面要求小学科学课程采用以探究实践为主的多样化教学方式，引导学生从其熟悉的日常生活出发，通过观察、测量、制作、实验、调查等实践活动，积极体验科学探究的过程及技术与工程实践的过程，理解科学知识，并对所学知识和方法进行总结、反思、应用和迁移，进而学会用科学观念和科学思维解决实际生活中的简单科学问题。

（三）小学科学课程是一门综合性课程

小学科学课程的综合性主要体现在课程内容的综合呈现、学习方法的综合运用，以及与并行课程的相互渗透 3 个方面。

首先，小学科学课程通过多个核心概念呈现课程内容，综合发挥物质科学、生命科学、地球和宇宙科学、技术与工程等领域知识的育人功能，能够让学生综合运用不同领域的科学知识理解自然现象并解决实际问题。

其次，小学科学课程强调多种学习方法的综合运用，如学习内容与已有经验的结合、动手与动脑的结合、书本理论与探究实践的结合等，旨在通过这种方式提高学生的自主学

习能力和学以致用的能力。

最后，小学科学课程注重本课程内容与并行开设的语文、数学等课程内容的相互渗透，以提升学生的综合素养。

我国小学科学教育及课程标准的变革与发展

在古代，儿童科学教育与儿童识字教育是结合在一起的，学习内容主要为认识自然物和自然现象。例如，我国现存最早的识字课本《急就篇》就提到了工具器物、农作物、虫鱼鸟兽及六畜等自然物的名称；宋代蒙书《名物蒙求》涵盖了天文、地理、鸟兽、花木、日用品、耕种操作等方面的内容。

20 世纪初，在“废科举，兴学校”运动的推动下，科学教育逐渐受到重视，且在小学课程中的地位得以确立。

1904 年年初，清政府颁布了《奏定学堂章程》。该章程规定，完全科初等小学设修身、历史、地理、格致等课程，简易科初等小学将后 3 门课程合并成“史地格致科”，高等小学设修身、中国历史、地理、格致等课程。其中，“格致”就是科学课。自此，科学课成为小学阶段的一门必修课程。

1922 年，小学学制改为“四二制”，初等小学设社会和自然两门课程。自此，“自然”成为我国小学科学课程的通用名称。

1956 年，我国制定了中华人民共和国成立后的第一个自然教学大纲，该大纲规定初等小学阶段的自然课内容在语文课中进行教学。为了让学生有机会开展与自然科学学习有关的实践活动，除语文课本中编有自然课文之外，每周还要占用一节语文课单独上自然课。高等小学每周有 2 个课时的自然课。初等小学学习生物界自然，高等小学学习非生物界自然。1963 年，初等小学的自然课被取消。

1977 年，国家教育委员会（现教育部）发布了全国通用的《全日制十年制学校小学自然常识教学大纲（试行草案）》。该大纲规定，小学阶段只在最后两年开设自然常识课。

1982 年，国家教育委员会（现教育部）对 1977 年的大纲进行了修改，决定将小学自然课提前至 3 年级开设，从而使科学课的学习时间增加了 1 年。

1992 年，国家教育委员会（现教育部）发布了《九年义务教育全日制小学自然教学大纲（试用）》。该大纲对自然科学的性质、任务、地位和作用进行了明确规定，澄清了人们对自然科学的一些模糊认识，甚至错误认识。此外，该大纲结合我国小学自然科学课程自身的特点，初步建立了一套适合我国国情的小学自然科学课程结构体系。

2001 年，教育部发布了《全日制义务教育科学（3～6 年级）课程标准》，将小学“自然课”改为“科学课”。该课程标准指出，小学科学课程是以培养科学素养为宗旨的科学启蒙课程，并强调小学生是科学学习的主体，要让学生亲历以探究为主的科学学习活

动。同时，小学科学课程的内容要贴近儿童生活，符合现代科技发展趋势，适应社会发展需要，且有利于个人发展。

2017 年，教育部发布了《义务教育小学科学课程标准》。该标准要求小学科学课程从 1 年级开始开设，强调小学科学课程的基础性、实践性和综合性，并首次把“技术与工程”列为小学科学课程的学习内容。这体现了国际 STEM 教育发展的新趋势。STEM 理念的核心在于，将科学（science）、技术（technology）、工程（engineering）和数学（mathematics）进行跨学科融合，通过项目探究和动手实践的方式，培养学生的创新能力、沟通与合作能力、自主学习能力、解决问题的能力等。

2022 年，教育部发布了《义务教育科学课程标准（2022 年版）》。该课程标准与 2017 年版科学课程标准相比具有以下特点：在课程理念上，提出以核心素养为导向，进一步彰显育人性、结构性、进阶性、探究实践性和综合性；在课程目标上，立足于学生核心素养的发展，注重学段目标与学生核心素养培养的紧密结合，旨在为学生的终身发展奠定基础；在课程内容上，呈现出以学生核心素养统摄课程内容、结构进一步优化、新增跨学科主题学习、新增学业要求等新变化。

（资料来源：李华，《中国小学科学课程改革历史简析》，
上海市徐汇区教育学院网站，2006 年 3 月 16 日）

二、小学科学课程的目标

2017 年版《义务教育小学科学课程标准》更多地强调学生科学素养的培养，2022 年版《课程标准》则提出，“科学课程旨在培养学生的核心素养，为学生的终身发展奠定基础”，进而阐释了“核心素养”的内涵，并明确规定了科学课程的总目标。同时，由于小学科学课程的学习周期比较长，《课程标准》结合学生的年龄特征和认知规律，将小学的 6 个年级划分为 3 个学段，即低学段（1～2 年级）、中学段（3～4 年级）、高学段（5～6 年级），并根据核心素养的要求确定了学段目标。下面简要介绍小学科学课程所要求的核心素养、总目标和学段目标。

《义务教育科学课程标准（2022 年版）》为科学课程的改革指明了方向

（一）核心素养的内涵

《课程标准》指出，“科学课程要培养的学生核心素养，主要是指学生在学习科学课程的过程中，逐步形成的适应个人终身发展和社会发展所需要的正确价值观、必备品格和关键能力，是科学课程育人价值的集中体现，包括科学观念、科学思维、探究实践、态度责任等方面”。

1. 科学观念

《课程标准》指出，“科学观念是在理解科学概念、规律、原理的基础上形成的对客观事物的总体认识”。

具体而言，科学观念不仅包括科学、技术与工程领域的一些具体观念（如对物质、能量、结构、功能、变化的认识），也包括对科学本质的认识、对人与自然之间关系的认识，以及运用科学观念解释自然现象、解决实际问题的能力等。也就是说，小学科学课程不仅要教给学生科学知识、技能和方法，还要培养学生在生活中应用科学知识、技能和方法的能力。

2. 科学思维

《课程标准》指出，“科学思维是从科学的视角对客观事物的本质属性、内在规律及相互关系的认识方式，主要包括模型建构、推理论证、创新思维等”。

科学课程的主要内容是自然科学，而自然科学的研究对象具有客观性，不以人的意志为转移。学生要想揭示各种自然现象的本质，利用和改造自然，就必须对观察到的科学现象、科学事实、科学过程等形成清晰、深刻、系统的认识，并且将感性认识上升到理性认识，这个过程就是科学思维的过程。

概括而言，科学思维主要包括模型建构、推理论证和创新思维 3 个要素。其中，模型建构是个体在抽象和概括客观事物的基础上，构建易于研究、能够反映事物本质特征和共同属性的理想模型的过程。推理论证是个体基于证据与逻辑，运用归纳、演绎、类比、分析、综合、比较、分类等思维方法，建立证据与解释之间的关系并提出合理见解的过程。创新思维是个体从不同角度分析、思考问题，提出新颖而有价值的观点和解决问题的方法的过程。

上述 3 个要素能分别反映学生对科学知识的理解能力、运用已知信息推理结论和解释结论的能力，以及运用已知信息进行创新的能力。这都是小学科学课程应当让学生掌握的能力。

3. 探究实践

《课程标准》指出，“探究实践主要指在了解和探索自然、获得科学知识、解决科学问题，以及技术与工程实践过程中，形成的科学探究能力、技术与工程实践能力和自主学习能力”。

其中，科学探究能力是人们探索和了解自然、获得科学知识的重要能力，主要体现为提出科学问题、形成猜想和假设、获取和处理信息、基于证据得出结论并做出解释的能力，以及对科学探究过程和结果进行交流、评估、反思的能力。技术与工程实践能力主要体现为根据实际需要构思与设计创意方案的能力、利用工具材料进行操作并根据效果反馈不断迭代的能力，以及利用自制的简单装置或实物模型验证或展示原理、现象、设想的能力。自主学习能力主要体现为自主确定学习目标、选择学习策略、监控学习过程（包括规划学习时间、调整学习方法等）、反思学习过程与结果的能力。

探究实践贯穿于学习科学知识、解决科学问题、开展技术与工程实践等各个环节，是

学生形成科学素养及其他素养（如创新素养、人文素养等）的关键能力。因此，小学科学课程应当帮助学生掌握并提升这项能力。

4. 态度责任

《课程标准》指出，“态度责任是在认识科学本质及规律，理解科学、技术、社会、环境之间关系的基础上，逐渐形成的科学态度与社会责任”。

其中，科学态度是个体对科学对象、科学现象、科学过程、科学事实、科学理论、科学研究等所持有的稳定的心理倾向。良好的科学态度对培养社会主义核心价值观具有重要价值，主要体现为有探究兴趣、有求实精神、有创新精神、乐于合作与分享。社会责任是个体在家庭、学校、社会等环境中应尽的义务和应有的担当，主要体现为个体能践行健康的生活方式、具有促进人与自然和谐发展的意识、能对科学领域的问题做出正确的价值判断、遵守科学技术应用中的法律法规和伦理道德、具有家国情怀等。科学态度和社会责任是个体适应其终身发展和社会发展的必备品格，也是小学科学课程育人价值的重要体现。

核心素养的 4 个要素相互依存，共同构成一个完整的体系，体现了科学课程的育人价值，如图 1-1 所示。

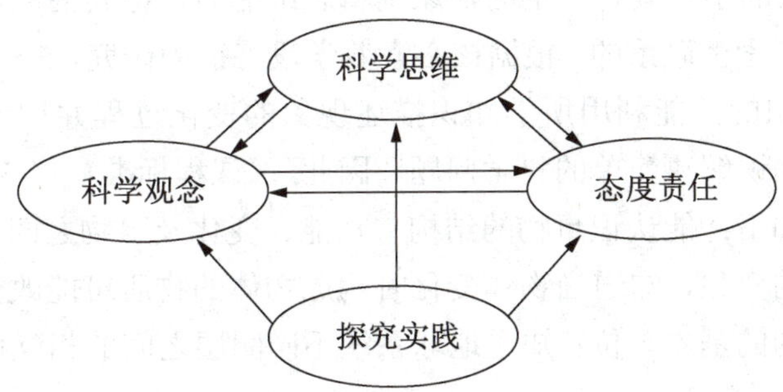

图 1-1 核心素养各要素之间的关系

（二）小学科学课程的总目标和学段目标

《课程标准》以核心素养及其对应的学段特征为主要依据，从核心素养的 4 个方面提出了小学科学课程的总目标和学段目标。

1. 科学观念目标

1）科学观念的总目标

科学观念的总目标是让学生掌握基本的科学知识，形成初步的科学观念。具体而言，小学科学课程应让学生初步认识科学的本质，掌握与认知水平相适应的科学知识，初步形成基本的科学观念，并能用其解释有关的自然现象，解决简单的实际问题。

2）科学观念的学段目标

基于科学观念总目标的要求，《课程标准》根据不同学段学生思维发展特点和学习能力的不同，设置了科学观念学段目标。下面简要阐述科学观念学段目标。

（1）1～2 年级的学生处于具体形象思维阶段，一般只能认识具体事物的外部特征。

根据核心素养学段特征的研究，1～2 年级的学生知道自然界的事物有一定的外部特征，能在教师的指导下观察和描述日常生活中的常见现象。因此，《课程标准》将 1～2 年级学生的科学观念学段目标确定如下：能在教师的指导下认识具体事物的外部特征。例如，认识常见物体的基本外部特征，认识生活中常见的材料；认识周边常见的植物和动物，能简单描述其外部主要特征和生长过程；能描述太阳升落、季节变化和月亮形状变化等自然现象；等等。

（2）3～4 年级的学生处于由具体形象思维向抽象逻辑思维过渡的阶段，可以认识事物的性能、作用、分类、条件、原因、规律等。根据核心素养学段特征的研究，3～4 年级的学生知道自然现象是有规律的，能在教师的引导下运用所学的科学知识描述并解释常见现象的外部特征。因此，《课程标准》将 3～4 年级学生的科学观念学段目标确定如下：能在教师的指导下认识事物的性能、作用、分类、规律等。例如，认识物体有多种运动形式，力可以改变物体的运动状态；认识植物的某些结构及动物的某些结构与行为具有维持自身生存的功能；认识太阳、地球和月球，知道它们之间的空间关系；等等。

（3）5～6 年级的学生具有一定的抽象逻辑思维能力，但其抽象逻辑思维能力在很大程度上是与感性经验紧密联系的。根据核心素养学段特征的研究，5～6 年级的学生知道自然规律是可以被认识的，能利用所学知识描述现象的变化过程并初步解释现象发生的原因，还能利用所学知识解决简单的科学问题。因此，《课程标准》将 5～6 年级学生的科学观念学段目标确定如下：能认识事物的结构、功能、变化及事物之间的相互关系。例如，初步认识常见物质的变化，知道当物体变化时构成物体的物质可能改变也可能不改变；认识细胞是生物体结构的基本单位；知道地球系统不同圈层之间的相互作用是各种自然现象产生的原因；等等。

可以看出，整个学段目标的设计充分反映了小学生的认知发展特点（即由具体形象思维逐步发展到抽象逻辑思维），体现了学习进阶的设计思路。

2. 科学思维目标

1）科学思维的总目标

科学思维的总目标是让学生掌握基本的思维方法，具有初步的科学思维能力。具体而言，小学科学课程应让学生掌握分析与综合、比较与分类、抽象与概括、归纳与演绎、联想与想象、重组思维、发散思维、突破定式等基本的思维方法及其在科学领域的具体应用；让学生能基于经验事实概括出理想模型，具有初步的模型理解能力和模型建构能力；让学生能运用证据与推理对研究的问题进行描述、解释和预测，具有初步的推理与论证能力；让学生能对不同观点、结论和方案进行质疑、批判、检验和修正，进而提出创造性见解和方案，具有初步的创新思维能力。

2）科学思维学段目标

根据科学思维总目标的要求，小学科学课程首先要让学生掌握基本的思维方法，其次要让学生在模型建构、推理论证和创新思维这 3 个方面（即科学思维的 3 个要素）得到提升。

下面主要从基本的思维方法和科学思维的要素两个方面来简要介绍科学思维学段目标。

（1）在基本的思维方法方面，小学科学课程应关注学生在基本思维方法上的进阶发展。对于 1～2 年级的学生，应注重发展其对具体现象和事物外部特征进行观察、描述、比较、分类、判断的能力；对于 3～4 年级的学生，应引导其分析现象和事件发生的条件、过程、原因等，注重发展他们在归纳、推理等方面的能力；对于 5～6 年级的学生，应引导其关注事物的结构、功能和变化，以及事物之间的相互关系，注重发展他们在抽象、概括、综合、演绎等方面的能力。

（2）在科学思维的要素方面，小学科学课程应关注学生在模型建构、推理论证和创新思维这 3 个方面的进阶发展。

① 在模型建构方面，小学科学课程应逐步培养学生的模型建构意识和模型建构能力，让他们从分析具体事物的构成要素及要素之间的关系开始，逐步学会利用模型解释简单的科学现象，进而学会利用模型展示自己对事物本质特征的理解，并通过建构模型解释有关的科学现象和过程。

② 在推理论证方面，小学科学课程应培养学生在空间认知、比较与分类、抽象与概括、推理与论证等方面的能力进阶发展。例如，在比较与分类、抽象与概括方面，应让 1～2 年级的学生学会比较事物之间外部特征的不同点和相同点，学会根据事物的外部特征对常见事物进行分类；应让 3～4 年级的学生学会比较事物的某些本质特征，根据不同的目的对事物进行分类，基于事物之间的功能相似性进行类比；应让 5～6 年级的学生掌握比较的方法和分类的基本要求，学会用类比的方法认识事物的特征，理解归纳推理和演绎推理的基本方法并将其用于解决生活中的简单问题，抽象概括常见事物的本质特征，比较全面地分析问题的各种影响因素。

③ 在创新思维方面，小学科学课程应逐步培养学生的创新意识和创新思维能力，让他们从初步具有从不同角度提出观点的意识开始，逐步掌握重组思维、发散思维、突破定式等创造性思维的基本形式，进而学会运用创造性思维提出具有一定新颖性和合理性的观点，并进行初步的创意设计。

3. 探究实践目标

1）探究实践的总目标

探究实践的总目标是让学生掌握基本的科学方法，具有初步的探究实践能力。具体而言，小学科学课程应让学生掌握观察、实验、测量、推理、解释等基本的科学方法；让学生形成科学探究的意识，能理解科学探究涉及提出问题、做出假设、制订计划、搜集证据、处理信息、得出结论、表达交流、反思评价等要素，具有初步的科学探究能力；让学生能理解技术与工程涉及明确问题、设计方案、实施计划、检验作品、改进完善、发布成果等要素，具有初步的技术与工程实践能力；让学生能根据自身特点制订合理的学习计划，监控学习过程，反思学习过程与结果，具有初步的自主学习能力。

2）探究实践的学段目标

根据探究实践的学段特征和学生思维能力的发展特点，《课程标准》分别从问题与计划、证据与解释、交流与反思、技术与工程实践、学习能力这 5 个方面设置了探究实践学段目标，体现了学习进阶的设计思路。

（1）在问题与计划方面，小学科学课程应让 1～2 年级的学生初步具有提出问题和制订计划的意识；让 3～4 年级的学生初步具有根据具体现象与事物提出探究问题，基于已有经验和知识制订简单探究计划的能力；让 5～6 年级的学生初步具有从事物的结构、功能、变化及相互关系等角度，提出问题和制订比较完整的探究计划的能力。

（2）在证据与解释方面，小学科学课程应让 1～2 年级的学生初步具有搜集信息和得出结论的意识；让 3～4 年级的学生初步具有描述对象的外部特征和现象、分析处理信息并得出结论的能力；让 5～6 年级的学生初步具有获取信息、运用科学方法描述和处理信息并得出结论的能力。

（3）在交流与反思方面，小学科学课程应让 1～2 年级的学生具有简单交流和评价探究过程与结果的意识；让 3～4 年级的学生初步具有交流、反思及评价探究过程与结果的意识；让 5～6 年级的学生初步具有交流探究过程与结果，并进行评价、反思、改进的能力。

（4）在技术与工程实践方面，小学科学课程应让 1～2 年级的学生知道简单工具的功能和使用方法，能利用身边的材料和简单工具动手完成简单的任务；让 3～4 年级的学生初步具有参与技术与工程实践的意识及使用常见工具的技能；让 5～6 年级的学生初步具有构思、设计、实施、验证和改进的能力。

（5）在学习能力方面，小学科学课程应让 1～2 年级的学生能在教师的指导下完成学习任务并进行总结反思，初步养成良好的学习习惯；让 3～4 年级的学生能在教师的引导下制订和执行学习计划，对学习过程和结果进行总结反思，养成良好的学习习惯；让 5～6 年级的学生能开展自主性学习，初步具有制订学习计划、监控学习过程和总结反思的能力。

4. 态度责任目标

1）态度责任的总目标

态度责任的总目标是让学生树立基本的科学态度，具有正确的价值观和社会责任感。具体而言，小学科学课程应让学生做到以下 5 点：① 对自然现象具有好奇心和探究热情，乐于参加科学活动，并能克服困难，完成预定的任务；② 能基于证据和推理，实事求是地发表自己的见解；③ 培养批判性思维，敢于质疑，善于从不同角度思考问题，追求创新；④ 善于与他人合作、分享，积极参与交流和讨论，包容不同的观点；⑤ 热爱自然，珍爱生命，具有保护环境的意识和正确的价值判断，能遵守科学与技术应用方面的法律法规和伦理道德，自觉维护自身和他人的合法权益，捍卫国家利益。

2）态度责任的学段目标

基于态度责任总目标的要求，《课程标准》从探究兴趣、求实精神、创新精神、合作分享和社会责任这 5 个方面设置了态度责任学段目标。下面简要介绍态度责任学段目标。

（1）在探究兴趣方面，小学科学课程应将兴趣层次与学生学习的科学知识相结合，

分学段依次培养学生对科学课程的直觉兴趣（即对丰富多彩的科学现象的自发兴趣）、操作兴趣（即通过亲手操作了解现象、观察过程的兴趣）和因果兴趣（即对科学现象产生原因的探究兴趣）。

（2）在求实精神方面，小学科学课程应让1～2年级的学生能如实记录观察到的信息；让3～4年级的学生知道科学学科的学习与实践要实事求是，能如实记录和报告观察到的信息，具有基于事实表达观点的意识；让5～6年级的学生能以事实为依据做出独立判断，且在面对有说服力的证据时愿意调整自己的观点。

（3）在创新精神方面，小学科学课程应让1～2年级的学生知道可以有依据地质疑别人的观点，能够尝试从不同角度、以不同方式认识事物；让3～4年级的学生能有依据地质疑别人的观点，乐于尝试运用不同思路和方法开展探究实践；让5～6年级的学生善于有依据地质疑别人的观点，乐于尝试运用多种思路和方法开展探究实践，初步具有创新的兴趣。

（4）在合作分享方面，小学科学课程应让1～2年级的学生愿意倾听他人的观点，乐于分享和表达自己的观点；让3～4年级的学生愿意分享自己的观点，乐于倾听他人观点，进而改进和完善探究方案；让5～6年级的学生乐于就科学问题上的认识分歧与他人进行沟通交流和辩论，并基于证据反思和调整探究方案。

（5）在社会责任方面，小学科学课程应按照由具体到抽象、由知识到观念、由简单到复杂、由意识到行动的原则逐步培养学生的社会责任感。例如，就保护环境的社会责任感来说，小学科学课程应让1～2年级的学生树立珍爱生命、节约资源和保护环境的意识；让3～4年级的学生知道节约资源和保护环境的重要性；让5～6年级的学生愿意采取行动保护环境、节约资源。

匠心筑梦

春风化雨润童心，德育教育促成长

德育教育是学校教育的重要组成部分，是素质教育的核心，它关系到学生的健康成长。因此，学校德育工作是老师和家长非常关心的话题。那么，在小学科学课程中，教师应如何开展德育工作呢？

节日为媒：“三爱教育”立德树人，点亮童心

教师可在节日来临时，将“爱党、爱祖国、爱家乡”的相关内容及中华传统文化教育的内容融入科学课程教学中，为学生讲解党的奋斗历程、革命英雄事迹、传统节日的由来等，激发他们的爱国热情，引导学生树立正确的世界观、人生观、价值观，最终落实立德树人的根本任务。

培根树人：用有智慧的爱愉悦身心，开阔眼界

教师应着眼于新时代新要求，着力探索“以爱育爱”的教育模式，像父母一样爱学生，给予学生适合、适度、适应的教育，促进学生自然天性的均衡发展；秉承“以爱育爱、体验收获、快乐成长”的教学理念，坚持以“实践的德育”为抓手，让学生在体验活动中愉悦身心、开阔眼界。

此外，教师还可开展与垃圾分类、环境保护等相关的综合实践活动，让学生通过捡拾垃圾、进行垃圾分类等方式，从小树立环保意识，增强爱祖国、爱家乡、爱自然的美好情感。

三、小学科学课程的内容

（一）小学科学课程的内容结构

基于小学科学课程的性质和目标，《课程标准》设置了 13 个学科核心概念（下文将详细介绍），即能聚焦学科本质，概括事物的性质、特征及事物之间内在关系及其规律，抽象表述学科知识及相关概念之间的关系的观念、思维、原理。这 13 个学科核心概念突破了学科领域（即物质科学领域、生命科学领域、地球与宇宙科学领域、技术与工程领域）的界限，彼此相对独立又相互联系，增强了科学课程内容的系统性和综合性。同时，《课程标准》还设置了 4 个从横向视角看待科学的跨学科概念，即在科学课程的所有学科领域都有所运用，且能促进不同学科之间知识迁移和应用的主要概念。

一个跨学科概念常常横向连接多个学科核心概念，学生需要通过学习前文所提及的 13 个学科核心概念来理解跨学科概念，并将科学观念、科学思维、探究实践、态度责任等素养的培养有机融入学科核心概念的学习过程中。这 13 个学科核心概念和 4 个跨学科概念组成一个有机整体，形成了小学科学课程内容的主体。

小学科学课程的内容结构如图 1-2 所示。

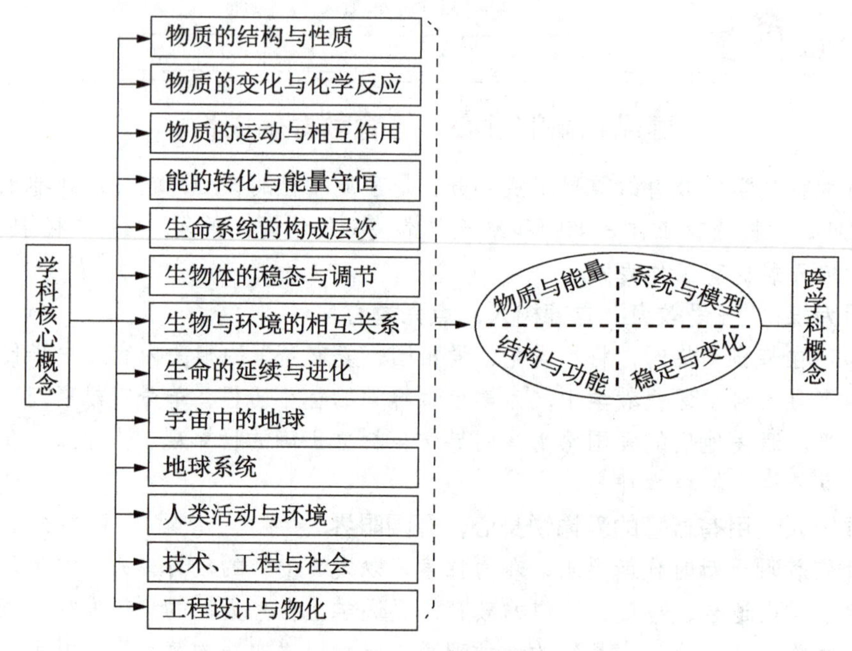

图 1-2　小学科学课程的内容结构

（二）小学科学课程的学科核心概念

虽然学科核心概念突破了学科领域的界限，实现了最大限度的综合性，但是大多数学科核心概念还是以某个学科领域为主，反映该学科领域所关注的某一类特殊研究对象的自然规律。下面将从物质科学、生命科学、地球与宇宙科学、技术与工程 4 个方面简要介绍小学科学课程的学科核心概念。学科核心概念属于大概念范畴，一个学科核心概念包含多个次位概念，《课程标准》将次位概念称为学科核心概念的“学习内容”。因此，在课程内容的呈现上，《课程标准》将每个学科核心概念分解成若干学习内容。

1．与物质科学紧密联系的学科核心概念

科学研究的对象是客观存在的物质，物质世界中的各种现象和过程都有其内在规律。物质科学就是研究物质及其运动变化规律的基础自然科学。通过学习物质科学方面的课程内容，小学生可以激发对物质世界的探究兴趣，逐步认识多种物质的特性和变化规律，以及物质的运动与相互作用等，并培养乐于观察、注重事实、勇于探索的科学品质。

与物质科学紧密联系的学科核心概念有以下 4 个。

（1）学科核心概念 1：物质的结构与性质。

该学科核心概念主要概括以下知识：世界是物质的，太阳系、地球、原子、基本粒子、电磁场等都是物质；组成与结构不同的物质具有不同的性质，物质的性质决定了其功能和用途。

（2）学科核心概念 2：物质的变化与化学反应。

该学科核心概念主要概括以下知识：物质是不断变化的，物质的变化分为物理变化和化学变化。物理变化是物质的状态发生了改变而没有新物质生成的变化；化学变化是物质的性质发生了改变且有新物质生成的变化。化学变化通过化学反应得以实现，其实质是原子的重新组合。化学反应需要一定的条件，合理利用与调控化学反应可以创造新的物质并为人类解决所面临的问题。

（3）学科核心概念 3：物质的运动与相互作用。

该学科核心概念主要概括以下知识：物质是运动的，物质的运动包括机械运动、热运动和电磁运动。物体之间存在相互作用力，包括电磁力、万有引力、强相互作用与弱相互作用；力可以改变物体的形状和运动状态。

（4）学科核心概念 4：能的转化与能量守恒。

该学科核心概念主要概括以下知识：在物质的一切属性中，运动是最基本的属性。对应物质的各种运动形式，能有各种不同的形式，如能在机械运动中表现为机械能，在热现象中表现为系统的内能。能量是一切运动着的物质的共同特性，也是各种运动的统一量度。能的形式是多样的，可以通过做功相互转化。在转移与转化过程中，能的总量保持不变。

上述 4 个学科核心概念并不是孤立的，它们之间有着内在联系。其中，学科核心概念 1 从宏观视角呈现物质世界，反映物质世界的构成性特征；学科核心概念 2 从微观视角呈现物质世界，概括物质的变化规律；学科核心概念 3 从物理学视角呈现物质世界，反映物质

世界的存在特征；学科核心概念 4 抽象概括了物质运动的动力及其形式与转换规律。

上述每个学科核心概念都包括若干项学习内容（第五章将详细讲解），共有 16 项学习内容，且每项学习内容对不同学段的学生有不同的要求。以学科核心概念 1“物质的结构与性质”为例，其学习内容 1.1 为“物质具有一定的特性与功能”，这项学习内容的学段内容要求如表 1-1 所示。

表 1-1　学习内容 1.1 的学段内容要求

学习内容	学段内容要求		
	1～2 年级	3～4 年级	5～6 年级
物质具有一定的特性与功能	① 观察并描述物体的轻重、薄厚、颜色、表面粗糙程度、形状等外部特征，能根据物体的外部特征对其进行简单分类 ② 识别生活中常见的材料	① 能使用简单的仪器测量一些物体的长度、质量、体积、温度等常见特征，并使用恰当的计量单位进行记录 ② 能根据物体的特征或材料的性质将两种混合在一起的物体分离开来，如分离沙和糖、铁屑和木屑等 ③ 描述某些材料的透光性、导电性，说出它们的主要用途	观察常用材料在水中的沉浮现象、导热性等，说出它们的主要用途

多视角看物质科学方面的学习内容安排

物质科学方面的学习内容，对不同学段的学生有不同的要求，突出体现了学习进阶的特征。

从知识视角来看，物质科学方面的学习内容具有以下进阶特征：从事实性知识到解释性知识、从定性知识到定量知识、从具体知识到抽象知识、从简单知识到复杂知识。基于这个进阶特征，事实性知识（如观察并描述物体的形状、薄厚、颜色、表面粗糙程度等特征）、定性知识（如观察并描述空气的颜色、状态、气味等特征）、具体知识（如观察并描述水的颜色、状态、气味等特征）、简单知识（如识别生活中常见的材料）安排在小学低学段；解释性知识（如知道空气流动是风形成的原因）、定量知识（如通过观察，描述一定量的不同物质在一定量水中的溶解情况）、抽象知识（如知道冰、水、水蒸气虽然状态不同，但都是同一种物质）、复杂知识（如知道空气是一种混合物质，氮气和氧气是空气的主要成分）安排在小学中学段或高学段。

从能力发展视角来看，物质科学方面的学习内容安排具有以下进阶特征：从科学观察到科学实验、从简单描述到复杂描述、从特征描述到分类辨识再到因果关联。基于这种进阶特征，科学观察、简单描述一般安排在小学低学段，特征描述、分类辨别一般安排在小学低学段或中学段，科学实验、复杂描述、因果关联一般安排在小学中学段或高学段。

2. 与生命科学紧密联系的学科核心概念

生命科学主要研究生命世界中的生命现象和生命活动规律。生命世界中包含动物和植物等多种生物类群，各种生物的生存都需要一定的条件，且生物个体能够生长、发育和繁殖后代，从而使这些生物类群得以延续。生物与生物、生物与环境相互依赖，相互影响，它们组成一个有机的整体。通过学习生命科学方面的内容，小学生可以初步形成生物体的结构与功能、局部与整体、多样性与共同性相统一的辩证观点，并培养热爱大自然、爱护生物的情感。

与生命科学紧密联系的学科核心概念有以下 4 个。

（1）学科核心概念 5：生命系统的构成层次。

该学科核心概念主要概括以下知识：生命系统是一种复杂的开放系统，与其他物质系统一样具有层次性，遵循自然界的共同规律。细胞、组织、器官、系统、个体、种群、群落、生态系统和生物圈是生命系统的构成层次，细胞是生物体结构与生命活动的基本单位。一些生物由单细胞构成，一些生物由多细胞组成。

（2）学科核心概念 6：生物体的稳态与调节。

该学科核心概念主要概括以下知识：生物体是一个在内部和外部不断进行物质循环、能量流动和信息交流与反馈的开放系统，能通过自我调节机制维持稳态。植物可以制造有机物，为其他生物提供食物；动物通过获取其他生物的养分来维持生存；人体通过一定的调节机制，完成一系列复杂的生命活动。

（3）学科核心概念 7：生物与环境的相互关系。

该学科核心概念主要概括以下知识：地球上每一种生物的生存都与环境密切相关，生物与环境之间的相互作用与相互协调促进了生态系统的动态平衡。人类的活动能对环境产生重大的影响，而生活环境与习惯也会影响人体健康。

（4）学科核心概念 8：生命的延续与进化。

该学科核心概念主要概括以下知识：生命通过生殖、发育和遗传使遗传信息代代相传，实现生命的延续。在生命延续的过程中，遗传信息可能会发生改变。生物的遗传、变异和环境因素的共同作用导致了生物的进化。

上述 4 个学科核心概念并不是孤立的，它们之间有着内在联系。其中，学科核心概念 5 从宏观角度展示生物多样性；学科核心概念 6 从个体的形态结构和生命活动的层面展示不同类型的生物，这个概念是从静态视角呈现生命世界的；学科核心概念 7 从系统的层面阐述生态系统中各要素之间的相互作用，这个概念是从动态视角呈现生命世界的；学科核心概念 8 从个体的角度分析遗传和变异现象。这些学科核心概念按照从直观到抽象、从感性到理性的原则，引导学生循序渐进地学习生命科学方面的知识，逐步认识生命世界，进而形成对生命世界的整体认识。

与此同时，上述每个学科核心概念都包含若干项学习内容（第六章将详细讲解），共有 19 项学习内容。这些学习内容更加具体，是对学科核心概念的进一步分解和阐释。每项学习内容对不同学段的学生有不同的要求。以学科核心概念 5“生命系统的构成层次”

为例，其学习内容 5.1 为“地球上存在动物、植物、微生物等不同类型的生物”，这项学习内容的学段内容要求如表 1-2 所示。

表 1-2　学习内容 5.1 的学段内容要求

学习内容	学段内容要求		
	1～2 年级	3～4 年级	5～6 年级
地球上存在动物、植物、微生物等不同类型的生物	① 说出生活中常见动物的名称及特征，说出动物的某些共同特征（如都会运动） ② 说出周围常见植物的名称及特征	① 根据某些特征，对动物进行分类 ② 识别常见的动物类别，描述某一类动物（如昆虫、鱼类、鸟类、哺乳类）的共同特征；列举几种我国的珍稀动物 ③ 说出植物的某些共同特征，列举当地的植物资源，尤其是与人类生活密切相关的植物	① 列举生活中常见的微生物（如酵母菌、霉菌、病毒），举例说出感冒、痢疾等疾病是由微生物引起的 ② 根据某些特征对植物进行分类

3．与地球与宇宙科学紧密联系的学科核心概念

地球是现阶段已知的宇宙中唯一适合人类生存的星球。地球与宇宙中的有关现象、事物和规律具有复杂性，需要人们利用实地观察、长期观测、建构模型、模拟实验、逻辑推理等方法进行研究。小学生利用这些方法学习地球与宇宙科学方面的知识，可以有效地发展空间想象、模型思维、逻辑推理等方面的能力，初步建立科学的宇宙观和自然观，以及人地协调的可持续发展观。

与地球与宇宙科学紧密联系的学科核心概念有以下 3 个。

（1）学科核心概念 9：宇宙中的地球。

该学科核心概念主要概括以下知识：地球是太阳系中的一颗行星，地球和月球组成地月系，太阳、绕太阳运转的行星及其卫星和各类小天体组成太阳系，太阳是银河系中的一颗普通恒星，银河系是宇宙中的一个普通星系。地球的自转和公转，形成了昼夜交替和四季变化等周期性的自然现象。人类对太空的探索，正在逐步揭开宇宙的奥秘。

（2）学科核心概念 10：地球系统。

该学科核心概念主要概括以下知识：地球是一个由不同圈层组成的系统。地球的外部包括大气圈、水圈和生物圈，内部包括地壳、地幔和地核，地壳和地幔的一部分组成了岩石圈。不同圈层之间存在物质交换和能量传输，决定了整个地球的演化方向。大气运动形成了天气和气候现象，岩石风化形成了土壤，流水和地壳运动是塑造地表形态的重要力量。

（3）学科核心概念 11：人类活动与环境。

该学科核心概念主要概括以下知识：人类只有一个地球。人类的生存和发展需要开发和利用自然资源，同时也面临着各种自然灾害的威胁。人类活动会对环境产生影响，良好的生态环境是一种重要的公共资源。坚持“绿水青山就是金山银山”的理念，合理利用自然资源，科学防灾减灾，践行绿色低碳生活方式，是人类社会可持续发展的必然选择。

上述 3 个学科核心概念按照从宏观到微观的逻辑呈现了涉及地球的宇宙空间，概括了

地球上的物质组成和圈层结构，以及人类与地球之间的关系。三者既有各自独立的知识体系，也有不可分割的联系。

与此同时，上述每个学科核心概念都包含若干项学习内容（第七章将详细讲解），共有 13 项学习内容。这些学习内容按照从简单到复杂、螺旋式上升的原则分布在低、中、高 3 个学段，对不同学段的学生有不同的要求。以学科核心概念 9“宇宙中的地球”为例，其学习内容 9.2 为“地球绕地轴自转”，这项学习内容的学段内容要求如表 1-3 所示。

表 1-3　学习内容 9.2 的学段内容要求

学习内容	学段内容要求		
	1～2 年级	3～4 年级	5～6 年级
地球绕地轴自转	观察并描述太阳每天在天空中东升西落的位置变化，初步学会根据太阳的位置辨认方向	观察并描述太阳光照射下物体影长从早到晚的变化情况	知道地球的自转轴、自转周期和自转方向，理解昼夜交替和天体东升西落等自然现象与地球的自转有关

4. 与技术与工程紧密联系的学科核心概念

技术与工程方面的内容是对物质科学、生命科学、地球与宇宙科学这 3 个方面内容的综合运用。通过学习技术与工程方面的内容，小学生可以全方位体验科学技术对人类生活和社会发展产生的影响，体会参加技术与工程实践活动的乐趣，并培养学以致用的意识和运用所学科学知识解决实际问题的能力。

与技术与工程紧密联系的学科核心概念有以下 2 个。

（1）学科核心概念 12：技术、工程与社会。

该学科核心概念主要概括以下知识：技术与工程具有独特的性质和特点，人们通过技术与工程创造了人造物，满足了自身的需求；科学、技术、工程相互影响和促进，对人们的生产和生活产生了重要影响，三者共同推动了社会的进步。

（2）学科核心概念 13：工程设计与物化。

该学科核心概念主要概括以下知识：工程活动的本质是创造人工实体（具有一定功能和用途的物体或者系统），设计与物化是工程活动的重要环节。工程首先要界定问题，明确需要满足的标准和受到的限制，形成多种可能的解决方案，进而基于证据优化并确定方案；物化就是选择合适的工具和材料，实施设计方案，并做出初步的产品或实物模型的过程。工程的设计与物化需要进行评估和改进。

上述 2 个学科核心概念并不是孤立的，它们之间有着内在联系。其中，学科核心概念 12 概括了技术与工程的价值，以及技术、工程和社会之间的关系；学科核心概念 13 概括了工程活动的本质和关键环节，描述了人们将设计或想法转化为具体实物或应用于现实的过程，反映了设计与物化对社会发展的重要价值。

提 示

> 科学、技术、工程三者密不可分。科学是个体在好奇心的驱使下提出关于自然的问题并找出答案的过程，以及在此过程中形成的一系列关于自然物质世界的解释体系。技术是应用科学知识解决生活中的实际问题（难题）和改造周围世界的工具。工程是人们以创造社会价值为目的，运用科学原理，采用技术手段，借鉴实践经验，利用自然之物，对已有的物质材料和生活环境加以开发、加工、生产和建设的实践。
>
> 技术与工程是人们将科学知识转化成物质力量的重要体现。

与此同时，上述每个学科核心概念都包含若干项学习内容（第八章将详细讲解），共有 6 项学习内容。同样，这些学习内容对不同学段的学生有不同的要求。以学科核心概念 12“技术、工程与社会”为例，其学习内容 12.2 为“技术与工程改变了人们的生产和生活”，这项学习内容的学段内容要求如表 1-4 所示。

表 1-4 学习内容 12.2 的学段内容要求

学习内容	学段内容要求		
	1～2 年级	3～4 年级	5～6 年级
技术与工程改变了人们的生产和生活	举例说明周围简单科技产品的结构和功能，知道科技产品给人们生活带来的便利、快捷和舒适	举例说出一些典型的技术（如交通技术、电力技术等）和工程（如高速铁路、发电站等）对人们生活的影响；尝试设计和制作某种产品的简化实物模型，并反映其中的部分科学原理	知道技术对提高生产效率或工作效率的影响，举例说明应用适当技术可以提高生产效率或工作效率，应用所学科学原理设计并制作出可以提高效率的作品

（三）小学科学课程的跨学科概念

《课程标准》所提及的 4 个跨学科概念具有横向连接多个学科核心概念的功能，具有独特的内涵。各个跨学科概念的基本内涵及它们在各学科领域的主要体现如下。

1. 物质与能量

物质与能量是系统的两个守恒量，它们共同限制了系统可能发生的变化。物质是系统能量的载体，能量是系统物质流动、循环的动力，因而研究系统的物质、能量的流动、循环及转换，有助于理解系统发展变化的可能性和局限性。

在物质科学领域，物质与能量主要体现为物质的本质、结构、性质和变化规律，物质的运动形式和驱动力，以及能的转换与能量守恒；在生命科学领域，物质与能量主要体现为生命的物质形态，以及生命体与外界进行物质与能量交换的过程；在地球与宇宙科学领域，物质与能量主要体现为宇宙中的物质形态和能量传播、地球的物质组成、地球上的物质循环与能量交换；在技术与工程领域，物质与能量主要体现为人们利用技术将自然界中的物质转变为一种新的物质形式，以及利用能的转换原理设计并实施工程活动的过程。

2. 结构与功能

结构与功能是系统的两个互补方面，功能可以用其结构来解释，结构也可以用其功能来解释。系统的功能常取决于某些关键部件的形状和它们之间的关系，以及制造它们的材料的特性。系统在不同维度或角度上具有不同的结构和特征，因此，讨论结构与功能需要根据问题选择合适的维度或角度。

在物质科学领域，结构与功能主要体现为物质的结构与性质，以及两者之间的关系；在生命科学领域，结构与功能主要体现为生物的结构及各种结构的独特功能，以及生物的结构与功能之间的相互关系；在地球与宇宙科学领域，结构与功能主要体现为地球的内部结构、表面地形地貌和自然现象的成因，以及地球上的生态系统与地球运动、宇宙环境之间的关系等；在技术与工程领域，结构与功能主要体现为合理的结构对预设功能的实现。

3. 系统与模型

系统是根据研究目的人为界定的，它是由关联的物体或元件组成的有秩序的整体，包含边界、组分及组分之间的相互作用。模型是对系统的理解和清晰的表达，可表现为列表、草图、计算机模拟或功能原型等形式。模型的构建就是根据研究目的对系统进行必要的假设和简化处理，以突出系统的本质特征，但这些假设和简化处理会影响模型的可信度和准确度。

在物质科学领域，系统与模型主要体现为人们可以通过建立物质世界的模型（如原子模型、分子模型等）来理解和解释物质世界，通过建立物质变化的模型（如化学反应模型等）来理解物质变化的规律，通过系统的方法模型（如实验模型等）来理解物质的性质和变化；在生命科学领域，系统与模型主要体现为人们可以通过建立生命现象的模型（如细胞模型、生态系统模型等）来理解和解释生命现象，通过建立生命变化的模型（如遗传模型、进化模型等）来理解生命变化的规律，通过对比不同的生命系统来理解生命的本质等；在地球与宇宙科学领域，系统与模型主要体现为人们可以通过建立地球模型来理解地球的形状、大小、物质构成及所处环境，通过建立太阳系模型来理解昼夜交替、季节变化及地球、月球和太阳之间的关系，通过地图模型来理解地理环境的客观本质等；在技术与工程领域，系统与模型主要体现为人们可以通过系统思维来理解工程活动中各种事物之间的关系，通过建立模型来模拟现实世界中的现象或推进复杂的工程系统的实现等。

无论在上述哪个学科领域，人们都可以运用系统思维为模型建构提供理论基础，并通过模型来反映系统的本质或特征。

4. 稳定与变化

稳定是指系统在某个观测维度上保持不变或总能回到平衡状态。它是系统变化的动态平衡。反馈是使系统保持稳定或变化的调节机制，负反馈（一种使系统输出与系统目标保持一致的调节机制）能使系统稳定，正反馈（一种使系统输出与系统目标偏离的调节机制）能使系统变化。稳定和变化都有一定的条件和范围。

在物质科学领域，稳定与变化主要体现为宏观世界和微观世界中的物质稳中有变、变中有稳的状态和变化规律，具体体现为物质可以在一定条件下发生物理变化（如水发生三态变化等）和化学变化（如木头燃烧后生成二氧化碳和水蒸气等）；在生命科学领域，稳定与变化主要体现为生物的新陈代谢、生长繁殖和适应性在不同生命阶段和环境中具有稳定性，同时也会受内外部因素的影响而发生变化，生物有相对稳定的遗传现象和持续而缓慢的变异现象；在地球与宇宙科学领域，稳定与变化主要表现为地球自转与公转的稳定性，其所引起的昼夜交替和四季更替现象的稳定性，以及地球表面形态和内部构造的缓慢演变等；在技术与工程领域，稳定与变化主要表现为工程产品的功能稳定性和可调控性，以及学生在完成技术与工程任务时所需要的思维能力的稳定性和应用能力的提高。

在小学科学课程的教学过程中，教师应深入理解跨学科概念，在教学设计中建立跨学科概念的学习内容与多个学科核心概念的学习内容之间的关系，有目的地引导学生理解跨学科概念，并促进学生应用跨学科概念、学科核心概念解释和解决实际问题。

关于跨学科概念的教学方式主要有以下 3 种：① 将跨学科概念与学科核心概念进行融合，并在科学探究实践中教授跨学科概念；② 直接教授和反复使用跨学科概念；③ 依托特定的情境和真实体验落实跨学科概念的教学。教师可以在引导学生扎实掌握科学基础知识的前提下，联系学生的日常生活和亲身体验，选择合适的方式教授跨学科概念。

四、小学科学课程的理念

（一）面向全体学生，立足素养发展

《课程标准》指出，小学科学课程应当以习近平新时代中国特色社会主义思想为指导，落实立德树人根本任务。核心素养是实现立德树人根本任务的重要抓手，把促进学习核心素质的发展作为科学课程的目标，既是党和国家的根本要求，也反映了国际科学课程改革的趋势。这就要求小学科学教师在实施科学课程的过程中做到以下两点。

《义务教育科学课程标准（2022 年版）》对科学教师提出了的新要求

（1）充分发挥小学科学课程的育人功能，为全体学生提供公平的学习机会与发展机会，照顾学生的个体差异，激发每名学生学习科学知识的内在动机，使每名学生都受到良好的科学教育。

（2）立足于学生核心素养的发展，在传授学生物质科学、生命科学、地球与宇宙科学、技术与工程等领域的基础知识，使其初步形成基本的科学观念的基础上，注重培养学生的科学思维能力、科学探究和实践能力、科学态度与社会责任，并发展其学习能力和创新能力，使其逐步形成适应个人终身发展和社会发展所需要的正确价值观、必备品格和关键能力。

（二）聚焦核心概念，精选课程内容

《课程标准》突出了科学课程的综合性特点，并按照学科核心概念设计课程。这就要求小学科学教师在安排科学课程内容时遵循“少而精”原则，聚焦学科核心概念，精选与每个学科核心概念相关的学习内容，并设计相应的学习活动，确保这些学习活动突出重点、明确要求、适应小学生的年龄特点和学习特点。与此同时，小学科学教师应确保学生有充足的时间进行探究、实践和思考，让学生在学习学科核心概念的基础上理解跨学科概念，并能将所学科学知识和方法应用于真实情境。

与2017年版《义务教育小学科学课程标准》相比，2022年版《课程标准》加强了综合性，减少了概念和知识点的数量。其中，学科核心概念减少为13个，学习内容减少为54项，小学阶段的知识点由207个减少为161个。

（三）科学安排进阶，形成有序结构

实践证明，学生对科学概念的理解不是一步到位的，而且同一概念在不同学段的具体内涵也是不同的。因此，在实施小学科学课程的教学时，科学而系统地安排学科核心概念的一些下位概念的学习尤为重要。

基于此，《课程标准》根据科学进阶的思想，考虑到不同学段的进阶，整体设计了义务教育阶段的科学课程。这就要求小学科学教师在实施科学课程时遵循学习规律和学科规律，基于学生的认知水平和知识经验，科学地安排学习进阶。具体而言，应做到以下两点：一是确保学习内容由浅入深、由表及里、由易到难；二是确保学习活动由简单到综合。同时，小学科学教师还应注意将学习内容和学习活动有机地整合起来，设计适合不同学段的探究实践活动，构建有序递进的课程结构。

（四）激发学习动机，加强探究实践

学习动机是学生学习科学知识的重要动力，《课程标准》明确指出，小学科学课程教学应当高度重视对学生学习动机的激发。这就要求小学科学教师在教学过程中做到以下两点：首先，基于学生的生活经验和认知水平，设计学生喜闻乐见的科学活动，营造愉快的课堂氛围，保护学生的好奇心，以激发学生学习科学的内在动机；其次，突出学生的主体地位（即明确学生是学习与发展的主体，教师是学习活动的组织者和引导者），利用学校、家庭、社区的各种资源，创设良好的学习情境，设计适宜的探究问题，引发学生的认知冲突，启发学生积极思考。

与此同时，为了有效培养学生的核心素养，《课程标准》强调对教学方式的改革，指出小学科学课程教学应突出科学探究的本质，加强思维型科学探究。这就要求小学科学教师在教学过程中做到以下两点：首先，让学生掌握以探究实践为主的多样化学习方式，让

他们主动参与探究实践，在实践活动中动手动脑，积极体验科学探究的过程及技术与工程实践的过程；其次，重视师生互动和生生互动，引导学生对所学知识和方法进行总结、反思、应用和迁移，促进学生自主学习和合作学习。

（五）重视综合评价，促进学生发展

《课程标准》全面落实中共中央、国务院 2020 年印发的《深化新时代教育评价改革总体方案》的任务要求，明确指出小学科学课程应构建素养导向的综合评价体系，改进结果评价，强化过程评价，探索增值评价，健全综合评价，提高教育评价的有效性。这就要求小学科学教师在实施课程教学的过程中做到以下 5 个方面。

（1）在评价内容方面，重视对正确价值观、必备品格和关键能力的考查，全面评价科学观念、科学思维、探究实践、态度责任等方面素养的发展。

（2）在评价方法方面，注重过程评价，重视“教—学—评”一体化，关注学生在探究实践过程中的真实表现与思维活动，注意观察、记录和分析学生的学习过程，加强基于证据的评价。

（3）在评价功能方面，探索增值评价，发挥评价的诊断功能、激励作用和促进作用，提高学生自我评价和自我反思的能力，关注个体差异和学生取得的进步，引导学生合理利用评价结果、改善学习状况。

（4）在评价主体方面，注重主体多元化，充分调动学校、教师、学生等主体参与评价的积极性。

（5）在评价效果方面，要健全综合评价，确保方法多样、内容全面，并充分利用信息技术，以提高评价的科学性、专业性和客观性。

活动内容

解读《义务教育科学课程标准（2022 年版）》。

活动目标

通过解读《义务教育科学课程标准（2022 年版）》，深入理解在小学阶段开设科学课程的意义。

活动过程

（1）阅读《义务教育科学课程标准（2022 年版）》。

（2）通过网络、图书馆等途径搜集专家或一线教师对《义务教育科学课程标准

（2022 年版）》的分析与解读。

（3）整理并分析所搜集的资料，尝试根据自己的理解从小学科学课程性质、课程目标、课程内容、课程理念的设置等方面解读《义务教育科学课程标准（2022 年版）》。

（4）提交一份 500 字以上的解读报告。

活动评价

授课教师可参考表 1-5 对实践活动进行评价。

表 1-5　活动评价表

评价标准	完成情况 （优、良、中、差）	教师点评
搜集的资料全面、有价值		
解读视角独特，内容准确		
撰写的报告格式工整，表述清晰		

第二章

小学科学课程资源

学习目标

知识目标

- 理解小学科学课程资源的概念。
- 熟悉小学科学课程资源的分类。
- 掌握小学科学课程资源开发与利用的原则。
- 明确小学科学课程资源开发与利用的途径。

技能目标

- 能根据实际情况，通过多种途径开发小学科学课程资源。

素养目标

- 体会小学科学课程资源内容的广泛性，自觉发挥创造力，充分开发身边的各种科学课程资源并用于科学教学。

案例导入

小学科学教师周老师在科技馆为5年级的学生上了一节科学课。

学生们站在科技馆里，十分好奇地环视着四周。这时，周老师问大家："同学们，还记得去年我们在课堂上接触过的磁铁吗？"大家纷纷回答："记得！"还有学生开玩笑地说："同性相斥，异性相吸！"周老师笑了笑，继续说："看来大家还记得磁铁。今天，老师将带领大家认识电磁铁！请同学们跟我来。"

周老师把学生们带到了一个名为"旋转的铁球"（见图2-1）的展品前，让他们观察这个装置。过了一会儿，周老师按下了装置上的按钮。学生们观察到，一个圆盘里装着一个金属球，当周老师按下装置上的按钮后，这个金属球就在圆盘上不停地旋转。学生们对这个现象很好奇，纷纷问道："金属球为什么会旋转起来呢？"

图2-1 旋转的铁球

周老师示意学生们安静下来，并解释道："这个大圆盘的下方有一个线圈，线圈通电后会产生旋转磁场。老师刚才按的按钮就是线圈的电源开关。金属球在旋转磁场的作用下会产生感应电流，进而形成一个新的磁场。在两个磁场的相互作用下，金属球便会旋转起来。"

学生们听后很茫然，不能理解周老师的话。这时，周老师继续说道："我们来做一个小实验，实验结束后，大家就能明白这其中的原理了。"接下来，周老师将学生分组，拿出事先准备好的实验材料——电池、大头针、消磁铁钉、电池盒等，将其分发给各个小组，并指导各组成员完成了电磁铁装置的拼装，开展了电磁铁的实验探究。

实验结束后，各组成员学习到以下知识：电磁铁在通电后可以产生磁性，断电后磁性消失；电磁铁是一种将电能转化成磁能的装置。随后，周老师带领学生再次观察"旋转的铁球"，让学生回顾铁球旋转的原理，帮助学生巩固了通过这堂课获得的科学知识。

在这堂科学课中，周老师利用科技馆展品和课堂实验进行教学，激发了学生学习科学知识的兴趣。此处的科技馆展品和课堂实验都属于科学课程资源，能让学生直观地感知科学现象，更好地理解教材中的科学理论知识。

除了科技馆展品和课堂实验，小学科学教师在教学过程中还会用到其他种类的课程资源。下面，就让我们一起学习本章内容，认识更多的小学科学课程资源。

第一节 小学科学课程资源概述

由于课程性质特殊，小学科学课程的内容安排和教学实施都离不开课程资源的支持。可以说，当代科学教育所主张的突出学生主体地位、联系学生生活实际等课程理念的落实，都要建立在开发和利用课程资源的基础之上。

一、小学科学课程资源的概念

小学科学课程资源是指有助于开展小学科学教育的人力资源、物力资源及自然资源的总和。合理地利用这些资源，有助于激发学生学习科学知识的兴趣，进而提高教学质量。

随着社会的发展和科技的进步，小学科学课程资源越来越丰富，大体分为人力资源、物力资源和自然资源 3 种。具体而言，小学科学课程资源中的人力资源不仅包括小学科学教师，还包括学生家长、自然科学专家、科普人员等；物力资源不仅包括校园内的教材教具、图书馆、实验室、专用教室和实践基地，还包括校园外的博物馆（见图 2-2）、科技馆（见图 2-3）、展览馆、文化宫、科研院所等；自然资源则泛指大自然中存在的各类物质，如动植物、水、金属、太阳能、矿石等。

图 2-2 博物馆

图 2-3 科技馆

二、小学科学课程资源的分类

小学科学课程资源内容丰富，形式多样，按照不同的分类标准，可以划分成不同的类型。常见的分类形式如下。

（一）按照功能特点分类

按照功能特点的不同，小学科学课程资源可以分为素材性课程资源和条件性课程资源。

（1）素材性课程资源是指能够直接作为科学课程素材并为科学课程服务的资源，包括科学课程计划、科学课程标准、科学课程标准解读、科学课程教学指南、科学教科书、科学活动手册、科学音像制品、多媒体课件等。

（2）条件性课程资源是指能够作用于科学课程建设和科学课程教学过程，但不能直接构成科学课程素材的资源，包括具有科学素养的教师、教学管理人员、学科专家、科普人员、科学家，能够提供科学课程素材的学生、家长、社会人士，以及能够为科学教育服务的科学实验场地和设备等。

（二）按照空间分布分类

按照空间分布的不同，小学科学课程资源可以分为学校课程资源、家庭课程资源、社会课程资源和网络课程资源 4 类。这 4 类课程资源既含有素材性课程资源，也含有条件性课程资源。

在传统的科学教育实践活动中，科学课程的实施往往以学校课程资源为主，以家庭课程资源和社会课程资源为辅。学校课程资源包括校内的实验室、科学教材、科普图书馆、科技长廊（见图 2-4）、科学座谈、科学教师等；家庭课程资源包括有科学素养的家长、家庭科普书籍及相关音像制品等；社会课程资源包括科普宣传活动、植物园（见图 2-5）、青少年科技活动中心（包括模拟实验、视频展示等）、科技馆、博物馆、社会科普人员等。

图 2-4　科技长廊

图 2-5　植物园

随着现代信息技术的发展和广泛应用，互联网逐渐打破了学校课程资源、家庭课程资源和社会课程资源的界限，课程资源特别是素材性课程资源的广泛交流与共享，在很大程度上促使这 3 类课程资源相互转化，进而促进了网络课程资源的形成。

网络课程资源包括科学教育网站资源、网络数据库等，具有信息容量大、智能化、虚拟化、开放化等特点，以图片、音频、视频等形式将科学知识直观地展示给学生，让他们更好地理解科学课程内容。因此，网络课程资源在小学科学课程的教学过程中发挥着越来越大的作用。

（三）按照呈现形式分类

按照呈现形式的不同，小学科学课程资源可以分为文本资源、实物资源、活动资源、信息化资源等。

（1）文本资源主要是指以文字形式呈现信息的课程资源，包括教材、教学参考书、科普书籍等。它是小学科学课程资源的基本内容，具有科学性强、结构明确、便于使用等特点。

（2）实物资源主要是指以实物形态呈现的课程资源，包括教学仪器（如显微镜、电压表等）、教学标本（如动植物标本、矿物标本等）、教学模型（如人体骨骼结构模型、太阳系模型等）、教学挂图（如动物挂图、月相挂图等）、教学场所（如实验室、气象观测站、动物养殖园、图书馆等）等。此类资源能够在科学课程教学中起到很好的辅助作用。

（3）活动资源主要是指校内外的各种科学实践活动，如科学兴趣小组活动、科普活动、科学调查体验活动、科技社团活动等。这些资源能够营造浓厚的学科学、爱科学、用科学的氛围，既可以开阔学生的视野，又可以培养学生的科学思维。

（4）信息化资源主要包括音像资料（如教材配套光盘或科学教育实录光盘所载资料、科学教育频道的视频资料等）、互联网教育资源（如科学教育网站上的视频资料等）、人工智能资源（如智能机器人、智能航空模型等）等。此类资源具有表现力强、智能化、虚拟化、网络化等特点，能够有效地提高科学课程的教学效果。

请举例说一说身边有哪些小学科学课程资源。

第二节　小学科学课程资源的开发与利用

课程资源的开发就是寻找一切有可能用于课程且能够与教育教学活动联系起来并促进课程目标达成的资源的过程。课程资源的利用就是充分挖掘课程资源的教育教学价值的过程。课程资源的开发与利用联系紧密，开发是利用的前提，利用是开发的目的，两者相辅相成。

小学科学课程资源的开发与利用就是要针对小学生的特点，结合各地区的教学环境，从教学的实际需要出发，充分挖掘能够用于小学科学课程的适宜资源。

一、小学科学课程资源开发与利用的原则

（一）科学性原则

科学性原则是指小学科学课程资源的开发与利用应当符合以下 3 个方面的要求：① 课程资源的开发与利用要把握科学教育的思想性和政治导向，应在理解课程标准和教材编写意图的基础上进行，聚焦科学课程培养学生核心素养的需要，精选有助于科学学习的优质资源；② 课程资源的内容应无思想性、知识性的错误；③ 课程资源开发与利用的方法和途径必须经过精心筛选、集中研讨和反复论证，能满足实际教学需求。

（二）开放性原则

开放性原则是指小学科学教师应当以开放的态度对待一切符合课程标准要求、有利于教学目标达成的课程资源。也就是说，无论课程资源是什么类型的，是校内的还是校外的，社会的还是家庭的，国内的还是国外的，只要有利于提高科学教育教学质量，都应作为开发与利用的对象。

（三）针对性原则

针对性原则是指小学科学课程资源的开发与利用应符合小学生的身心发展规律和教育教学规律。具体而言，小学科学教师在开发与利用科学课程资源时应做到以下两点：首先，应充分考虑小学生的身心发展情况，使课程资源的开发与利用符合不同阶段小学生在注意力、记忆力、想象力、思维力、情感等方面的发展特点，以提高课程资源的针对性；其次，针对不同的课程目标，应开发和利用与之相适应的课程资源，以便有效地促进课程目标的达成。

（四）地域性原则

由于不同的地区可供开发的课程资源存在较大的差异性，所以小学科学课程资源的开发与利用并没有固定的模式。小学科学教师应当充分发挥自身的创造力，因地制宜，扬长避短，发挥地域特色，强化学校特色，以便有效地提升科学课堂对学生的吸引力。

（五）发展性原则

发展性原则是指小学科学课程资源的开发与利用应与时俱进。科学是不断发展的，小学科学教师应当与时俱进，将科学领域的新技术、新知识、新方法引入科学课堂，提升学生的科学素养。

二、小学科学课程资源开发与利用的途径

小学科学课程教学目标的落实程度，一方面有赖于科学课程资源的丰富程度，另一方面则有赖于科学课程资源开发与利用的途径。下面将从校内课程资源、校外课程资源和网络课程资源这 3 个方面来介绍小学科学课程资源开发与利用的主要途径。

（一）校内课程资源

校内课程资源的开发与利用主要可以从科学实验资源、校园文化资源和师生资源 3 个方面入手。

1. 开发与利用科学实验资源

小学科学课程教学的一种重要手段就是实验，而实验的开展需要丰富的实验器材（见图 2-6）。因此，

图 2-6 实验器材

小学科学教师应当在充分理解课程标准和教学理念的基础上，积极开发与利用科学实验资源，以便有效地培养学生的科学兴趣、科学思维、科学探究精神和实验操作能力。具体而言，开发与利用科学实验资源的途径有以下 3 种。

1）充分利用实验室器材

小学科学教师在利用实验室器材时可以采用以下两种模式。

（1）实践教学模式，即小学科学教师根据科学课程目标，有针对性地设计课堂实验，丰富课堂实验的类型（如演示性实验、验证性实验、探究性实验等），充分利用实验室器材开展课堂实验教学，以使科学课程的教学更加生动有趣。

（2）自主探索模式，即小学科学教师在力所能及的范围内拓展实验室功能（如在实验室增设科学图书角、材料角、工具角、成果展示角等），供学生进行拓展阅读、开展自主探究科学实验活动等，从而充分发挥学生的主观能动性，让他们感受到科学的魅力，培养他们自主学习、合作学习和探究学习的能力，进而全面提升他们的科学素养。

小学科学实验室资源的有效开发与利用

需要注意的是，小学科学教师在开发与利用科学实验资源时应考虑到小学生科学实践能力不高、安全意识不强等因素，做好各方面的安全防护工作，全面保障小学生在科学操作活动中的安全。

科学实验教学的安全防护

为了消除科学实验教学活动中的安全隐患，小学科学教师应当增强责任意识和安全意识，事先采取一切防护措施去防范安全事故的发生。具体来说，科学实验教学的安全防护可以从以下两个方面入手。

一、科学实验教学的安全策略

（一）培养安全意识

小学科学教师首先应通过各种方式培养学生的安全意识。例如，在做实验之前，教师可以先让学生观察实验器材的特点（如锋利、尖锐等），然后告诉他们这些器材可能会对人体造成什么样的伤害，以增强他们的安全意识。意识决定行为，只有学生头脑中具有安全意识，才能有效地防范安全事故的发生，从而保障实验教学的安全。

（二）选择安全器材

选择合理的实验器材是保障实验教学安全的关键。在小学科学实验课堂上，教师应尽量避免使用有腐蚀性、强氧化性或毒性的化学溶剂；避免使用有潜在危险的物品，如玻璃弹珠、钢针、220 V 交流电、尖头剪刀等。

（三）明确实验禁忌

科学实验仪器和材料的使用都有一定的禁忌，小学科学教师应当明确这些禁忌，并通过口头警示、书面告示、动作演示等方式将其告知学生。例如，要向学生强调，不能品尝任何实验材料（即使实验材料是饼干、水果、糖果，也不能品尝）；不能把鼻子凑到实验容器口处闻气味；在实验过程中不能嬉戏打闹；等等。

（四）规范实验操作

在科学实验教学中，小学科学教师应首先制订明确的实验操作规范，如实验器材的准备、摆放、操作、废弃物的处理等，并在实验教学过程中严格落实操作规范。为此，教师应带头严格遵守实验操作规范，起到良好的示范作用。例如，在使用酒精灯时，应当左手扶灯身，右手拿灯帽，使帽口朝下，并将其立于灯身右侧；熄灭酒精灯时，应用灯帽盖灭灯芯，且应盖两次。此外，教师应尽可能地预估学生在实验操作之前、操作过程中、操作完毕之后可能会出现的各种问题，并及时提醒学生规范地进行实验操作，以防意外情况发生。

二、科学实验教学的安全保障

（一）配备防护物品

小学科学教师应在实验室配备防火沙、湿毛巾、防护手套、护目镜等常规防护物品，以便有效地预防实验过程中可能出现的安全问题。

（二）准备急救物品

“不怕一万，就怕万一”，为了将安全事故的危害程度降到最低，小学科学教师应当在实验室内配备急救箱，在里面存放一些碘伏消毒棉球、创可贴、纱布、烫伤膏、洗眼杯等急救物品，以备不时之需。

2）自制科学教具

在教学实践中，实验室器材可能配备得不够齐全或更新得不够及时。在这种情况下，小学科学教师应当在充分研究教材的基础上，巧用日常生活中易得的材料制作各种科学教具。这样既可以解决实验器材短缺的问题，又可以有效地提升教学效果，激发学生的科学探究兴趣，丰富学生的感性认识，使其更好地理解科学理论，并增强创新意识、资源利用意识和环保意识。

例如，在讲解液体浮力的特点时，小学科学教师可用日常生活中常见的新鲜鸡蛋、盐和水作为教具，为学生演示浮力实验：将一个新鲜鸡蛋放进一杯清水中，鸡蛋沉入了杯底。这时，教师可一边往水里加盐，一边用筷子轻轻搅动，随着盐的溶化，鸡蛋就慢慢地漂浮了起来。这种现象令学生惊讶不已。在此案例中，教师可利用学生的好奇心理，结合实验现象讲解液体浮力，使学生深刻理解了液体浮力与液体密度之间的关系。

典型实例

自制“肺的呼吸”课程实验教具

由于小学生对人体的肺缺乏感性认识，尤其是难以想象肺在呼吸时的变化情况和胸腔内隔膜的运动情况，所以小学科学教师李老师在讲授“肺的呼吸”一课时，自制了一种教具——呼吸运动简易模型，用于演示肺的呼吸过程。

李老师制作该模型的基本思路如下：首先，思考该模型如何反映肺在呼吸时的变化情况及气体的流动情况；其次，选取生活中容易获得和加工的材料；最后，制作模型。其制作方案如下：用两个红色小气球模拟人的肺，一个三通管（即有 3 个开口的管接头）和一根塑料管模拟人的气管，一个切掉了底部的大塑料瓶模拟人的胸腔，一块薄橡胶皮模拟人体胸腔内的膈膜；将气球、三通管和塑料管安装到大塑料瓶内，然后用薄橡胶皮将大塑料瓶底部的口密封。这样，呼吸运动简易模型就做好了，该模型示意图如图 2-7 所示。

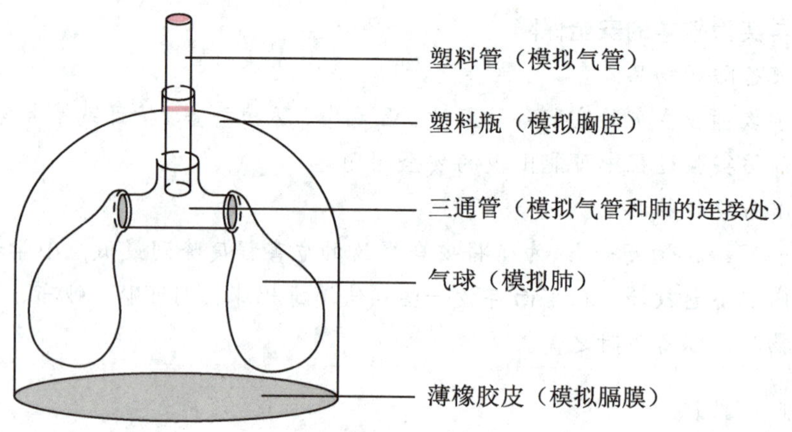

图 2-7　呼吸运动简易模型示意图

点评：李老师根据小学科学课程的教学要求和小学生的认知特点，在把实验原理分析透彻的基础上，利用生活中的易得材料制作出了经济而实用的呼吸运动简易模型。这个模型能够形象地模拟肺在呼吸时的变化情况和胸腔内膈膜的运动情况，丰富小学生对呼吸运动的感性认识，进而使他们更好地理解呼吸运动的科学原理。

拓展阅读

自制教具的优越性

在教学实践中，很多科学教师都会根据科学课程的具体内容自制教具。那么，与常规实验器材相比，自制教具有哪些优越性呢？归纳起来，其优越性主要体现在以下几个方面。

(1) 自制教具有更强的针对性，能够弥补常规实验器材的不足。自制教具通常是由科学教师针对某一具体教学内容设计并制作出来的，从初步设计到制作完成，要经历方案设计、材料选用、制作、试用、调整定型等阶段，且在每个阶段都要进行反复验证，能够很好地弥补常规实验器材的不足。这种研制过程决定了自制教具比实验器材更具有针对性，更容易使学生理解实验教学中的重点和难点。

(2) 自制教具能够优化实验方案，节省实验时间，提高课堂效率。例如，在“固体的热胀冷缩”课堂实验中，如果使用常规实验器材——金属球热胀实验装置，那么从实验开始到看到实验结果大约需要10分钟，甚至更长的时间；但如果改用自制教具——金属丝热胀演示器，那么只需要一两分钟就可以看到实验结果，而且实验现象更加明显。这样，课堂实验教学效率就能得到明显的提高。

(3) 自制教具一般具有经济、环保、直观的特点，且演示的实验十分生动，能够更好地激发学生的科学探究兴趣。

(4) 自制教具有利于培养学生的科学探究精神。英国物理学家麦克斯韦说过：“一次演示实验所使用的材料越简单，学生越熟悉，就越想透彻地获得所验证的结果。”因此，教师使用生活中易得的材料制作教具，能够有效地激发学生的科学探究兴趣，并促使其将所学知识迁移到生活实践中。

(5) 自制教具有利于培养学生的创新意识和环保意识。教师利用生活中易得的材料制作教具，这种行为本身充满了创意，且体现了环保意识。因此，教师利用自制教具开展科学教学活动，能够在传授科学知识的同时，唤醒学生的创新动机，并培养其环保意识。

合作探究

请结合自己的生活经验说一说自制教具在小学科学教学中的重要性，并介绍几种自己见过的科学实验自制教具。

3）改进实验装置或优化实验方案

改进实验装置或优化实验方案是开发与利用小学科学课程资源的重要途径。在教学实践中，一些学校的实验装置比较陈旧且功能单一，实验方案不够完善，导致教学效果不够理想。因此，为了提升教学效果，小学科学教师可以在透彻研究实验原理的基础上，通过改良设备构造、更换实验材料、简化操作步骤、突破环境制约（如天气、场地限制）、引入先进仪器、借助多媒体技术等方式改进实验装置或优化实验方案。

例如，在砂糖溶解实验中，肉眼观察溶解过程的效果并不好，小学科学教师可以利用投影仪将溶解现象放大后投射到大屏幕上，以增强实验现象的直观性。

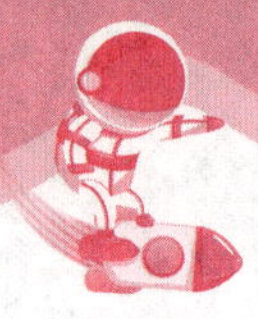

典型实例

“固体的热胀冷缩”实验装置的改进

在“固体的热胀冷缩”一课中，传统的实验方法是通过对比一个铜球在加热之前和加热之后能否穿过同一个铁环来说明固体的热胀冷缩现象。小学科学教师潘老师发现，传统实验方法耗时太长，且实验装置中的固定架不够稳定，实验现象不够明显。于是，她改进了现有的实验装置，制作了一种“固体热胀冷缩演示器”：先用一块木板作为演示器的固定台，并在固定台上安装一个电路板（带有灯光的音乐盒）；然后，将两根35厘米的铁棒分别放置于固定台同一边的两个角上，并垂直固定在台子上，搭成一个固定架；随后，在固定架的两根铁棒上分别装上一枚螺丝（两枚螺丝高度一致），以便固定铜丝、铁丝等可加热的固体；接着，用螺丝将两根铜丝（一长一短）分别固定在两根铁棒上，并使两根铜丝保持相当于一张纸厚度的距离；最后，用电线将固定架底端与电路板连接起来。固体热胀冷缩演示器示意图如图2-8所示。

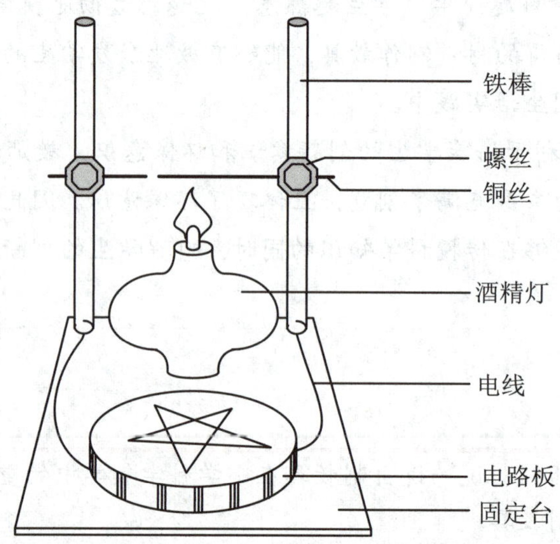

图2-8　固体热胀冷缩演示器示意图

使用这套装置做实验时，用酒精灯加热其中一根铜丝，铜丝受热后膨胀变长，便与另一根铜丝连接起来，使得电路接通。此时，固定台上的音乐盒音乐响起且灯光闪烁；当停止加热时，铜丝变凉后收缩，使得电路断开，这时，固定台上的音乐盒音乐停止，灯光熄灭。

点评：这套实验装置设计新颖，构思巧妙，能呈现出生动有趣的实验现象，不仅能够有效地激发学生的科学探索兴趣，还能够缩短实验时长，进而有效地提高课堂效率。

2. 开发与利用校园文化资源

开发与利用校园文化资源能够有效地丰富科学课程资源，其具体途径如下。

1）创设良好校园环境

良好的校园环境是一部立体教科书，富有吸引力和感染力，对学生学习科学知识具有熏陶作用。小学科学教师可以利用学校的长廊、围墙等打造科学长廊，也可以通过校园广播站定期播放科学故事，还可以通过一系列别具匠心的科学主题雕塑（如科学人物雕塑、行星及其运动轨迹雕塑、火箭升空情境雕塑、宇航员星空探索情境雕塑等）营造科学探索氛围等，以便有效地激发学生学习科学知识的兴趣，促使他们参加科学探究活动。

例如，某小学在校园文化建设中，将学校围墙改造成科学长廊，设置了20多块展板，用于科普各种科学知识，如动植物知识、微生物知识、物理知识、化学知识、航天科技知识等，吸引了众多学生前来观看。

又如，某小学在教学楼走廊上挂了古今中外许多著名科学家的头像（如祖冲之、李时珍、钱学森、华罗庚、袁隆平、牛顿、爱因斯坦等），头像下方附有相应科学家的教育名言和他们进行科学探索的经典故事，这些名言和故事对学生学习科学知识和开展科学探索活动起到了很好的促进作用。

2）打造科学实践基地

小学科学教师可以因地制宜地打造各种科学实践基地，如科学种植园、校园养殖场（见图2-9）、校园气象站（见图2-10）、风力发电站、微型天文馆等。这些科学实践基地能有效地延伸课堂，为科学实践活动的开展提供场所和便利条件，为学生提供亲近大自然、进行科学探究的机会，有利于学生将所学知识应用于实践，将知识内化为能力，进而提高科学素养。

图2-9　校园养殖场

图2-10　校园气象站

例如，在“动植物的观察”一课的教学过程中，教师可以带领学生到科学种植园观察树苗的外部形态，引导他们学习树苗的组成部分，使其了解树苗的生长环境，并向学生渗透生命教育；还可以带领学生到校园养殖场观察小羊羔的形态特征，引导他们感受小羊羔的生活习性，了解小羊羔的饲养方法，并体验人与动物和谐相处的美好。

3）开展科学实践活动

小学科学教师可以在课堂教学之余，组织学生开展丰富多彩的科学实践活动，引导学生探索科学现象，培养学生的科学探究精神和科学实践能力。例如，组织学生开展科学专题阅读活动，使其开阔科学视野；组织学生开展科学主题活动（如“我帮树叶找妈妈”主题活动、“我爱发明”主题竞赛等），使其体验科学实践的乐趣，提高科学实践能力；定期举办科学知识讲座、科学实践成果展览会等，为学生搭建拓展思维、展示自我的活动平台，不断提升他们的科学思维能力。

科学文化进校园

为了丰富校园科学文化资源，某小学的科学教师充分利用教学楼的走廊、实验室、创新工作室等空间，设计了一系列科学主题活动，成功地营造了校园的科学文化氛围。

该校教学楼的走廊被改造成了科技长廊。走廊两边的墙上设有一系列以人类航天事业发展史为主题的科技展板，其内容反映了我国航天事业的发展历程和辉煌成果。走廊的顶部绘有一幅以宇宙为主题的墙绘，墙绘内容为太阳系八大行星和星云。墙上的科技展板与走廊顶部的主题墙绘相映生辉，气势恢宏。

科技长廊的尽头设有一个兼具教学功能和休闲功能的生物角。科学教师们可以带着学生在这里种植花草，和学生一起享受自然的乐趣，探索自然的奥秘；在课余时间，这里就变成了学生的休息场所。

科技长廊的两边是科学教室，科学教师们将其中 3 间改造成了各具特色的功能教室，分别是森林实验室、海洋实验室和创新工作室。各功能教室的布置风格与其主题十分相符，创新工作室里还配备了 3D 打印机、机器人模型等。

与此同时，科学教师们还组织学生开展了一系列科学实践活动。例如，组织 3 年级的学生开展了以“我和植物的约会”为主题的彩绘植物瓶活动；指导 6 年级的学生制作了一系列科技知识卡片。此外，该校的科学教师还组织学生广泛阅读科普读物、聆听科技讲座，并鼓励学生参加航模竞赛（包括航海模型竞赛和航空模型竞赛）等。这些活动都有利于学生开阔科学视野，感受科学魅力，提升科学思维能力。

3．开发与利用师生资源

科学教师和学生本身就是一种重要的科学课程资源。小学科学教师可以通过以下方式开发与利用教师资源和学生资源。

1）充分开发与利用教师资源

小学科学教师既是小学科学教学活动的主导者，也是小学科学课程资源的鉴别者、开发者、积累者和使用者，兼具条件性课程资源与素材性课程资源的双重属性。与此同时，小学科学教师的素质水平决定了小学科学课程资源的识别范围、开发与利用的程度及效益水平。因此，提高小学科学教师的专业素质是开发与利用科学课程资源的有效途径。

具体而言，小学科学教师可以通过职前教育、继续教育和教学研究等方式来提升自己的专业素质。例如，通过系统地学习高等院校科学教育专业或相关专业开设的科学教育课

程来提升自身的专业素质；通过学历进修、业务学习、经验交流、短期培训等形式进行继续教育，提升自己在科学领域的教学能力，并丰富相应的教学经验；通过在一线科学教学实践中开展教学研究来提升自己的专业素质。

2）巧妙开发与利用学生资源

学生既是小学科学课程资源的利用者，也是小学科学课程资源的开发者。他们对小学科学课程资源的开发与利用主要以自主活动的形式体现，如组建科学兴趣小组、设计科学板报、自办科学广播节目等；有时候也以“节外生枝”的形式体现，如在课堂探究、知识应用、实验操作过程中发现意外情况、产生即时兴趣、遇到认知困难、提出新的问题等。对于学生的自主活动，小学科学教师应当进行科学的引导；当学生在教学过程中“节外生枝”时，小学科学教师应当灵活应对，因势利导，并耐心指导，以便有效地把握教学活动中临时生成的有利资源。

实验课因“节外生枝”而精彩

小学科学教师王老师走进实验室，准备按预设方案给学生上“热的传递”一课，却没料到自己用假发扎的马尾辫吸引了学生的注意力，使得学生在见到她时炸开了锅。有的学生说：“老师，您今天真美！”有的学生嚷道：“老师的头发是假发！”有的学生回击：“是真头发！”接着，学生们议论纷纷，根本不把上课铃声当回事。王老师见状，便灵机一动，决定暂时搁置预设方案，改上“蛋白质检验”课。

于是，王老师耐心地等待学生们讨论完毕，并鼓励他们说出讨论结果和理由。持“老师的头发是真头发”观点的学生认为王老师完全有可能利用染发、烫发技术让自己的头发大变样，并列举了理发店里常见的各种染发、烫发技术。持“老师的头发是假发”观点的学生观察能力令人佩服，他们描述了王老师平日里头发的长度，认为王老师即使利用染发、烫发技术，也不可能让自己在短期内拥有这么长的头发。

当学生的讨论进入高潮之后，王老师让他们想办法证明自己的猜想结果并尝试说服对方。经过讨论，学生认为，可以通过以下方法来验证猜想结果：第一种方法是近距离观察；第二种方法是摸一摸头发，并与真头发对比；第三种方法是烧一烧头发。这 3 种方法既不过于依赖老师，又不失礼貌。

于是，王老师全力配合学生，为他们提供了假发作为实验材料，让他们采用上述方法做实验。所有学生都很兴奋，他们有的看，有的摸，有的直接用火烧。很快，通过“看”与“摸”来验证猜想结果的学生发现：由于每个人的发质不同，所以这两种方法不能很好地辨别头发的真伪，验证不了自己的猜想结果。于是，他们改用“用火烧”的方法来做实验。

王老师见状，便引导学生用手头不同材质的物品做燃烧实验。于是，学生纷纷烧起了头发、指甲、丝绸、塑料等。通过实验，学生发现烧头发、指甲、丝绸时散发出来的气味与烧真头发时相同，而烧塑料时散发出来的气味与烧假发时相同。实验结束后，王老师稍加点拨，很快让学生获得了新的认知：真头发、指甲和丝绸的主要成分是蛋白质，而假发与塑料的主要成分则是人工合成的化学物质。

很快，下课时间到了，但学生的讨论并没有结束。他们产生了新的问题：化学烫、离子烫是怎么回事？染发对人体有什么危害？头发受损后多久才能恢复？王老师见状，便鼓励他们根据自己感兴趣的问题组成研究小组，并制订研究方案，然后利用课余时间通过走访、调查、查资料等方式来解决这些问题。

点评：王老师在学生对假发产生浓厚兴趣时，抓住科学教育的最佳时机，临时改变了原定的教学计划，引导学生展开了对真假头发的探究活动，顺其自然地调控课堂进程并生成了课程资源。这种做法体现了《课程标准》所规定的“保护学生的好奇心”和“突出学生的主体地位”课程基本理念。

（二）校外课程资源

小学科学教师可以从家庭资源和社会资源两个方面入手，开发与利用校外科学课程资源。

1. 开发与利用家庭资源

家庭是小学生除了学校以外最主要的生活、学习场所，蕴含着丰富的科学课程资源，如家庭成员的阅历和职业知识、家中关于自然科技的读物、家中饲养的动物和栽培的植物、房屋布局设计、家用电器，乃至日常的饮食起居等。充分开发与利用家庭中的科学课程资源，能够对校内科学课程资源进行有效的延伸和补充，拓展小学生进行科学探索的空间。

小学科学教师应当引导和启发学生仔细观察家庭生活中的各种科学现象，并探索相应的科学原理，从而使学生加深对科学这门课程的认知。与此同时，小学科学教师还应当引导学生家长加强与学校之间的互动交流，鼓励学生家长积极参与到自己子女的科学探索活动中去，对子女进行指导，帮助子女将所学的科学知识和科学思维方式迁移到家庭生活当中，提升其科学实践能力，如图 2-11 所示。

图 2-11 家长与子女进行科学探索活动

此外，小学科学教师应提高学生家长对子女科学教育的重视程度，并提升学生家长对学校科学课程建设的参与度，力争在科学教育方面实现家校共育、共同进步的良好局面。例如，小学科学教师可以邀请家长定期带学生进行野外考察，并用科学日记的形式将考察过程记录下来；也可以邀请家长指导学生搜集科技资讯、阅读科技读物、研制生活用具等。

家庭科学课程资源的开发与利用应结合学生的身心发展特点和兴趣爱好进行。

2. 开发与利用社会资源

社会上存在大量的科学课程资源，如科技工作者、工厂、农场、科学实验基地、高新企业、植物园、动物园、科技场馆（如图书馆、科技馆、博物馆、少年宫、农技站等）、科研院所等。小学科学教师应当有针对性地挖掘社会上存在的科学课程资源，为小学科学课程的实施提供保障。

开发与利用社会上现存科学课程资源的主要途径如下。

（1）与社会科研院所、科技场馆等企事业单位建立合作关系，共同建设科学活动室，并定期开展科学教育活动。

（2）邀请科技工作者和科研专家定期为学生开展科普讲座，并聘请他们担任学校科学实践活动的指导教师。

（3）组建学生科技兴趣社团，并指导社团成员利用社会资源开展科普宣传和科学实践活动。

（4）鼓励学生多参与社会开展的科学实践活动（如“科学小实验”探索活动等）。

（5）建立社区科学课程资源信息库，整合优质的社区科学课程资源，并对其实施有效管理，使其与校内科学课程资源相互补充。

开发和利用社会上现存科学课程资源的注意事项

小学科学教师应合理、有序地开发与利用社会上现存的科学课程资源。具体而言，应注意以下几点。

（1）全面分析科学课程资源与教学目标之间的关系，选择最佳的科学课程资源，以便更好地完成教学目标。

（2）全面统筹，仔细分析哪些科学课程资源是学校所缺乏的，或者是校内虽有但不够丰富，因而必须从社会获取的；调查、分析社会上存在哪些科学课程资源、可以向学校提供哪些资源，以及学校需要社会提供哪些帮助等；有针对性地开发与利用真正符合学校科学课程教学需要的社区科学课程资源。

（3）适时评价社会上的科学课程资源的教学效果，并及时记录和反馈，做到心中有数。

（4）不断优化社会上的科学课程资源的规划、设计、实施及评价方面的工作。

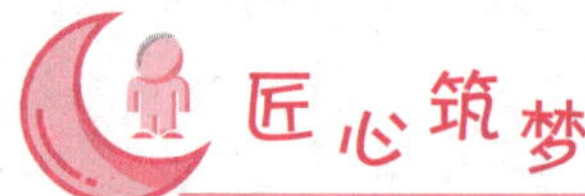

传承、发扬红色精神

爱国主义教育基地是最直观、最立体的历史教科书，其作为爱国教育的重要载体，承载了“红色精神”的教育功能。中小学生是祖国的未来，教师带领学生在爱国主义教育示范基地开展教育实践活动，可以让他们充分了解历史、铭记历史，传承红色精神，感知红色精神魅力，培育爱国情怀。例如，在南昌这座英雄城市，南昌师范附属实验小学的科学教师用他们的智慧，创造出深受小学生喜爱的“全员参与、全程关注、全学科融合、全时空链接”的红色文化教育生态，使丰富的红色资源转化为鲜活的科学教育资源。

“风萧萧兮易水寒，战士一去兮不复返。”烽火连天的岁月一去不复返，多少英雄在战火中倒下，他们用生命书写的丰功伟绩随着岁月沉淀！他们是历史的见证人，是烽火中不曾倒下的英雄。战火纷飞、硝烟弥漫、枪林弹雨的时代已离我们远去，然而逝去的仅仅是岁月，历史的记忆永远深刻，精神永垂不朽。对于未曾经历那个时代的当代少年，教师能做的只有去寻找与挖掘，通过带领学生参观纪念馆、名人故居、烈士陵园、革命时期的农场、科学试验站等爱国主义教育基地和红色旅游景点的方式，让他们了解革命英雄的英勇事迹，寻访那段血与火的峥嵘岁月，激励自己在未来的学习生活中勇往直前！

前事不忘，后事之师；以史为鉴，开创未来！历史带给我们最永恒的是闪耀人性光辉的不朽精神，只有牢记历史才能够传承我们伟大的民族精神，才能让中华民族生生不息。往昔岁月仍可追，因为这些纪念馆、烈士陵园是我们宣扬历史的最好载体。我们的民族精神、爱国主义传统、民族自尊心和自豪感，完全能透过这些凝固的历史得到体验和升华。例如，某班学生在某次参观红色教育基地时观看了影片《闪闪的红星》。后来，张老师在组织该班学生学习科学课“溶解”一课时，就采用潘冬子运盐的故事作为教学导入。这个别出心裁的教学导入，一下子点燃了学生的学习热情。更重要的是，红色精神也潜移默化地沉淀在学生的心底。

爱国教育基地是历史的浓缩，是历史的再现，是爱国教育最有价值的载体，是开展思想道德建设的珍贵教材。它的生动性、深刻性，能使思想道德教育更加生动形象，使爱国教育入眼、入耳、入脑、入心，大大增强教育效果。传承民族精神，讲好中国故事。相信孩子们在参加过这样的实践活动后，定会让“红色精神”更好地闪耀在校园中！

（三）网络课程资源

现代信息技术，特别是网络技术的快速发展和广泛应用，使得小学科学教师可以通过网络开发与利用丰富多彩的科学课程资源，为教学提供了极大的便利。总体来说，开发与利用网络课程资源的主要途径如下。

1. 优化课堂教学效果

在课堂教学中，很多自然现象是无法随时随地直接观察到的（如日食和月食现象、极光现象等），且有些科学原理较为抽象。若仅通过语言描述、标本展示或实验演示的方式来讲授，往往无法让学生获得丰富的感性认识和深刻的科学体验。网络信息化课程资源具有较强的表现力，能够将抽象的科学知识形象化。因此，小学科学教师可以转变课堂教学方式，利用网络和多媒体设备向学生展示一系列图文并茂、视听一体、动静结合的信息化资源（如科学教育网站的视频资料），创设生动有趣的交互情境，优化课堂教学效果，以使学生产生科学探索兴趣，并深刻地理解科学原理。

例如，小学科学教师在讲授“日食和月食”一课时，可以搜集一些有关日食和月食的影像资料，并在课前导入阶段播放，让学生感知日食和月食这两种自然现象，从而激发其探索自然奥秘的兴趣；在课堂讲授阶段，教师可以通过多媒体设备展现日食和月食的形成过程，让学生了解太阳、地球和月球三者之间的关系和它们的运行规律，从而深刻地理解日食和月食的形成原理。

2. 完善网络学习系统

学生在学习科学知识的过程中往往需要查阅相关资料、开展学习交流、寻求学习反馈、展示活动成果等。小学科学教师可以根据学生的学习需要搭建网络学习系统，通过该系统整合学生在学习过程中需要用到的相关资源，优化管理学生的学习过程，并及时为他们答疑解惑，以培养学生的自主学习能力。

例如，某小学为学生搭建了一个名为“放飞科普梦想”的网络学习平台，该平台设有“生活科学”“科学知识”“观察日记”“科学家的故事”“科技与发明”“小明星”“整站搜索”“课后拓展”“资源链接”“我的问题”等多个板块，有效整合了校园科学课程资源，有利于该校学生自主地学习科学知识、开展科学实践活动。

3. 利用资源共享平台

网络技术的广泛使用为人们之间的信息沟通与资源分享创造了良好条件。小学科学教师可以利用各类科学网站提供的资源共享平台，加强与其他科学教师之间的交流与合作，相互学习科学课程的教学经验，并充分利用平台共享的科学课程资源。

4. 及时融入新兴技术

现代信息技术的发展日新月异，小学科学教师应当及时将新兴技术融入科学课堂，为学生创设丰富的交互情境，以提升科学课程的教学效果。例如，虚拟现实（virtual reality，VR）技术能够利用计算机技术生成人机交互的三维虚拟环境，通过虚拟现实显示器为人们提供沉浸式体验（见图 2-12）。小学科学教师可以充分利用虚拟现实技术这类新兴技术进行教学，让学生感知充满立体感的科学世界。

图 2-12　沉浸式体验

合作探究

在教学实践中，小学科学教师还可以通过哪些方式开发与利用网络课程资源？请举例说明。

典型实例

田间的西瓜网上种

某校小学科学教师赵老师组织实验小组的学生在田间种植西瓜，并利用专题网站对种植过程进行同步记录，即通过网络全程展示种子育苗、移植、压蔓、开花、授粉、结果及最终收获西瓜的实验过程。

一、播种育秧——即时发布信息

确定实验目标后，赵老师带领实验小组的学生走访瓜农、查阅农技书刊、上网检索信息，搜集西瓜栽培和管理的相关资料。随后，赵老师便购买了西瓜种子（同一品种），和学生一起培育西瓜苗。他指导学生给西瓜种子浇水、保温，直至西瓜籽萌发出嫩芽、长出瓜苗。在培育西瓜苗的过程中，赵老师还指导学生每天定时定点地为西瓜苗拍照，并将照片即时更新到专题网站上。

二、跟踪记录——制作分析图表

瓜苗长大后，实验小组的学生在赵老师的指导下将瓜苗移植到了学校的“科学种植园”里。为了对比不同的光照条件对西瓜生长的影响，他们选择了两块土壤同质但光照时长不同的试验田：其中一块试验田每天的光照时长约为 12 个小时，而另一块每天的光照时长只有 6 个小时左右。赵老师指导学生将瓜苗分别种在两块实验田中，并对其采用相同的管理模式。瓜苗移入试验田后，学生每天定时观测和记录天气状况、气温、西瓜蔓的长度及长势，并定期拍摄照片和录制视频。

瓜苗进入成熟期后，学生在赵老师的指导下制作了“西瓜生长情况对比图表”，并配上了相应的照片；还根据西瓜生长期分段汇总了所记录的天气状况、气温等数据，并制作了“西瓜生命周期自然历”。通过上述两张图表，学生能够很直观地认识到光照时长和气温对西瓜生长的影响。

三、探索发现——网上交流讨论

在实验过程中，赵老师通过网络指导实验小组的学生对西瓜进行日常管理。同时，实验小组的学生每天都把日常管理记录、自己的新发现和遇到的新问题上传到专题网站，并在网上展开交流和讨论。

通过实践探索和网上交流，实验小组的学生了解到压蔓、授粉等操作的重要性及具要领。没有亲自参加西瓜种植活动的学生也能够通过网上发布的信息了解实验进展，并学习到西瓜种植的相关知识。

四、品尝西瓜——展示活动成果

西瓜成熟后，赵老师组织实验小组将两块试验田里的西瓜采摘回来，分别对两块试验田里的西瓜进行拍照、录像、称重和品尝，做好数据记录后将数据上传到专题网站，供全校师生品评。

实践活动

活动内容

阅读下列教学内容，并据此开发与利用多种多样的小学科学课程资源。

使沉在水里的物体浮起来

为了实现“让学生认识物体沉浮性质”的教学目标，小学科学教师张老师打算通过引导学生探索“使沉在水里的物体浮起来”的多种方法，让学生了解物体在水中沉浮的变化规律，知道改变物体形状、增大物体与水的接触面积、减轻物体重量或在水中加盐都能增加水的浮力，进而加深对物体沉浮变化的认识和理解。同时，通过讲解船、救生圈和潜水艇的工作原理，让学生了解沉浮原理在日常生活中的应用。

注：这部分内容是“认识固体、液体”“把固体、液体放到水里”的后续教学内容。在学习这部分内容之前，学生已经认识了固体和液体，也对比较轻的物体能漂浮在水面上的现象有所了解。

活动目标

在充分理解小学科学课程资源的分类、开发与利用原则的基础上，熟练应用小学科学课程资源开发与利用的方法。

活动过程

（1）全班学生每 5 人一组，各组成员围绕下列问题展开讨论。

① 上述教学内容的讲授可以利用哪些校内课程资源？

② 上述教学内容的讲授可以利用哪些校外课程资源？

③ 上述教学内容的讲授可以利用哪些网络课程资源？

（2）各组成员根据讨论结果整理一份“课程资源设计表”，列明讲授上述教学内容时可以利用的各种课程资源，并说明其开发与利用的具体途径。

活动评价

授课教师可参考表 2-1 对实践活动进行评价。

表 2-1　活动评价表

评价标准	完成情况（优、良、中、差）	教师点评
所设计的课程资源种类丰富，形式多样		
所设计的课程资源能够较好地为实现教学目标服务		
各种课程资源的开发与利用途径具有创新性和可行性		

第三章

小学科学教学理论

学习目标

知识目标

- 理解小学科学教学的特征。
- 明确小学科学教学的原则。
- 熟悉小学科学教学的模式。

技能目标

- 能将所学的教学理论运用到实际教学中去，选用合适的教学模式开展小学科学教学活动。

素养目标

- 深刻领会各种教学模式中所蕴含的教学思想或教学理论。
- 学会运用相关的教学理论，在教学模式上尝试创新。

案例导入

小学科学教师王老师用蘸水的毛笔在黑板上写了一个大大的“水”字。不一会儿，这个“水”字就消失了。王老师问：“这个‘水’字为什么会消失呢？”有的学生说：“被黑板吸收了！”有的学生说：“水变成水蒸气了。”当王老师问学生理由时，学生们说“是猜的”，并流露出求知的眼神。这时，王老师说：“让我们通过做实验来一探究竟吧。”

王老师向学生们展示了酒精灯、试管夹、试管等实验器材后，用试管夹固定装有少量清水的试管，并将试管放到酒精灯上方加热。实验进行了 5 分钟后，学生们观察到了实验现象，然后针对实验现象进行了交流。学生们交流结束后，王老师告诉学生们：“大家观察到的现象就是‘蒸发’，即试管中的水先冒气泡，接着试管中出现白雾，最后试管壁上出现水珠。”

接着，王老师指导学生们做了 4 组对比实验，同时提出问题：“在这 4 组实验中，水在哪种情况下蒸发得更快呢？”

4 组对比实验如下：第一组，对比折叠的湿毛巾和铺展的湿毛巾中水分的蒸发情况；第二组，对比瓶子里的水和盘子里的水的蒸发情况；第三组，用电吹风吹 A 盘里的水，用嘴巴吹 B 盘里的水，看看哪个盘子里的水蒸发得更快；第四组，将一条湿毛巾晾晒在正午的阳光下，将另一条湿毛巾晾在室内正常运转的电风扇前，对比两条毛巾中水分的蒸发情况。

对实验现象进行对比之后，学生们围绕王老师的提问各抒己见，并展开了讨论。随后，王老师根据讨论情况，引导学生归纳出了 3 种加快液体蒸发的方法：① 加快空气流动；② 增加液体与空气的接触面积；③ 提高液体的温度。

最后，王老师提出一个新的问题：“在炎热的夏季，人们可以采取哪些方法防暑降温？”学生们经过讨论，运用所学知识回答了王老师的提问。

上述内容是“水的蒸发”课堂教学活动的精彩呈现。在教学过程中，王老师根据教学内容选用了合适的教学模式，进而顺利地实现了教学目标。那么，在小学科学教学过程中，常用的教学模式有哪几种？王老师采用了哪种教学模式，或者综合运用了哪几种教学模式？下面，就让我们一起学习本章内容，了解小学科学教学的相关理论，并揭晓上述问题的答案。

第一节 小学科学教学的特征和原则

小学科学教学是学校科学教育活动的核心内容。它以科学探究为核心，以培养学生的科学素养为宗旨，借助一定的教学方法和手段，培养学生对科学的兴趣，并促进学生学习

科学知识，掌握科学方法，理解科学价值，认识科学本质，理解科学、技术和社会之间的关系，最终促进师生双方共同发展。下面将简要介绍小学科学教学的特征和原则。

一、小学科学教学的特征

《课程标准》指出：“科学课程旨在培养学生的核心素养，为学生的终身发展奠定基础。”这要求小学科学教学以培养学生的核心素养为宗旨，也决定了小学科学教学是教师引导学生主动探索和学习科学知识的过程，而不是灌输科学知识的过程。具体而言，小学科学教学具有以下 3 个方面的特征。

（一）教学内容突出整合性

《课程标准》指出，小学科学课程要立足于学生核心素养的发展，让学生了解物质科学、生命科学、地球和与宇宙科学、技术与工程等领域的一些常见基础知识，并初步形成基本的科学观念。同时，《课程标准》围绕 13 个学科核心概念设置了义务教育阶段科学课程的核心内容，既强调了这 4 个领域知识之间的相互渗透和相互联系，也强调了科学课程与并行开设的语文、数学等课程之间的相互渗透。这一规定在小学科学课程教学中的具体体现为教学内容的整合性。

小学科学课程教学内容的整合性主要体现在以下两个方面：一是注重不同学科领域知识之间的渗透与贯通，如将其他相关学科的知识融入科学教学情境或科学教学内容，以便学生在掌握科学知识的同时，提升综合素养；二是注重不同方面素养的整合，如将科学观念、科学思维、探究实践、态度责任 4 个方面的素养进行整合等。小学科学课程教学内容的整合力求反映科学、技术和社会之间的紧密联系，进而让学生从整体上认识自然，理解科学知识。

例如，在小学科学课程“种子的萌发”教学过程中，教师可以让学生对植物种子的种类和数量进行统计和记录。在这一过程中，学生势必会用到小学数学中的计算知识，从而在获得科学知识的同时，提升计算能力。

小学科学与小学数学之间的教学整合

小学科学课程的内容是十分多元化的，不仅涉及一定的数学、物理知识，还涉及一定的语文、地理知识等。其中，数学是一门科学性比较强的学科，甚至从某种程度上来说，其本身就是科学的一个门类。正是因为这一点，小学数学与小学科学之间具有很多共通之处，两者之间的教学整合是完全可行的。

一般而言，小学科学与小学数学之间的教学整合策略有如下 3 种。

一、加强学科联系

小学科学教师可以与小学数学教师进行沟通，相互了解各自的教学内容，分析两个学科之间的联系，以便对自己的教学工作进行合理安排，从而使两个学科的教学工作相互促进。例如，通过沟通协调，数学教师先讲授测量知识和计算知识，科学教师随后讲授“太阳和影子”的科学知识，这样能让两个学科的教学相互促进。

二、整合教材内容

小学科学与小学数学之间存在很多相关的知识点。因此，小学科学教师可以在实施教学之前与小学数学教师进行沟通，将教材中的相关知识点进行整合，形成整合式的教学方案。

例如，科学教师在讲授“物体在水中是沉还是浮”一课时，可以将数学课中关于体积、面积的知识引入课堂，以便学生更好地理解物体的体积、物体与水的接触面积对物体所受浮力的影响。

又如，科学教师在讲授“运动起来会怎样”一课时，可以将数学课中关于统计的知识引入课堂，以便学生通过测量和记录运动后的身体机能，深刻体会体育运动对身体机能的影响，并加深对折线统计图的理解。

三、整合教学目标

小学科学教师可以根据科学和数学在学科素养方面的共通之处（如直观想象、数学运算、数学分析等），将两者的教学目标合理地整合起来，以便在讲授科学知识的同时自然而然地向学生渗透数学知识，进而不断提高学生的综合素养。

例如，科学教师在讲授“温度有多高”一课时，可以巧妙地整合科学教学目标与数学教学目标，通过创设生活情境向学生介绍不同城市在 12 月份的最高温度和最低温度，然后借助数学课中关于负数的相关知识为学生讲解如何表示零度以下的最低温度。图 3-1 所示为黑龙江省牡丹江市和海南省三亚市的冬景对比。

图 3-1　黑龙江省牡丹江市和海南省三亚市的冬景对比

这样就能将抽象的知识变得直观、具体、形象，加深学生对科学知识的理解，并促进数学教学活动的顺利开展。

实践证明，小学数学与小学科学之间的教学整合能够实现优势互补，有效地激发学生学习这两门课程的兴趣，进而提升这两门课程的教学效率。

（二）教学过程突出情境性

由于小学科学的课程内容涉及多个领域的知识，具有综合性，且以间接经验（如科学家们探索发现的自然规律等）为主，加之小学生以直观形象思维为主要思维方式，因此，小学科学教学过程宜突出情境性，加强知识学习与日常生活、社会实践之间的联系，以帮助学生深入理解学科核心概念，引导他们灵活运用所学知识。

小学科学教学过程的情境性主要体现在以下两个方面：一是小学科学教师在教学过程中创设各种教学情境（如游戏情境、故事情境、生活情境、实验情境、问题情境等），将抽象知识融入直观、形象的情境当中，以激发学生的学习兴趣，帮助学生理解科学理论知识；二是小学科学教师带领学生进入真实情境（如植物园、科技馆、野外等），将教材中的间接经验转化为易被感知的直接经验，帮助学生理解和巩固科学理论知识，使他们将科学知识应用到合适的情境当中去。

小学科学教学情境的创设形式

在教学实践中，小学科学教师常通过创设教学情境来引导学生开展科学探究活动。一般而言，小学科学教学情境的创设形式有以下 5 种。

一、创设游戏情境

小学生具有好奇、好玩、好动的天性，玩游戏是他们认识世界的一种有效方式。德国教育家福禄贝尔认为："游戏是儿童认识世界的工具，是快乐的源泉，是培养儿童道德品质的手段，在游戏过程中最能表现儿童的积极性和自觉性。"因此，小学科学教师可以在科学教学过程中创设一些游戏情境，增强科学教学的趣味性，让学生在玩的过程中主动探索科学知识。

例如，科学教师在讲授"形状改变了"一课时，可以通过创设"泥娃娃变脸"游戏情境，让学生了解"变脸"的条件——施加诸如推、拉、提、扭、压等形式的外力。

二、创设故事情境

某教育学家曾经说过："故事是儿童的第一大需要。"小学生正处于对故事感兴趣的阶段，小学科学教师可以抓住学生的这一心理特征，在教学过程中根据授课内容准备一些历史故事、科学家的探索故事等，或者创设一些有趣的生活故事情境，将科学知识、趣味融于一体，以激发学生的探索兴趣，培养他们的探索精神。

例如，科学教师在讲授"电流"一课时，可以结合教材内容讲述爱迪生发明电灯的故事；在讲授"水的压力和浮力"一课时，可以简要讲述阿基米德通过浴桶溢水这件事获得启发，进而发现了物体沉浮规律的故事；在讲授"占据空间"一课时，可以讲述《乌鸦喝水》的故事，并请学生帮助乌鸦把小石子放入盛有少量清水的瓶子里，观察瓶子里的水位变化，使其加深对"占据空间"的理解。

三、创设生活情境

数学家华罗庚说过："人们对数学早就产生了枯燥乏味、神秘、难懂的印象，原因之一便是脱离了实际。"这说明，若科学教学脱离了实际，就会让人失去探索兴趣。对于小学生而言，科学教学只有贴近生活实际并符合他们的认知水平，才能激发他们学习科学的兴趣。

科学来源于生活，生活中处处蕴藏着科学。小学科学教师可以在课堂教学过程中创设生动有趣的生活情境，将科学知识与生活情境紧密联系起来，拉近学生与科学的距离，让学生根据已有的生活经验对科学知识产生感性认知，进而运用所学的科学知识解决问题。

例如，小学科学教师在讲授"什么叫机械"一课时，可以创设这样的生活情境：院子里有一个大石头，一两个人是搬不动的，怎样才能把它移到院子外面去呢？当学生针对这个问题展开讨论时，教师可以趁机引入"机械"的概念，并列举生活中常见的机械（如吊车、挖掘机等），丰富学生对机械的感性认知。

四、创设实验情境

在小学科学教学活动中，学生往往会遇到诸多抽象的科学概念，这些概念对于小学生来说是难以理解的。同时，科学是一门以实验为基础的自然学科，科学教学活动的开展需要借助丰富的教学实验进行。因此，小学科学教师应善于在教学过程中创设丰富的实验情境，以激发学生的好奇心，进而引导学生通过实验操作理解相关科学知识。

例如，小学科学教师在讲授"冷和热"一课时，可以创设"喷泉"实验情境：先往一个带有橡胶塞的玻璃瓶里注入冷水，并向橡胶塞里插入一根玻璃管（玻璃管要足够长）；然后，往玻璃瓶上浇热水，这时玻璃瓶中的冷水会通过玻璃管喷出来，形成"喷泉"。这种实验现象能让学生对实验原理产生浓厚的探索兴趣，进而通过实验操作加深对物体热胀冷缩知识的理解。

五、创设问题情境

苏联教育学家苏霍姆林斯基曾说："在人的心灵深处，都有一种根深蒂固的需要，这就是希望自己是一个发现者、研究者、探索者。而在儿童的精神世界里，这种需要特别强烈。"创设问题情境正是为了满足学生的这一需要。所谓问题情境，是指教师在科学课堂教学中通过设障立疑的方式创设的情境。问题情境可以引发学生的认知冲突，进而有效地激发学生的探究兴趣。

例如，小学科学教师在讲授"光合作用"一课时，创设了以下问题情境：一名科学家将 60 千克土壤放入木桶，再把重 2 千克的柳苗植入土壤，并在此后的 5 年内一直给柳苗浇水；5 年后，柳苗长成了柳树，重达 60 千克，桶里的土壤却只减少了 100 克。那么，柳树在这 5 年内是依靠什么增加自己的重量和体积的？这一问题情境能够有效地激发学生探究植物光合作用的兴趣。

> 小学科学教师可以在教学过程中的什么环节或者哪些时刻创设教学情境？

（三）教学方式突出探究性

探究实践是科学学习的主要方式，小学科学的教学方式也相应地突出了探究性。这种探究性主要体现为小学科学教师模仿科学家探索发现的过程，精心设计并实施能够促进学生深度学习的思维型探究活动和实践活动，引导学生体验科学探究和实践的过程；在课堂情境或科学实践活动中选择某个问题作为突破点，引导学生主动发现问题、调查研讨、实践验证，进而解决问题，让学生感受到科学探索的乐趣，并掌握科学知识，提升核心素养。

例如，小学科学教师李老师在讲授“为什么一年有四季”一课时，引导学生开展了以下探究活动：先让学生结合冬季取暖现象（即人离火炉远就会感觉冷，离火炉近就会感觉暖和）和冬夏两季的太阳高度角现象（即地球上某个地点的太阳光入射方向和地平面的夹角，如图 3-2 所示）猜测四季形成的原因，有的学生说四季是由地球与太阳之间距离的变化引起的，有的学生说四季是由太阳高度角的变化引起的；接着，李老师让学生进行自由讨论；随后，他根据学生的讨论情况，利用多媒体动画演示地球绕太阳公转的过程，让学生观察地球倾斜的轴线和太阳直射点在南回归线和北回归线之间来回移动的现象，并理解四季形成的原因。

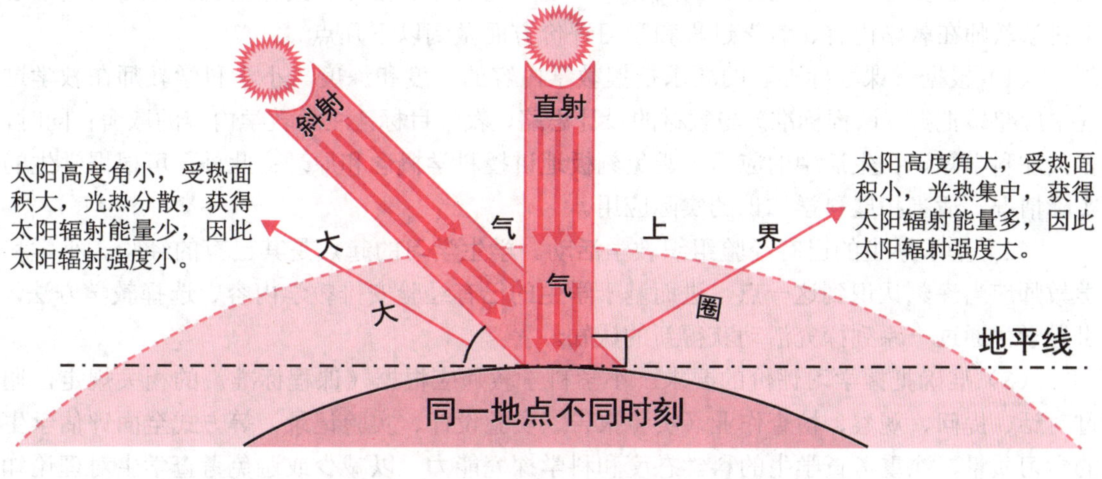

图 3-2 太阳高度角现象

二、小学科学教学的原则

教学原则是指教学工作有效开展的指导性原理和行为准则。它是人们根据教学目的和教学规律确定的，贯穿于教学活动的始终，对教学质量的提高发挥着重要作用。

小学科学教学的原则反映了人们对科学课程教学目的和内在规律的认识，对科学教学质量的提高具有保障性作用，主要包括以下 4 种。

（一）科学性原则

科学性原则是指小学科学课程的教学应当遵循科学本身的规律，保证教学内容和教学方法正确无误。具体而言，该原则包括以下要求。

（1）保证教学内容正确无误。小学科学教师首先应保证所讲授的内容符合科学事实且逻辑清晰。

（2）保证教学方法和实施途径科学、合理。《课程标准》将小学划分成 3 个阶段，即低学段（1～2 年级）、中学段（3～4 年级）和高学段（5～6 年级），并规定科学课程的教学内容应当与学段相匹配，从低学段到高学段的知识深度应呈现出螺旋式上升的趋势。因此，小学科学教师在每个学段的教学中所选择的教学方法和实施途径应当与学生的认知发展规律相适应。

此外，在科学教学过程中，用语准确、规范有助于学生准确地理解科学知识，正确地观察科学现象、捕捉科学探究信息。因此，小学科学教师在讲授科学知识时应确保语言准确、严谨，在指导学生操作实验或开展科学探究活动时应确保语言规范、科学。

（二）基础性原则

小学科学课程的宗旨是培养学生的科学素养，为学生的终身发展奠定良好的基础。因此，小学科学教师在教学过程中应注意对学生基础素养的培养。具体而言，该原则要求小学科学教师在教学内容、教学过程和学习评价方面做到以下几点。

（1）根据《课程标准》的要求把握教学内容的广度和深度。小学科学教师在教学过程中应整体把握《课程标准》与教材的设计思路、教学目标，注意教学内容的取舍；同时，多关注科学知识在生活中的应用，避免刻板地讲授科学概念和原理；此外，可根据学生的实际情况，适当拓展科学知识的实际应用。

（2）基于学生的已有经验组织教学活动。学生学习的起点是其已有的经验。小学科学教师应当深刻认识到这一点，进而基于学生的已有经验安排教学内容、选择教学方法，引导学生通过一系列探究活动获得新的认知。

（3）准确把握学习评价的要求。小学科学教师应根据《课程标准》的相关规定，通过对话、提问、观察、检查作业（实验报告、实验设计、实验记录）等方式全面评估学生的学习质量，注重考查学生的科学态度和科学探究能力，以减少或避免考查学生对理论知识的机械性记忆。

（三）实践性原则

实践性原则是指小学科学教学应与学生熟悉的日常生活紧密联系，并注重培养学生的实践探究能力及其对科学知识的实际应用能力。具体而言，该原则要求小学科学教师在教学过程中做到以下几点。

（1）重视实践探究活动的开展。《课程标准》明确指出，小学科学课程是一门实践性课程，探究活动是学生学习科学的重要方式。因此，小学科学教师应通过设计多样化的实践探究活动，引导学生从其熟悉的日常生活出发，了解科学探究的方法和技能，理解基本的科学知识，并尝试运用科学方法和科学知识解决生活中简单的科学问题。

（2）让学生通过实践活动认识和理解科学与技术、社会、环境之间的联系。小学科学教师应当通过创设教学情境、组织科学实践活动等方式，引导学生认识和理解科学与技术、社会、环境之间的联系。例如，利用科普视频、图片等资料创设教学情境，让学生了解科学技术是如何为人类服务的；让学生围绕“生物克隆技术的利弊”这个主题查阅资料、展开辩论，促使他们深入理解科学与技术、社会、环境之间的相互影响。

（3）注重科学知识在生产、生活中的实际应用。小学科学教师应当有意识地引导学生将所学知识应用到生产、生活中去，以提高其对科学知识的应用能力。例如，在校园里建设科学实践基地（如种植园、气象观测站、天文馆、科技长廊等），并组织学生在基地里开展丰富的科学实践活动；与少年宫、科技馆等单位建立合作关系，共同组织学生开展科学考察活动、科学体验活动等，以增强学生的应用意识。

（四）趣味性原则

趣味性原则是指小学科学教学的内容、形式和实施过程应新颖、有趣，富有吸引力，能有效地激发学生学习科学的兴趣。该原则要求小学科学教师做到以下几点。

（1）营造愉快的学习氛围。要想让学生体会到学习科学是一件快乐的事情并感受到科学探索的乐趣，小学科学教师首先应学会营造愉快的学习氛围，让学生在“乐学”和“愿意学”的氛围中体验科学乐趣、理解科学原理和应用科学知识。

（2）寓趣味性于探究活动。小学生具有强烈的好奇心和求知欲，这种好奇心和求知欲是推动他们学习科学的内在动力。小学科学教师可以利用这一点，将趣味性融入科学探究活动，以激发学生学习科学的兴趣，进而引导他们通过实践探索理解科学原理、掌握科学方法、提高科学技能。

（3）多角度展示科学之美。瑞士著名的儿童心理学家皮亚杰说：“人的快乐认知首先从美开始，人们热衷于关注一种事物，首先在于它的美。”将美学元素融入教学，能让科学教学焕发全新的活力与无穷的魅力。因此，小学科学教师应善于挖掘科学课程资源中的各种美学元素，在教学过程中通过多种方式展示自然物质、生命现象、浩瀚宇宙、人工世界和科研情怀的美，以激发学生的学习兴趣，使其领略科学的魅力并期待探索科学的奥秘。

图 3-3 三球仪

例如，在“四季和昼夜”一课中，小学科学教师赵老师为了让学生认识“三球”（太阳、地球和月球）运动规律，借助多媒体设备制作出具有浩瀚之美的动态太空景象图，然后将三球仪（见图 3-3）置于这一动态景象之中，通过演示三球的运动过程，精彩呈现了宇宙星河的深邃之美和天体运动的规则之美。这种美让学生感受到了科学之美，并对科学知识的探索充满了向往。

举例说说如何在小学科学教学中体现“保护学生的好奇心和求知欲”这一课程理念。

第二节 小学科学教学的模式

教学模式是指在一定教学思想或教学理论的指导下建立起来的较为稳定的教学活动结构框架和程序。作为教学活动结构框架，教学模式能够体现教学活动整体与教学活动构成要素之间的关系；作为教学活动程序，教学模式能够确保教学活动的有序开展。在小学科学教学活动中，由于教学内容涉及多个领域的科学知识，且不同知识领域的教学具有差异性，因而产生了多种教学模式。小学科学教学活动常用的教学模式有归纳教学模式、探究教学模式、尝试教学模式和“5E”教学模式 4 种。

一、归纳教学模式

归纳是指通过一系列具体现象概括出一般原理的思维方式。将这种思维方式运用到教学活动中，就形成了归纳教学模式。

归纳教学模式是指通过事物的个别现象概括出事物的一般性概念或规律的教学模式。在这种教学模式中，小学科学教师需要先根据教学内容呈现足够数量和种类的材料（如实物、图片、视频、标本、模型等），让学生通过观察、比较、分类等方式感知研究对象；然后，引导学生通过归纳某研究对象的特征，初步建构新知；最后引导学生检验所学知识，将所获得的知识应用到其他情境，进而巩固认知。

归纳教学模式的基本过程如图 3-4 所示。

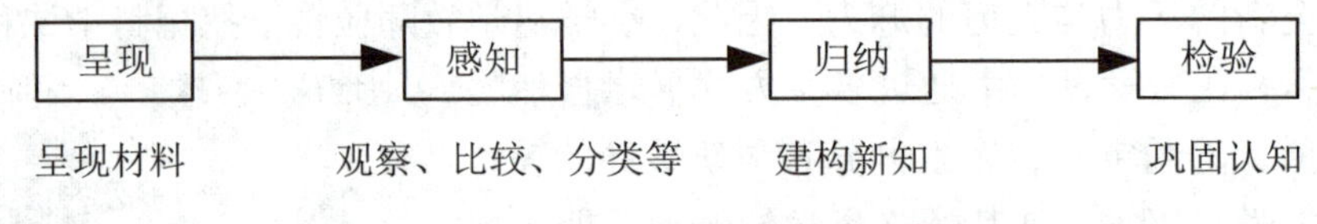

图 3-4 归纳教学模式的基本过程

从小学科学课程的特点和小学生的认知特点来看，只有让学生充分体验归纳思维的过程，主动参与科学知识的建构，学生才能深入理解科学知识，从而避免机械记忆。

小学科学教师采用归纳教学模式开展教学活动时，必须先充分了解学生已掌握的知识和现有的归纳水平，进而因材施教，并通过适时提问给予学生启发，使其充分发挥主观能动性，根据事物现象归纳出事物的内在规律。

“昆虫”一课的教学模式

小学科学教师张老师采用归纳教学模式为学生上了一节课——“昆虫”。这一课的教学过程如下。

（1）呈现。张老师向全班学生展示了40多张关于小动物的图片，这些小动物包括各类昆虫（见图3-5），以及其他一些不属于昆虫但可能被学生误认为是昆虫的动物（如蜘蛛、蚯蚓等）。

图3-5 昆虫

（2）感知。张老师先通过“小动物的身体分几节？”“它们都有几条腿？”等问题引导学生对各种小动物进行观察，并让学生比较这些小动物的异同，然后指导学生对小动物进行分类，使其充分感知昆虫的特征。

（3）归纳。张老师先让学生在分类的基础上比较不同类别小动物的不同，并展开交流、讨论，然后引导学生归纳昆虫的共同特征，使其初步建构“昆虫”的概念。

（4）检验。张老师进一步展示各种小动物的图片（包含各类昆虫和不属于昆虫的小动物），让学生辨别这些小动物是否属于昆虫，并与同桌交流自己做出判断的理由，使其进一步巩固对“昆虫”概念的认知。

在小学科学教学中，许多概念类的科学知识（如“直根和须根”“不同类型的茎”“叶的组成”“鸟类”“哺乳动物”等概念）适合在归纳教学模式下进行建构。

二、探究教学模式

（一）探究教学模式的概念

探究教学模式是指在教学过程中，教师指导学生围绕当前教学内容中的主要知识点进行自主学习、深入探究、合作交流，并在此过程中获得科学知识的教学模式。

《课程标准》明确指出，小学科学课程倡导以探究式学习为主的多样化学习方式，促进学生主动探究。这就要求小学科学教师必须充分理解探究教学的现实意义，形成探究教学的理念，掌握实施探究教学的方法和技能，在采用探究教学模式开展教学活动时，既要充分体现学生在学习过程中的主体地位，又要充分发挥教师在教学过程中的主导作用。

探究教学模式在小学科学教学中的成功实施，不仅有助于学生深入理解科学知识，而且有利于其创新思维和创新能力的形成与发展。

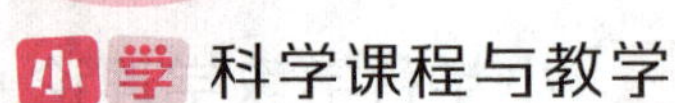

探究教学模式的理论基础

探究教学模式的理论基础是美国教育学家杜威的“五步教学法”、美国认知主义心理学家布鲁纳的“发现法”，以及瑞士儿童心理学家皮亚杰的“活动教学法”“自我发现法”等。

其中，杜威的“五步教学法”可以简明地概括为：教学活动过程包括情境、问题、假设、推论和验证5个环节。布鲁纳的“发现法”要求学生在教师的指导下，能像科学家发现真理那样，通过自己的探索和学习，发现事物变化的因果关系及其内在联系，进而理解科学概念，获得科学认知。

皮亚杰的“活动教学法”认为，在认知发展过程中，新的认知都是以已有的认知为基础的，儿童在实践活动中能够获得新的实践经验，并引发认知冲突，这会促使他们不断地调节自己的认知，使之与新的实践经验相适应，最终形成新的认知。

这些理论有一个共同点，即均认为教学过程是学生参与的过程，学生的学习过程是在现有认知经验的基础上不断转变认知的过程。探究教学模式的原理与这些理论的观点相适应，强调学生的主体性、积极性和首创精神。

（二）探究教学模式的实施过程

在探究教学模式中，首先由教师通过创设情境启发学生发现并提出相关问题；其次，由学生围绕某一个问题进行各种猜想，并提出假设；最后，学生在教师的引导下设计并实施探究方案，验证或反驳假设，进而得出科学结论，形成自己对科学问题的认知。在整个探究过程中，教师只充当组织者、引导者和促进者的角色。通过探究，学生可以形成科学知识方面的认知，巩固实验操作技能，并培养探索精神、实证精神和科学态度。

具体而言，探究教学模式的实施过程通常包括8个基本环节，即提出问题、进行假设、制订方案、搜集证据、处理信息、解释结果、表达交流和反思评价，如图3-6所示。

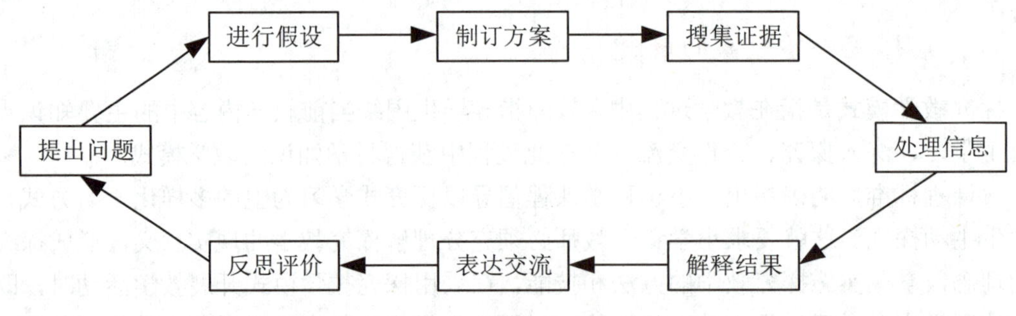

图3-6 探究教学模式的实施过程

1. 提出问题

爱因斯坦说过："提出一个问题，往往比解决一个问题更重要。"在探究教学模式中，小学科学教师首先应当基于教学内容，结合实验条件、学生的认知基础或已有经验等因素，设计若干探究性问题供学生选择，或者引导学生提出有探究价值的问题，以激发学生的探究兴趣。需要注意的是，教师所设计的探究性问题应尽可能体现出科学教学的科学性原则、基础性原则和实践性原则。

如何指导学生提出问题

探究性问题是指条件或结论尚不明确，需通过探究去补充条件或完善结论的一类问题。它对提高学生发现问题、解决问题的能力，培养学生的科学求实精神起着重要作用。

2. 进行假设

教师提出探究性问题之后，可以引导学生展开讨论，并鼓励他们在已有认知或生活经验的基础上尝试回答问题，即进行假设，同时做好答题记录。在学生讨论和答题的过程中，教师应当努力营造轻松、民主、和谐的教学氛围，并给予学生正确的引导，确保其假设符合逻辑。

3. 制订方案

当学生进行假设之后，教师应当指导学生制订探究方案，以便他们用探究过程对自己的假设进行论证。其中，探究方案应包括开展探究活动所需要的实验器材、技术条件、相关资料及探究的程序与过程（包括实验方式的选择、实验变量的控制、实验数据的收集与处理、实验操作步骤的细化等）等。

在制订方案的过程中，教师应当给予学生适当的指导，确保他们所制订的方案既符合自身的认知水平，又具有一定的创新性。这一过程有利于培养学生的科学论证意识。

4. 搜集证据

探究方案确定之后，教师应为探究活动的开展提供支持（如提供观测工具、实验器材、图片或视频资料等），并引导学生根据探究方案搜集证据。证据的搜集可采用观察、测量、实验、调查、检索等多种方式进行。在搜集证据的过程中，小学科学教师应指导学生灵活地选用证据搜集方式，规范地使用实验器材，科学地记录实验现象和数据，并注意辨别所搜集的证据能否对假设进行论证。

5. 处理信息

搜集到相关证据之后，教师应指导学生对所搜集的证据进行整理，提取相关数据和信息并对其进行分析、归纳和概括，帮助他们发现各项数据或各项信息之间的联系，从而得出探究结论。在这个过程中，教师应耐心地解答学生的疑问，引导他们进行批判性思考。

6. 解释结果

寻求解释是探究的出发点和归宿。处理好相关信息并得出探究结果之后，教师应鼓励

学生根据证据对探究结果进行解释说明，以检验所提出的假设。这一过程可以有效地培养学生的科学解释能力和逻辑推理能力。

7. 表达交流

当学生对探究结论进行解释说明之后，教师应引导学生准确地阐述自己所探究的问题及探究方法、过程和结果，并组织学生用清晰、准确的语言进行相互交流。通过交流，学生可能会就他人的证据和解释提出疑问，或者发现新的问题。这时，小学科学教师应当给予适当的指导，必要时可引导学生开展新一轮的探究活动。

8. 反思评价

在组织学生相互交流之后，教师应引导学生回顾整个探究过程，引导学生对探究方法和过程进行反思，对探究结论的可靠性进行评价，进而对探究方案提出改进建议。在这个过程中，教师应鼓励学生进行自我评价，培养他们自我监控和自我反思的能力。

在探究教学模式中，除了培养学生的评价意识外，教师还应注意引导学生运用所获得的知识解释生活中的科学现象。

“种子的萌发”一课的教学模式

小学科学教师张老师采用探究教学模式上了一节科学课——“种子的萌发”。这节课的教学过程包括以下 5 个步骤。

一、创设情境，激发兴趣

开始上课后，张老师以“离离原上草，一岁一枯荣。野火烧不尽，春风吹又生”这首古诗创设导课情境，让学生通过这首诗感受植物的生命周期。当学生进入如诗如画的情境之后，张老师创设了一个问题情境：“俗话说‘春种一粒粟，秋收万颗子’。那么，植物的一生是如何开始的呢？”这一提问激发了学生的求知欲。

二、提出问题，进行假设

张老师见状，便开始引导学生思考探究性问题。张老师先让生物兴趣小组的学生描述菜豆种子从萌发到长成幼苗的过程，如图 3-7 所示。生物兴趣小组的一名学生开始描述：“将种子放入疏松的土壤中，置于温暖的阳光下，每天给它浇水……”当全班学生听完这名同学的描述后，张老师提出一个问题：“在这一过程中，种子萌发可能需要哪些外界条件？”

学生们根据自己已有的知识、生活经验和课本提供的资料进行假设：“种子萌发所需要的外界条件可能有水分、阳光、温度、土壤、空气、肥料等。”随后，张老师通过“哪些是种子萌发的必要条件呢？”这个问题引导学生思考，学生经分析后排除了“肥料”这个因素。

图 3-7　种子萌发的过程

接着，学生进一步假设："水分、阳光、空气、土壤、适宜的温度可能是种子萌发的必要条件。"张老师说："这个假设是否成立，需要通过实验来检验一下。"

三、设计方案，进行实验

张老师将全班学生分为若干小组，并提出讨论提纲，引导学生以小组为单位讨论实验方案的设计。讨论提纲的主要内容如下。

（1）做实验时，选用什么样的种子比较好？

（2）进行实验探究时，需要准备哪些材料和工具？

（3）怎样探究不同环境条件对种子萌发的影响？将种子分成几组进行探究？

（4）怎样设置对照组实验（指既有实验组又有对照组的一种实验。其中，对照组是实验参照物）方案？对照组应提供什么样的温度、水分、光照和空气？除了所研究的条件外，每个实验组的其他环境条件是否应当与对照组一样？

（5）每组实验应当有多少粒种子？只有一粒种子行吗？

（6）每隔多久观察一次实验现象？各组实验是否应当同时观察？

当学生分组讨论时，张老师进行巡视并参与各组的讨论过程。讨论结束后，张老师组织各组学生交流各自的讨论结果，并引导他们进一步完善实验方案。

种子萌发实验的实施在课后完成。实验期间，张老师提醒学生按时观察实验现象，督促学生做好实验记录，并适时地给予学生评价。

四、取得数据，形成结论

学生分小组完成了实验，获取了实验数据，并得到了实验结果。张老师请各组学生汇报实验现象和结果，并组织学生进行组间交流。最后，师生一起归纳实验结果并得出结论：适宜的温度、一定的水分和充足的空气都是种子萌发的必要条件。

五、相互交流，有效评价

接下来，张老师组织学生对实验过程进行评价，反思自己小组在实验过程中出现的问题并分析其原因。在此基础上，张老师引导学生思考："我们在探究种子萌发所需环境条件的实验中，具体实施了哪些步骤？"学生经思考后说出了各自的操作步骤。

随后，张老师追问："我们用于探究种子萌发所需环境条件的这些步骤，可不可以用来探究其他条件（如光照）对种子萌发的影响？"学生经思考后回答了老师的提问。

接着，张老师进一步指出："我们可以用'提出问题—进行假设—制订方案—获取证据—处理信息—形成结论—表达交流—反思评价'这8个步骤来探究任何生物的生命现象，因为这是生物科学探究的一般过程。"

最后，张老师引导学生进一步思考影响种子萌发的其他因素，并让学生选择其中一个因素（如光照）作为下一个探究主题。

点评：案例中，学生在教师的引导下经历了"提出问题—进行假设—制订方案—获取证据—处理信息—形成结论—表达交流—反思评价"的探究过程。在探究过程中，教师根据学生的能力水平，适时地进行引导，如创设情境、提供讨论提纲、进行启发式提问、及时评价实验过程等，让学生的自主性得到了良好发挥。

合作探究

"一粒小小的种子，凝结的是农业科技研究者潜心育种的智慧，承载的是'中国碗要装中国粮'的使命，孕育的是种业自立自强、种源自主可控的希望。"为了国家的粮食安全，中国育种科学家在一次次的失败中坚定探索，在自己的工作岗位上兢兢业业，最终取得了瞩目的成就。

小学科学教师在实施科学课程的过程中，可以结合课程内容对学生进行思政教育。例如，引导学生思考"一粒小小的种子"与粮食安全之间的关系，让学生了解中国育种科学家的故事并学习他们勇敢探索、不怕失败的精神等。除此之外，小学科学教师还可以将哪些事物作为切入点对学生进行思政教育？

（三）探究教学模式的实施要点

1. 通过创设情境提问题

探究活动都是从发现问题或提出问题开始的。因此，在探究教学模式中，小学科学教师应善于通过创设情境提出探究性问题，以便有效地激发学生的探究兴趣，进而引导学生围绕问题展开探究。

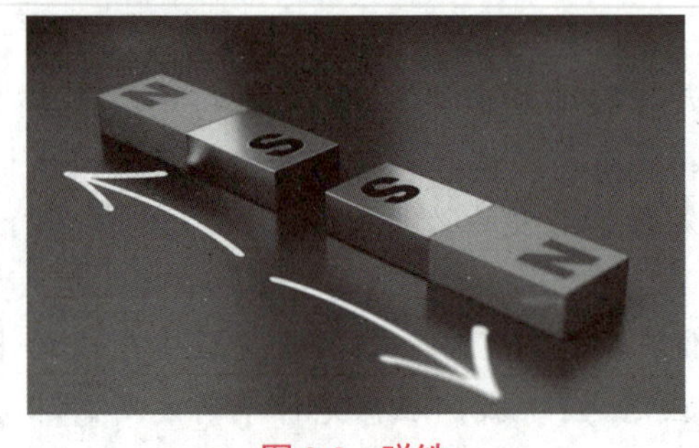

图 3-8 磁铁

例如，在"磁铁的两极"一课中，教师可以创设问题情境"一根磁铁掉到地上摔成了两半"，如图 3-8 所示，并提出"断开后的两根磁铁各有几个磁极？""如果将它们拼接成一根磁铁，那么这根磁铁有几个磁极？""将两块磁铁拼接在一起时，会出现什么现象？"等问题。具体情境下的提问，能让学生产生好奇心，进而产生探究兴趣。

2. 选择合适的探究主题

实践证明，与学生的日常生活紧密联系的情境能够更好地激发学生的探究热情。因此，

在探究教学模式中，小学科学教师应当尽量选用与学生的日常生活紧密联系的探究主题。例如，在“导体与绝缘体”一课中，教师可以引导学生探究日常生活中常见物体（如自来水、土豆、食盐、湿毛巾等）的导电性，这些常见物体的导电性能够让学生充分认识导体和绝缘体，并更好地理解导体的性质及实际应用。

3．适时地提供探究指导

探究教学模式尤其突出学生的主体地位，学生可以根据自己的猜想、假设和探究方案进行自由探究，但这并不意味着教师可以放弃指导。在学生探究过程中，教师应当适时地给予学生有效的指导，以确保探究活动井然有序地开展，让学生在探究中有所收获，而不能让学生处于无组织状态，或让其感到不知所措。

4．倡导学生合作式探究

实践操作是学生自己思考、尝试的过程，而合作交流则是学生阐述观点、呈现思维、反映问题的过程，两者缺一不可。因此，在探究教学模式中，小学科学教师应倡导学生进行合作式探究，让学生在合作探究过程中相互阐述自己的观点、倾听他人的意见，进而更好地审视自己的探究方法和探究过程。这不仅有利于学生深化自己的科学认知，还有利于培养团队合作精神。

5．发展学生的认知能力

科学探究活动要求学生具有较高层次的认知能力，如语言表达能力、科学思维能力（包括批判思维能力、创造性思维能力等）等。在探究教学模式中，小学科学教师应当在培养学生的一般认知能力（如观察、比较、分类、联想、归纳、分析、判断、知道、理解等）的基础上，有意识地发展学生较高层次的认知能力，从而有效地提升学生的科学探究能力。

三、尝试教学模式

尝试教学模式是指教师引导学生通过不断尝试获得新认知的教学模式。它是从探究教学模式发展而来的，其特点是“先试后导，先练后讲”。其基本流程是提出问题（呈现已有认知）、通过尝试转变已有认知、通过概括建构新知、通过解释应用新知，如图 3-9 所示。

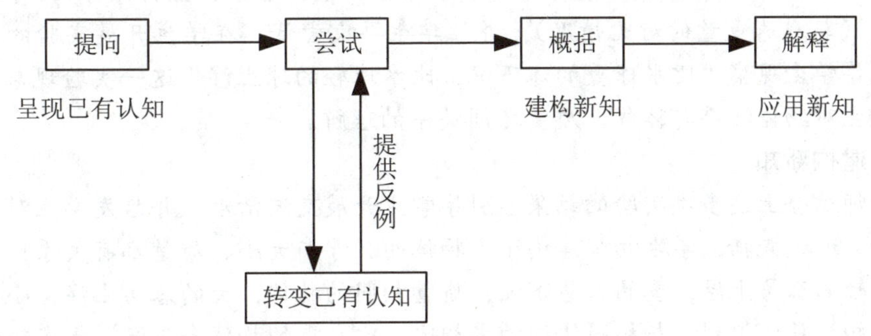

图 3-9 尝试教学模式的基本流程

在尝试教学模式中，学生的尝试是围绕教师的提问进行的，当教师提出问题时，学生往往会呈现关于此问题的已有认知。在尝试环节，教师会提供活动材料，让学生进行实践操作，主动发现操作结论与已有认知的不一致，进而初步转变已有认知；然后，教师会提出新的问题或列举反例，并提供相应的实验器材让学生再次尝试，不断引发学生的认知冲突，使学生在反复尝试过程中不断修正或转变自己的已有认知。

当学生转变了自己的已有认知之后，教师会引导学生进行交流、讨论，并对获得的认知进行概括，进而建构新知。最后，教师会通过展示生活中的实例或情境，启发学生运用所获得的新知对实例或情境进行解释，以使其巩固新的认知。

典型实例

“沉与浮”一课的教学模式

小学科学教师张老师采用尝试教学模式为学生上了“沉与浮”这一课。这一课的教学过程如下。

一、提出问题

张老师提出了“什么样的物体在水中容易浮起？”和“什么样的物体在水中容易下沉？”两个问题，并出示了多种材质的实验材料（如木块、塑料、铁块等）。学生根据生活经验，认为“重的物体容易下沉，轻的物体容易浮起”，并呈现出“物体的沉浮与它们的轻重有关”的已有认知。

二、不断尝试，转变认知

学生围绕张老师提出的问题，利用实验材料进行实验，并发现“重的物体不一定容易下沉，轻的物体不一定容易浮起”。这种实验结果与学生先前的认知是不一致的。于是，他们产生了“物体在水中的沉浮与轻重无关”的新观点。

张老师根据学生的新观点，提供了一组大小相同而轻重不同的物体，让学生再次尝试。学生再次实验后，发现实验结果似乎又表明“物体在水中的沉浮与轻重是有关的”。

随后，张老师提供了一组轻重相同而大小不同的物体，让学生再次尝试。学生再次实验后，发现实验结果似乎又表明“物体在水中的沉浮与大小也有关系”。

最后，张老师出示了体积相同的沉浮球（有铁球、水球、塑料球等），介绍了每个球的重量（与水球重量的对比情况），并让学生再次尝试。在学生开展实验的过程中，张老师引导学生观察“比水球重的球下沉，比水球轻的球上浮”这一实验现象，有效地促进了学生对物体沉浮与体积、质量之间关系的理解。

三、建构新知

张老师结合上述多次实验的结果，引导学生开展交流活动，并启发学生对实验现象进行概括。通过概括，学生初步建构了“物体的沉浮与大小、质量都有关系：大小相同的物体，轻的容易上浮，重的容易下沉；质量相同的物体，大的容易上浮，小的容易下沉”的认知，并认识到“与相同体积的水相比，比水重的物体会下沉，比水轻的物体会上浮”。这样的认识对学生将来理解“密度”的概念是很有帮助的。

四、应用新知

课堂接近尾声时，张老师出示轮船、潜水艇等实物的照片，并让学生解释“为什么轮船能够浮在水面上？”“为什么潜水艇能自由地上浮和下潜？”等问题，以便学生进一步巩固新的认知。

在小学科学教学内容中，除了反映事物共同特征的科学知识外，还有很多反映事物之间内在联系及规律的科学知识。实践证明，对于反映事物共同特征的科学知识而言，采用归纳教学模式能够更好地引导学生建构新知；对于反映事物之间内在联系及规律的科学知识而言，采用归纳教学模式并不可行，而采用尝试教学模式能够更好地引导学生深入理解事物之间的内在联系及规律，并有效地提高学生的逻辑思维能力。

四、“5E”教学模式

“5E”教学模式是 20 世纪 90 年代初由美国生物科学课程研究所（BSCS）开发的一种教学模式。该模式要求科学教学以学生为主体，强调通过调查和实验的方法解决问题，并通过小组合作学习的方式促进学生理解科学概念和掌握科学知识。这一模式的实施包括 5 个环节：吸引（engagement）、探究（exploration）、解释（explanation）、迁移（elaboration）和评价（evaluation）。由于这 5 个环节所对应的英文均以“E”开头，所以又称“5E”教学模式。

（1）吸引环节是起始环节。在这一环节，教师首先会通过创设情境引入科学问题，激发学生的学习兴趣。同时，根据学生对情境现象的理解，了解学生的已有认知，并帮助他们将已有认知与即将开展的探究活动建立联系，进而引导他们制订探究方案。

（2）探究环节是核心环节。在这一环节，教师会给学生提供开展探究活动的工具材料，引导学生按照探究方案开展探究活动，让学生通过实践操作丰富感性认识，搜集用以解释科学现象的相关证据，并在小组合作过程中实现经验共享。

（3）解释环节是关键环节。在这一环节，先由学生描述所观察到的现象，解释现象产生的原因；然后由教师用提问的方式与学生进行交流，引导学生反思，矫正错误的理解，形成科学的认知，再对所观察到的现象进行科学的解释。

（4）迁移环节是应用环节。在这一环节，教师会引导学生对所学的知识进行拓展和延伸，使其学会用所学知识和技能对新的现象进行解释，深化对所学知识和技能的认识。

（5）评价环节是反馈环节。在这一环节，由学生与教师共同完成评价任务。评价内容包括探究结果的科学性、探究步骤的规范性、实验数据的准确性与和可靠性等。评价时应做到自我评价与他人评价相结合、定性评价与定量评价相结合。评价过程是学生交流和反思的过程，有利于他们发现自身的不足，从而扬长补短，不断提升自己的科学探究水平。

在教学实践中，“5E”教学模式的主要环节并不是固定不变的，而是可以根据具体情况交替、反复呈现的，以便更好地实现教学目标，提升学生的科学思维品质。

典型实例

“声音是怎样产生的”一课的教学模式

小学科学教师万老师在“声音是怎样产生的”一课中采用了“5E”教学模式。这节课的教学活动包括以下 5 个环节。

一、创设情境，激发探究兴趣

开始上课之后，万老师利用多媒体设备为学生展示了多种关于声音的生活现象。例如，敲击鼓面时，鼓会发出“咚咚咚”的声音；溪水在流动时会发出“哗哗哗”的声音；敲击玻璃杯时，杯子会发出清脆的声响。学生对这些现象十分熟悉，并已形成了一定的认知。于是，万老师提出问题：“声音是怎样产生的呢？”这个问题成功地激发了学生的探究兴趣。

二、提出问题，引导学生探究

万老师提出问题：“有什么办法可以让一张 A4 纸发出声音呢？”面对提问，有的学生回答：“甩动这张纸，它就会发出声音。”还有的学生回答：“将这张纸揉成一团时，它会发出声音。”

面对学生的回答，万老师首先给予了肯定，接着继续提问：“这些方法为什么可以使纸发出声音？声音到底是怎样产生的呢？”结合纸发出声音时的现象，有的学生猜测：“因为纸张在振动。”万老师听到这个回答后问：“纸张是如何振动的？”学生在万老师的引导下深入思考，并进行了多种猜测，初步认定声音的产生原因是振动。

三、进行实验，解释科学现象

为了让学生理解“振动”并对振动现象进行科学的解释，万老师为学生提供了小鼓、鼓槌和音叉（见图 3-10），并引导他们进行实验操作。在实验操作过程中，当学生用鼓槌敲击小鼓时，万老师提醒学生观察鼓面是否发生了振动。学生根据实验现象回答道：“只能听到声音，无法看到鼓面振动。”

图 3-10　小鼓、鼓槌和音叉

面对学生的回答，万老师指导他们将一些碎纸片放到鼓面上，再次敲击小鼓并观察鼓面。根据新的实验现象，学生回答道：“小鼓发出声音的时候，鼓面上的碎纸片会跳跃起来，这说明鼓面在振动。”这时，万老师将实验自主权交给学生，要求他们敲击音

叉，并解释音叉发出声音的原因。

学生在万老师的引导下反复实验，并通过实验现象得知音叉发出声音时处于振动状态。于是，万老师引导学生思考："在敲击鼓面和音叉的时候，它们的状态存在哪些共同点？"结合实验现象，学生很快回答了这一问题，并揭示了声音产生的原因——物体振动。

四、拓展延伸，巩固所学知识

当学生明白了声音产生的原因之后，万老师提问："物体停止振动时，是不是就不会发出声音了呢？"为了让学生有效地探究和解决这个问题，万老师指导学生弹动钢尺，并让他们思考这个问题："如何让钢尺的声音停下来？"带着这一问题，学生开展了一系列探究活动。

通过探究，学生既观察到了声音产生的过程，又观察到了声音消失的过程，从而深刻地理解了"振动"这一概念。

五、综合评价，提升探究效果

对于学生在探究活动中的表现，万老师给予了充分的肯定，同时，也指出了实验操作过程中的不规范之处，并期待学生在下一次探究活动中予以改进。老师的评价既给了学生继续探究的信心，也让学生认识到了自身的问题，有效地提升了整堂课的探究效果。

"5E"教学模式和探究教学模式有什么异同？这两种教学模式各有什么特色？

任何教学模式都是由一定的教学思想、操作程序、实施策略、教学评价等要素构成的，是一套相对完整、稳定的教学系统。小学科学教师在运用某种教学模式时，应当从整体上把握其教学思想，根据课堂教学的实际情况灵活运用，做到神形兼备，切忌只求"形似"而不顾"神似"。

活动内容

以"铁生锈"为教学主题，选用合适的教学模式，并列出教学活动的主要步骤和指导要点。

活动目标

在理解小学科学教学的特征和原则的基础上，根据教学内容熟练地运用常见的教学模式。

活动过程

（1）每 5 人一组，分析“铁生锈”教学内容的特点。

（2）分小组讨论“铁生锈”这一课适合采用的教学模式。

（3）设计特定教学模式下的具体探究方案，并准备相应的教学材料和工具。

（4）各组派一名代表阐述本组选用的教学模式和设计的探究方案。

（5）各组成员相互交流，学习其他小组方案的可取之处，并完善自己小组的方案。

活动评价

授课教师可参考表 3-1 对实践活动进行评价。

表 3-1 活动评价表

评价标准	完成情况（优、良、中、差）	教师点评
能够准确地概括、描述教学内容的特点		
所选用的教学模式与教学内容相适应		
所设计的探究方案与教学模式相互适应		
所选用的教学材料和工具能够较好地为探究方案服务		
能积极地合作、交流，并有效地完善探究方案		

第四章 小学科学教学设计与实施

学习目标

知识目标

- 理解小学科学教学设计的概念。
- 明确小学科学教学设计的原则。
- 熟悉小学科学教学设计的过程，并掌握相应的设计方法。
- 熟悉小学科学教学设计的呈现形式。
- 了解小学科学教学实施的准备工作。
- 熟悉小学科学教学实施的常用方法。

技能目标

- 能根据实际情况进行小学科学教学设计。
- 学会灵活运用小学科学教学实施方法。

素养目标

- 自觉提升教学设计理论素养，学会在小学科学教学设计与实施过程中适当创新。

案例导入

小学科学教师李老师即将为小学5年级学生上一节名为“地球内部运动引起的地形变化”的科学课。开始上课之前，他先系统研读了小学5年级科学教材的内容，详细分析了5年级学生的各方面情况，然后采用表格形式设计了一份教案。这份教案呈现了李老师上这节科学课的教学思路，其具体内容包括“教学背景”“教学目标”“教学重难点”“教学方法”“教学过程”“教学反思”6个方面。

其中，教学目标包括以下3个方面。

（1）知道火山和地震是由地球内部的运动造成的，会改变地形；知道地球内部的运动会引起地壳运动，从而形成山脉、高原、裂谷、海沟等地形；知道地球表面的变化有时是迅猛而激烈的，有时是缓慢而不易被察觉的。

（2）能根据提供的视频和图片，推测地形变化的原因；能用模拟实验解释火山喷发的原因及火山喷发对地形的影响。

（3）认识地球内部是不断运动着的；正确认识自然灾害对人类社会的影响，激发探究自然现象的热情和兴趣。

教学重难点包括以下两点。

（1）火山和地震是由地球内部的运动造成的，它们会改变地形；

（2）通过模拟实验认识地球内部运动会引起板块运动，板块运动会影响和改变地形。

教学方法包括科学联想法和小组合作探究法。

教学过程主要包括“导入新课”“自主学习，合作探究”“巩固检测，品味收获”“拓展提升”4个环节。其中，在“导入新课”环节，李老师计划利用视频和提问导入新课。在“自主学习，合作探究”环节，李老师计划按照以下步骤组织教学。

（1）组织学生结合“导入新课”环节的提问来分析课前搜集的相关资料，并分组讨论、交流，然后展示讨论结果。

（2）为学生做地壳运动演示实验和火山喷发演示实验，并组织学生分组探究地壳板块的运动过程、地壳运动对地形的影响、火山喷发和地震的形成过程。

（3）为学生播放《地震瞬间的真实再现》《实拍青海玉树地震》等视频，促使学生进一步巩固新的认知。

（4）引导学生回顾课堂教学内容，组织学生交流感想，并对课堂教学进行总结。

通过李老师的教案，你可以归纳出教学设计的基本过程和主要内容吗？李老师制订的教学目标是否合理？目标表述是否到位？李老师在教学活动中采用了哪些教学方法？整个教学设计具有什么优点和缺点？下面，就让我们一起学习本章内容，了解小学科学教学设计与实施的相关知识，并揭晓上述问题的答案。

第一节 小学科学教学设计

一、小学科学教学设计的概念

小学科学教学设计是指小学科学教师在开始教学工作之前，以培养学生的科学素养为宗旨，以学习理论和教学理论为依据，结合小学科学教学内容、学生的实际水平、教学条件和环境等，运用系统方法对小学科学课程的教学目标、教学内容、教学方法、教学评价等进行统筹规划的过程。

小学科学教学设计是教学理论和教学实践之间的桥梁，是小学科学教师顺利完成教学任务、实现教学目标的关键所在。良好的小学科学教学设计能够有效激发学生学习科学的热情，调动其主观能动性，并使其在愉悦的氛围中理解知识重点和难点。每一位小学科学教师都必须熟悉小学科学教学设计的原则与过程，并掌握小学科学教学设计的实施方法。

二、小学科学教学设计的原则

（一）理论性与操作性相统一

小学科学教学设计必须以马克思主义哲学、自然科学方法论、教育学、心理学、科学教学论等理论为基础，充分发挥这些理论对教学实践的指导作用，从而减少教学实践的盲目性，增强教学实践的科学性。在设计小学科学教学方案时，小学科学教师应当围绕教学活动的关键问题制订合理、可行的方案，以保证教学目标的顺利实现。

总体来说，只有将理论性和操作性统一起来，小学科学教学设计才能真正成为连接教育理论与教学实践的桥梁，促进教学理论的有效运用和教学实践的顺利开展。

（二）要素设计与整体设计相结合

小学科学教学设计是对科学教学的组成要素（如教学目标、教学内容、教学方法、教学评价等）及其之间的关系进行整合的过程。在这个过程中，小学科学教师应做到要素设计与整体设计相结合。一方面，小学科学教师应认真分析科学教学的组成要素，并逐一构思、规划；另一方面，小学科学教师应进一步分析、协调科学教学各个组成要素之间的相互关系，以使科学教学各要素的功能得到有效发挥，从而产生整体效应。

（三）求实与创新相结合

小学科学教学设计应根据实际情况进行，并体现一定的创意，即做到求实与创新相结合。

一方面，小学科学教师应当从实际出发进行小学科学教学设计，具体应做到以下几点。

（1）从教学对象的实际出发。首先，小学科学教师应当根据学生已有的知识基础、智力发展水平和心理发展水平等情况进行教学设计。其次，小学科学教师应当密切跟踪学生的学习情况，并根据反馈信息及时调整教学方案，以便顺利实现预定的教学目标。

（2）从教师自身的实际出发。小学科学教师在进行教学设计时应当清楚地了解自身的实际情况，包括自己的专业素质、所掌握的教学技能、教学风格等，进而根据实际情况选择合适的教学模式、教学策略、教学方法等，并设计出符合自身情况的教学方案。

（3）从教学环境的实际出发。小学科学教师在进行教学设计时应当充分考虑教学场地、实验器材、教学媒体等因素对教学活动的影响，并根据实际情况合理设计教学方案、安排教学活动。

另一方面，小学科学教师应当在求实的基础上锐意创新，通过运用新的程序、采用新的方法、设计新的活动等优化科学教学的各个组成要素，为实现最优教学效果创造条件。

（四）教师主导与学生自主参与相统一

教学过程是教师与学生互动的过程。小学科学教师在进行教学设计时，既要确保教师在教学过程中的主导地位，又要确保学生的主体地位，促使学生自主参与到教学活动中去，实现教师主导与学生自主参与的统一。具体而言，这一原则要求小学科学教师在进行教学设计时做到以下几点。

（1）根据学生的认知规律来组织科学探究活动，并让学生成为知识的探究者，以培养学生的科学活动观和探究习惯，进而提高学生的科学素养。

（2）善于利用生活实例、科学故事、实验操作等创设教学情境，激发学生的学习兴趣，启发学生思考科学问题，并引导学生通过探究活动解决实际问题。

（3）设计适当的变式训练，多角度、多层次地解读科学概念和原理，培养学生的科学思维。

（4）善于运用多样化的活动形式（如观察、实验、调查、讨论、制作等）组织教学活动。

三、小学科学教学设计的过程

（一）分析教学内容

教材是阐述教学内容的专用书籍，所以分析教学内容主要是指分析教材内容。由于篇幅有限，教材往往无法系统、全面地呈现教学内容的内在逻辑和设计意图。因此，要想准确把握教材内容的设计意图，并将其落实到教学活动当中去，仅仅按照教材内容原有的编排顺序、活动安排进行教学是不够的。小学科学教师必须认真地分析教材内容，理解教材内容所要表达的内涵，厘清各部分内容之间的关系，进一步明确教材的学习要求，进而结合课程目标对教材内容进行取舍，并按照一定的逻辑设计教学方案。

具体而言，教学内容的分析可从以下 3 个方面进行。

1. 梳理知识结构

小学科学教师在分析教学内容时应有整体意识，先通读全套教材，理清教材的编写思路，明确教材的整体结构，从课程的角度分析教学内容的要求和特点，然后系统地梳理不同年级教材内容之间的关系，明确知识的系统性和各知识点之间的逻辑关系，弄清各部分内容在全套教材中的地位和作用，以便在教学时做到有的放矢、前后呼应。

例如，小学科学教师王老师通过梳理教材内容发现，在我国教科版小学科学教材中，涉及物质科学、生命科学、地球与宇宙科学相关知识的单元数量分别为 18 个、9 个、5 个，三者分别占全套教材内容的 56%，28%，16%。这项数据表明，物质科学相关知识的教学是小学科学课程的重点。于是，王老师在进行教学设计时，将物质科学相关知识的教学作为重点。

2. 明确能力要求

小学科学课程是一门跨学科、跨领域的课程，对学生能力的培养必然涉及多方面的要求，包括科学观念要求、科学思维要求、探究实践要求、态度责任要求等。因此，小学科学教师必须全面分析教材内容中蕴含的各类要求，明确教材内容对学生的能力培养要求，如让学生掌握哪些知识、具备哪些能力、提高哪些素养等，以便合理安排教学活动及其顺序。

例如，小学科学教师李老师在研读了全套教材后，决定采用单元式结构框架（即一个单元讲一个主题，且单元之间存在一定的逻辑关系）整合教材内容，各个单元框架既彼此独立又相互联系，能够将科学知识的学习、科学探究能力和科学态度的培养、科学技术的实际应用等要求有机结合起来。这种设计方案可以有效地提高学生主动探究和学习的能力。

3. 分析课时内容

小学科学教师应在梳理知识结构和明确能力要求的基础上精读教材，分析课时内容，以便建构教学方案的编排逻辑，从而提升课堂教学效率。具体而言，课时内容的分析可从以下 3 个方面进行。

1）提炼核心概念

小学科学教师应全面、深刻地剖析教材内容，对教材所呈现的文字、图片、教具等素材进行充分的理解和反复的思考，把握教材的编写意图，并提炼出核心概念，为设计教学活动奠定基础。

2）确定内容定位

小学科学教师应充分理解和把握各个课时内容的特点和要求，厘清相关的课时内容在不同年级教材、不同单元中的相互关系，确定各个课时内容在整个教学内容体系中的定位，从而从整体上把握教学内容的特点和要求，根据学生的实际情况有针对性地制订教学目标，并使其符合学生的实际情况。

例如，关于“声音的产生”的科学知识，某版本科学教材的第 1 册第 5 单元“小乐器”和第 5 册第 6 单元“乐器的秘密”都有涉及。这两册教材分别属于两个不同的学段，所以两个单元的教学要求是不一样的。第 1 册第 5 单元“小乐器”通过“做纸哨”“制作各种小乐器”“水杯琴”这 3 项课时内容来引导学生观察物体发出声音的现象，让学生初步认识到物体发出声音时都在振动。第 5 册第 6 单元“乐器的秘密”则引导学生了解物体振动时产生声音的原理。如果小学科学教师仅从课时内容入手进行教学设计，则可能在低年级教学中就要求学生理解“物体振动时产生声音的原理”，这显然是不合理的。正确的做法是分析与“声音的产生”相关的课时内容之间的关系，从整体上把握各个课时内容的教学目标，使之体现出梯度性。

在教学过程中，如果教师只重视某个课时的具体内容，而忽视该内容与教材中其他内容之间的关系，就难以把握相关科学概念之间的联系，从而无法准确确定课堂教学内容的深度、广度和具体要求，也无法制订出切合学生实际的教学目标。

3）梳理教学主线

小学科学教师应当转变“教材至上”的观念，创造性地选择和使用教材提供的各种素材，梳理出适合学生实际情况的教学主线。具体而言，小学科学教师可以从以下两个方面入手：首先，根据自己对教学内容的理解和对学生认知水平的把握，对教材内容进行适当的删减或增补；其次，在梳理知识结构和明确能力要求的基础上，结合学生的生活经验和认知特点，选用合适的教学模式、教学方法等，并按照一定的逻辑顺序对教学内容进行编排、加工，使其更加符合学生的认知水平。

（二）分析学情

在教学过程中，学生是主体，所有的教学活动都应该围绕他们开展，教师只有充分了解学生的心理特征、认知基础等，才能有针对性地开展教学活动，从而有效提升课堂效率。因此，小学科学教师在进行教学设计时，必须分析学情。

一般而言，学情的分析可以从以下 4 个方面进行。

1. 分析学生的心理特征

小学阶段的学生处于童年期（6 岁至 11 岁或 12 岁）。心理学研究表明，童年期儿童的思维最初以具体形象思维为主，然后逐渐过渡到以抽象思维为主，但这一时期的抽象思维仍然需要以具体形象作为支撑。同时，这期间不同年龄段学生的心理特征、思维发展仍然存在差异。因此，小学科学教师必须分析不同年龄段学生的心理特征，以使教学设计更加有针对性。

根据皮亚杰的认知发展理论，入学初期的小学生还需要依靠具体形象来开展思维活动，他们能参与的学习活动应当具有形象、直观的特点。因此，对于入学初期的小学生，教师在进行教学设计时应当突出形象、直观的特点。

小学中、高年级学生的思维逐渐从以具体形象思维为主过渡到以抽象思维为主，其学

习能力随着生理的发育和心理素质的提升而逐渐提高。心理学研究表明，小学生思维的转折期一般出现在 4 年级。因此，对于小学中、高年级的学生，教师应当适当提升教学内容的深度和广度，以锻炼他们的抽象思维能力。

皮亚杰认知发展理论

瑞士儿童心理学家皮亚杰的认知发展理论认为，儿童的思维发展分为 4 个阶段：动作感知阶段（0～2 岁）、前运算阶段（2～7 岁）、具体运算阶段（7～12 岁）、形式运算阶段（12～15 岁）。

其中，处于动作感知阶段的儿童主要通过探索感知觉与运动之间的关系来获得认知经验。处于前运算阶段的儿童可将感知动作内化为表象（即客观事物的外部特征在人脑中重现的形象，以及由人的想象力所创造的形象。它是由直接感知过渡到抽象思维的中间环节），能进行形象思维活动。处于具体运算阶段的儿童能够从多个角度对事物进行分类，形成抽象概念，并能借助具体形象进行逻辑推理。处于形式运算阶段的儿童不仅能够进行具体的逻辑推理，而且能够进行抽象的逻辑推理，这种能力在成年时期达到顶峰。

总体而言，童年期是前运算阶段和具体运算阶段的混合期，入学初期的小学生处于前运算阶段向具体运算阶段的过渡期，小学中、高年级的学生处于具体运算阶段。

2. 分析学生的认知基础

美国著名教育心理学家奥苏伯尔曾说过：“影响学习的最重要原因是学生已经知道了什么，我们应当根据学生原有的知识状况进行教学。”在科学教学中，学生现有的认知基础与即将学习的知识是有着密切联系的。因此，小学科学教师应通过观察、问卷调查、师生谈话、测验、经验判断等方式，全面地了解学生的认知基础和现有技能，明确学生对于新课内容“了解什么？”“不了解什么？”“已经掌握了哪些技能？”“需要学习哪些新技能？”等。

小学科学教师在分析学生的认知基础时，应注意分析学生的前概念。所谓前概念，是指学生在学习科学知识之前，根据自身经验对生活中的事物、现象所形成的概念。这种概念建立在直接经验的基础之上，是简单的、零碎的、模糊的，有时甚至是错误的。前概念会对科学概念的形成产生影响。当它与学生即将学习的科学概念一致时，会对学生的学习产生积极影响；反之，就会对学生的学习产生消极影响。因此，小学科学教师在进行教学设计时，有必要了解学生前概念的状况，以便有针对性地进行教学设计，推动学生的认知水平向高层次发展。

典型实例

前概念在“水”这一课中的应用

为了更好地进行教学设计，小学科学教师刘老师在上“水”这一课之前通过实物辨认活动对学生的前概念状况进行了摸底。他将牛奶、茶水、白醋、盐水、白糖水、自来水和纯净水分别倒入7个一次性杯子，让3年级（1）班的30名学生进行A组实验——分辨哪一杯装的是水。同时，他将上述7种液体分别倒入7个塑料瓶，让3年级（2）班的30名学生进行B组实验——在不打开瓶盖的情况下辨认哪个瓶子中装的是水。

在A组实验中，刘老师很快发现，学生在对水进行辨认时受到了前概念的引导。部分学生将茶水、盐水、自来水都纳入了“水”的概念中。这里的“水”是生活中广义的“水”，与教材中“水是没有颜色、没有气味、没有味道的透明液体”的科学概念有所区别。据此，刘老师认为，在实际教学过程中有必要引导学生区分广义的“水”和狭义的“水”（即教材中“水”的科学概念）。

在B组实验中，有17名学生采用摇晃或者用力摇晃的方式来分辨“纯净水”。刘老师问道：“为什么要采用摇晃的方式来分辨？”学生们回答道：“如果瓶子里装的是纯净水，那么用力摇晃后瓶中的气泡会迅速消失。”这种经验是学生在生活中积累的，是他们关于“水”的前概念。

通过上述两组实验，刘老师发现，学生对“水”的理解是以广义的概念为主的，他们认为盐水、自来水、茶水等含有杂质或溶质的水都是水。此外，刘老师还发现，学生在挑选装有水的瓶子时，会普遍地将“水”的概念理解为“纯净水”。“纯净水”的概念更接近于狭义的“水”。因此，刘老师决定围绕“瓶子里的水”进行教学设计。

在进行教学设计的过程中，为了避免学生在广义的“水”与狭义的“水”上产生困惑，刘老师直接将教学课题改为“哪瓶是纯净水”，将学生分成若干小组，并为每个小组准备7个瓶子，瓶子里分别装上牛奶、盐水、白醋、纯净水、雪碧汽水、茶水和白糖水，然后让学生按照“产生问题—观察（不打开瓶盖）—分析—排除—推测—再观察（打开瓶盖）—分析—排除—得出结论”的流程开展探究活动。在探究过程中，刘老师利用学生的前概念来引导他们分析、对比7个瓶子里的液体。

通过上述探究过程，学生可以在“水”的前概念的基础上思考“‘纯净水’应该是怎样的？”这个问题，逐步排除“不是纯净水”的瓶子，最后找出装有纯净水的瓶子，并概括“纯净水”的特征，从而形成“水”的科学概念。

3. 分析学生的学习能力

学习能力是学生顺利完成学习活动的各种能力的统称，包括感知能力、观察能力、记忆能力、阅读能力、问题解决能力等。学生的学习能力对教学活动的开展有着重要影响。因此，小学科学教师应充分分析学生的学习能力，了解学生理解新知识的能力、掌握操作技能的能力等，以便据此设计教学内容的深度、难度和广度。

4. 分析学生的情感态度

情感态度主要指需要、兴趣、动机、自信、意志、合作精神、价值观等影响学生学习过程和学习效果的相关因素。通过分析学生的情感态度，教师可以明确学生的学习需求、学习兴趣等，进而有针对性地进行教学设计，激发学生的学习兴趣，调动学生参与探究活动的积极性。

学情分析是教学设计的有机组成部分，与教学设计的其他部分有着密切联系。因此，教师在进行教学设计时切忌孤立地看待学情分析。

（三）制订教学目标

教学目标是指教学活动的实施方向和预期的教学效果。制订教学目标就是教师根据教学设计的前期分析（如教学内容分析、学情分析等）情况，将学生通过教学活动所应达到的学习效果明确化、具体化的过程。

一般情况下，小学科学教学目标的制订包括以下两个步骤。

1. 目标分解

小学科学教师首先应根据社会对人才的要求，将教育目的、课程目标和学校的教学目标分析透彻，明确小学科学教学的基本方向，然后结合教学内容分析情况和学情分析情况，确定总的教学目标，并对目标进行分解。

根据《课程标准》的规定，小学科学教学目标可以分为 4 个方面：科学观念目标、科学思维目标、探究实践目标、态度责任目标。

（1）科学观念目标用于明确学生认识科学基础知识和建构学科核心概念的要求。

（2）科学思维目标用于明确学生学习各种科学思维方法（如比较、分类、归纳、演绎、概括、综合等）的要求，以及发展相应科学思维能力的要求。

（3）探究实践目标用于明确学生基于所学知识提出问题的能力要求，利用科学方法开展探究活动的能力要求，以及自主学习能力要求。

（4）态度责任目标用于明确学生在科学学习、探究实践、价值观和社会责任感方面应当达到的要求，如产生兴趣、严谨认真、实事求是、敢于质疑、勇于创新、积极交流、乐于分享、主动合作等。

例如，在教授小学 4 年级学生“做个指南针”一课时，教师根据《课程标准》的内容确定了本课教学内容涉及的学科核心概念和相应的学习内容及要求，具体如下：学科核心概念 3“物质的运动与相互作用”中的学习内容 3.2“电磁相互作用”，要求 3～4 年级的学生“知道指南针中的小磁针可以用来指示南北”；学科核心概念 13“工程设计与物化”中的学习内容 13.2“工程的关键是设计”，要求 3～4 年级的学生能够“借助表格、草图、实物模型、戏剧或故事等方式说明自己的设计思路”。根据上述学习内容及要求，教师可以将教学目标分解为以下 4 个方面。

科学观念目标：① 观察指南针的结构，知道指南针的主要组成部分；② 认识到指南针中的指针是一个小磁针，可以指示南北方向。

科学思维目标：综合分析指南针结构的各要素，选择合适的制作材料，发展思维的深刻性、灵活性、批判性和独创性等。

探究实践目标：① 能自制磁针，并结合选择的材料和工具，用口述、画图等方式表达自己的设计方案和想法；② 能用水浮法、悬吊法或其他方法完成指南针的制作，并进行合理改进。

态度责任目标：① 对设计和制作指南针的活动感兴趣，愿意和同学合作，能与同学分享观点，能完整地表达自己的改进意图和方法；② 知道指南针是我国古代的伟大发明，了解指南针给人们生活带来的便利。

科学观念目标、科学思维目标、探究实践目标和态度责任目标是教学目标的 4 个方面，而不是 4 个独立的教学目标。四者是统一的、不可分割的整体。因此，小学科学教师在确定教学目标时，应注重教学目标的整体性，有意识地将这 4 个方面的目标贯通起来，使之成为一个相互融合的有机整体。

2. 目标表述

目标表述就是将已经确定的课堂教学目标用书面形式呈现出来。教学目标的表述形式通常采用行为主义心理学提出的“ABCD 模式”，即表述内容应包含 A、B、C、D 这 4 个要素。其中，A 指行为主体，B 指行为动词，C 指行为条件，D 指表现程度。下面简要介绍目标表述的 4 个要素。

（1）行为主体即学习者。由于教学目标反映的是学生通过学习应达到的效果，所以教学目标的表述应从学生的角度出发。在教学实践中，教学目标中常出现“提高学生的……”“培养学生的……”“使学生……”等表述方式，这些都是不符合表述要求的。

（2）行为动词即学习者应实施的行为。用于表述科学观念目标、科学思维目标、探究实践目标和态度责任目标的行为动词通常有所区别。在教学实践中，各类教学目标的常用行为动词如表 4-1 所示。

表 4-1　各类教学目标的常用行为动词

目标类别	学习水平	常用行为动词
科学观念目标	初级	知道、记住、回忆、辨认、描述、列举、说出、复述、再认等
	中级	解释、说明、比较、分类、归纳、概括等
	高级	区分、判断、辨别、分析、应用、使用、预测、推断、评价等
科学思维目标	初级	观察、描述、辨别、猜测、比较、分类等
	中级	理解、解释、分析、类比、归纳等
	高级	系统分析、抽象概括、推理、联想、探究、创造等

续表

目标类别	学习水平	常用行为动词
探究实践目标	初级	观察、观测、尝试、提出、模拟、参加、讨论、寻找、接触、体验、体会、实验、整理等
	中级	使用、安装、调查、估测、查阅等
	高级	联系、检验、证明、验证、转换、计算、绘制、制作、设计、反思、改进、完善、优化、运用等
态度责任目标	初级	遵守、愿意、关注、感受、体验等
	中级	感知、领悟、关心、认可、认同、承认、接受、重视、尊重、合作、分享、克服等
	高级	认识到、意识到、考虑、质疑、形成、养成、树立、建立、坚持、确立、追求、珍惜、爱护等

（3）行为条件即学习者在实施某种行为时所处的环境或情境。例如，“通过实验，了解动滑轮能省力”“通过观察、分类、交流，了解昆虫的基本特征”“在课堂讨论过程中，能列举……”等。

（4）表现程度即学习者通过学习所达到的最低表现水准。例如，“通过观察、比较，认识常见的植物，并能指认其中 3 种植物”这一目标表述，明确地规定了学生学习的表现程度。

因此，根据“ABCD 模式”，教学目标的规范表述应该是这样的：在观看水、水蒸气或冰的图片时（行为条件），学生（行为主体）能将水、冰和水蒸气区分开来（行为动词），正确率至少达到 80%（表现程度）。

课程目标与教学目标的区别和联系

课程目标与教学目标之间既有区别，又有联系。两者的区别主要表现在以下 5 个方面。

（1）基本含义不同。课程目标是指学生通过学习某门课程所应达到的学习效果。它是课程设置、编排、实施和评价的准则，也是课程自身性质和理念的综合体现。教学目标是指教学活动的实施方向和预期的教学效果。它是一切教学活动的出发点和归宿，具有可操作性和可测评性。

（2）指导对象不同。课程目标指导整个课程的建设，教学目标指导教学活动的开展。

（3）实施主体不同。课程目标的实施主体涉及教育管理部门、师资培训机构、教材与教学参考书的编写者和审核者、学校教师、教辅人员和接受课程教育的学生。教学目标的实施主体主要包括担任课程教学任务的教师、教辅人员和接受课程教育的学生。

（4）概括程度不同。课程目标比较抽象，教学目标比较具体。

（5）灵活程度不同。课程目标具有导向作用，一旦确立，就不会轻易改动。教学目标可以由任课教师根据自己对课程目标的理解和实际教学情况进行调整。

两者的联系主要在于：课程目标对课程的日常教学工作具有导向作用；教学目标是对课程目标的细化，对教学活动的实施起指导作用。

（四）设计教学过程

教学过程是教学活动有序开展的过程。小学科学教学过程设计的关键步骤和内容如下。

1. 设计教学组织形式

教学组织形式是指为完成特定的教学任务，教师和学生按一定要求进行互动的形式。小学科学课程的教学组织形式主要包括集体授课形式、个别化授课形式和分组授课形式3种。

（1）集体授课形式是指按照学生的年龄和身心发展情况组建人数固定的班级，由教师根据教学计划和规定的时间，通过讲授、演示等方式对全体班级成员进行教学的教学组织形式。这是我国现行的基本的教学组织形式。

（2）个别化授课形式是指以学生自行获取教学信息（如查阅资料、做笔记等）的方式为主、以教师对学生进行指导的方式为辅的教学组织形式。

（3）分组授课形式是指由教师按照学生的能力或认知基础将他们分到不同小组后再进行教学的教学组织形式。

以上3种教学组织形式各有其优缺点。小学科学教师应掌握各种教学组织形式的应用要点，在充分考虑教学内容特点和班级实际情况的基础上选用合适的教学组织形式，发挥每一种教学组织形式的优势，以保障教学活动的预期效果。

教学组织形式的对比

集体授课形式、个别化授课形式、分组授课形式的对比情况如表4-2所示。

表4-2 教学组织形式的对比情况

教学组织形式	特点	评价
集体授课形式	① 以“班”为单位授课；② 按“课”进行教学；③ 按“时”进行授课	优点：① 教师能同时向多人传授知识；② 有利于教师发挥主导作用 缺点：① 灵活性较差；② 不能较好地兼顾学生的个体差异
个别化授课形式	① 教师直接与学生个体互动；② 教师根据学生的能力差异安排教学内容和教学方法	优点：① 能较好地适应学生的个体差异；② 灵活性较好 缺点：教学效率较低
分组授课形式	① 教学活动的开展建立在集体授课的基础之上；② 小组人员的安排比较灵活	优点：便于因材施教，有利于人才培养 缺点：很难科学地鉴别学生的能力水平

2. 设计具体教学活动

具体教学活动的设计是小学科学教学设计的核心。教学内容分析、学情分析、教学目标的制订都是为具体教学活动的设计做准备的。一般情况下，小学科学教师会根据教学内容分析情况、学情分析情况和教学目标来确定每节课的教学内容，并从每节课的教学内容中提炼出几个相互关联、逻辑严谨、层层递进的知识点，然后针对每个知识点设计相关的教学活动。

小学科学教师在设计教学活动时，应当注意以下 3 个方面。

（1）选择合适的活动类型。小学科学课堂教学过程一般由 3～4 个教学活动构成。这些教学活动可以是观察、讨论、游戏、实验、设计、制作、评价等专项体验活动，也可以是包含上述专项活动的综合体验活动。例如，活动“探究影响摩擦力大小的因素”就是一个包含观察、设计、实验等过程体验的综合体验活动。小学科学教师在设计具体的教学活动时，应注意分析活动类型与教学内容特点之间的关系，确保教学活动的类型与教学内容的特点相适应，并使教学活动符合科学课程的教学要求，避免教学活动的设计出现形式化倾向。

例如，“电的传输”一课的教学内容比较抽象，如果小学科学教师不注意分析教学内容的特点，只设计“了解电的传输过程”的观察活动，并通过图片、视频的形式进行教学，那么学生将很难对教学过程留下深刻的印象。

相反，如果小学科学教师全面分析教学内容的特点，根据内容特点设计“构建电力传输的过程”体验活动，如组织学生课前调查生活用电的来源，引导学生交流调查情况、利用硬纸板制作各类输电设备的板贴教具、利用板贴教具模拟演示电力传输过程、在沟通交流的基础上完善自己的“电力传输模型”等，学生就会对教学内容产生浓厚的兴趣，并深入了解各种电力设备的作用，深刻理解电力传输的基本原理。

（2）设置恰当的活动要求。小学科学教师在设计具体的教学活动时，应明确活动要求，并确保活动要求与学生现有的能力水平相适应。否则，教学活动将无法有效发挥提升学生认知水平的作用。

（3）合理地设置活动数量。由于课堂教学时间是有限的，所以如果教学活动数量过多，每个教学活动的实施时间就必然会被压缩。在这种情况下，学生就无法深入体验教学活动内容，学习效果自然也会大打折扣。因此，小学科学教师应合理地设置教学活动的数量，并加强教学活动设计的针对性，以便学生有足够的时间去观察、质疑、实验、记录、讨论等。

与此同时，小学科学教师应结合教学内容的特点和学生的学习情况，对教学活动进行适当的拓展和延伸，给学生留下进一步思考和探究的空间。例如，在“杠杆”一课中，教师应指导学生通过教学活动了解杠杆的组成和杠杆省力的原理，并通过“怎样用轻的物体抬起重的物体”等问题启发学生进一步思考和探究，使其加深对杠杆的认识。

3. 安排教学活动顺序

小学科学教师针对每个知识点设计出一系列教学活动后，应根据教学内容的特点和学生的实际情况选用一定的教学模式，并按照一定的顺序对这些教学活动进行编排。

教学活动的编排应当具有一定的层次性，其内在逻辑应与学生的认知过程相吻合。小学科学教师在编排教学活动时，既要认真解读教材内容的编排意图，又要根据学情分析情况梳理、预测学生对特定教学内容的认知过程，进而创造性地将两者统一起来，并据此安排教学活动的顺序。

提　示

小学科学教师在教学过程中运用某种教学模式时应做到以下两点：① 心中有模式，但不为模式所限；② 在模仿中求创新，在运用中求发展。

典型实例

"鸟"一课中教学活动的顺序安排

在某版本科学教材1年级下册的"鸟"一课中，教材内容的编排情况如下。

第一个活动：观察活动。教材呈现了丹顶鹤、鹦鹉、天鹅、鸡和鸭这5种鸟，要求学生讨论"你认识这些鸟吗？""它们长得怎么样？""它们有哪些相同点与不同点？"这3个问题。

第二个活动：猜鸟游戏。教材要求学生用语言描述上述5种鸟的其中一种，并请其他学生根据描述内容进行猜测。

第三个活动：制作活动。教材要求学生按照正文中的折纸流程图折一只纸鸟。

小学科学教师易老师通过认真分析，解读了教材内容的编排意图：先组织学生观察鸟的外形，然后组织学生讨论文中5种鸟的相同点和不同点，最后教学生折纸鸟，使其深化对鸟的认知。这样看来，教材内容的编排逻辑合理，层次分明。这种安排似乎没有什么问题。

随后，易老师根据学情分析情况梳理、预测了学生学习"鸟"这一课的认知过程。通过梳理和预测，易老师发现，学生的认知过程可能与教材的编排逻辑存在冲突，理由如下：首先，第三个活动需要学生具备较强的识图能力和动手能力，而小学1年级的学生往往不具备这种能力基础。其次，小学1年级的学生对于"鸟"有一定程度的认知，并形成了前概念，但这样的前概念是不完整的。例如，这个年龄段的学生通常认为会飞的动物才是鸟，从而认为鸡和鸭不是鸟。因此，在首次讲授"鸟"的概念时，教师应通过创设情境让学生呈现他们的前概念，然后在此基础上引导学生建构关于"鸟"的科学概念。第一个活动所呈现的"你认识这些鸟吗？""它们长得怎么样？""它们有哪些相同点与不同点？"这3个问题，显然忽略了学生的认知基础。

于是，易老师根据教材内容的编排逻辑和对学生认知过程的预测，对教学活动的内容和顺序进行了调整。调整方案如下。

第一个活动：交流活动——"介绍你所认识的鸟"。组织学生相互交流，介绍自己认识的鸟。这一活动过程能将学生的前概念呈现出来。

第二个活动：观察、讨论活动。教师结合学生的交流情况，通过图片、视频等形式呈现丹顶鹤、麻雀、鸽子等鸟的外形特征，并组织学生讨论“你认为这些动物是鸟类吗？”“它们的外形有哪些相同之处和不同之处？”等问题，进而引导学生从喙、翅膀、羽毛、体型等方面归纳鸟的共同特征，帮助学生初步建构“鸟”的概念。

第三个活动：检验活动。通过视频、标本等形式展示鸡、鸭、鹅和蝙蝠的外形特征，并组织学生讨论“鸡、鸭、鹅和蝙蝠是鸟类吗？”这个问题，鼓励学生表达自己的看法，从而帮助学生进一步巩固对“鸟”这一概念的认知。

小学科学教师在编排教学活动时，可以围绕一系列教学活动的重点设计核心问题链，通过核心问题链来反映各知识要点之间的内在联系；同时，还要确保核心问题链的内在逻辑符合学生提出问题、探究质疑、形成结论的认知过程。核心问题链能够更好地引导学生探究、思考，循序渐进地学习科学知识。

提 示

问题链就是教师在课程标准和教学目标的引导下，通过梳理相关的教学内容提炼出来的符合学生学情、能够发展学生思维能力的一组问题。问题链环环相扣，具有层次性和梯度性，是一个有机的整体。

例如，在“弹簧秤”一课中，教师可以围绕各个教学活动的重点设计相应的核心问题链，如图 4-1 所示。

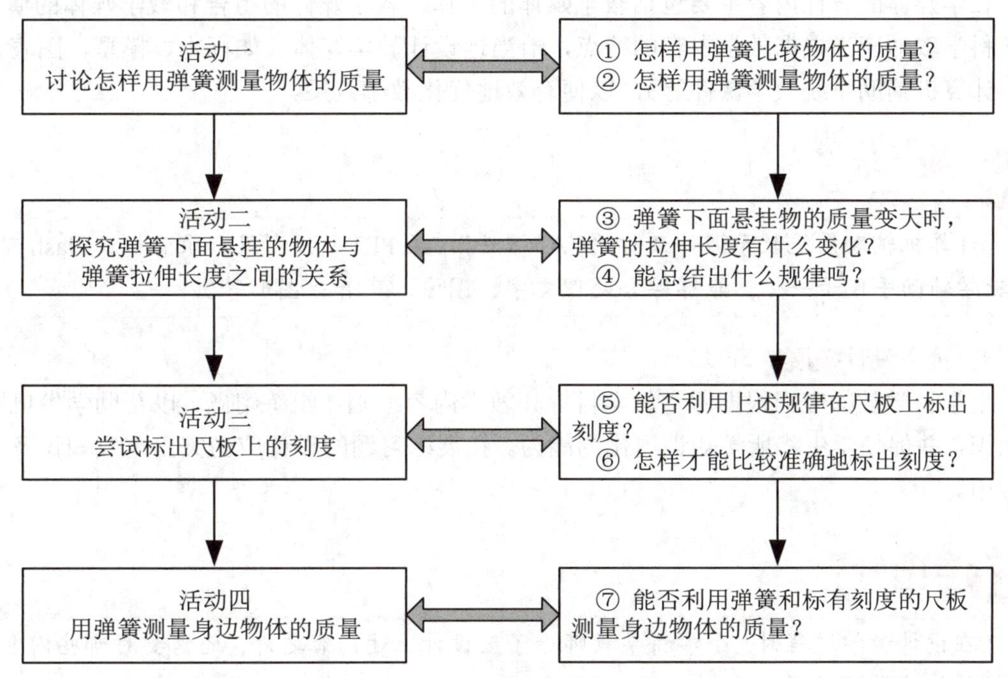

图 4-1 “弹簧秤”一课的教学活动与核心问题链

4. 合理设计教学方法

教学方法是指为了完成一定的教学任务，师生在教学活动中采用的相应手段。它既包括教师教的方法，也包括学生学的方法。小学科学教师应在充分考虑自身的专业素质、学生的心理发展特点和能力水平的基础上，根据教学内容的特点设计合适的教的方法，如讲授法、演示法、问答法、讨论法、实验法、游戏教学法、任务驱动教学法、参观教学法等。

与此同时，小学科学教师应在充分考虑学生的认知发展规律和思维特点的基础上，根据教学内容的特点和学生的能力水平设计学生学的方法（如合作学习法、目标学习法、问题学习法、归纳学习法等），以有效地提高学生的学习效率。

教学方法的设计应当充分体现“教师为主导，学生为主体”的教学思想。

5. 设计教学主体行为

教学主体行为包括教师的主导行为和学生的参与行为。教师的主导行为主要有引导、帮助、讲授、演示、提问、答疑等；学生的参与行为通常有观察、实验、制作、调查、讨论、表达与交流等。小学科学教师应根据教学内容的特点和教学活动的顺序设计教师的主导行为和学生的参与行为。其中，教师主导行为的设计内容通常应包括行动动机、行动目标、行动方法等。

6. 恰当设计教学媒体

教学媒体的设计内容主要包括教学媒体的选择、教学媒体的组合和教学媒体的演示。小学科学教师应当根据教学内容的特点，恰当地设计教学媒体（如标本、模型、图表、视频、计算机辅助系统教学课件等），以便有效地优化教学效果。

计算机辅助系统教学课件又称“CAI 课件”，集 PPT、投影仪、录音机、Flash 动画等教学辅助手段于一体，能够综合处理文字、图像、声音、图形等。

7. 精心设计拓展练习

小学科学教师应当根据课堂教学目标和教学内容编制一组练习题，以帮助学生巩固所学知识，并促使学生将所学知识内化为能力。拓展练习题的设计应当突出重点知识及其实际应用。

在设计教学过程时，小学科学教师除了应设计上述内容之外，还需要对哪些内容进行设计？请举例说明。

（五）进行教学评价

教学评价的方式有很多种，不同的评价方式有不同的评价方法，教师应根据教学的实际需要选用合适的教学评价方式和方法。本书第九章将对小学科学课程的教学评价进行详细阐述。

四、小学科学教学设计的呈现

小学科学教学设计的呈现形式主要是教案。教案是指教师为了顺利地开展教学活动，根据课程标准、教学目标和学生的实际情况，以课题或课时为单位，系统地呈现教学活动、教学步骤、教学方法等内容的实用性教学文书。

（一）教学设计的内容

小学科学教学设计的内容主要包括以下 9 个方面。

（1）课题，即课堂教学内容的题目，如“认识物体的形状”。

（2）课型，即课堂授课的类型。按照教学任务的不同，课型可分为新授课、复习课、练习课、实验课等；按照教学内容的不同，课型可分为以“事实学习”为中心内容的课型、以“概念学习”为中心内容的课型、以“规律学习”为中心内容的课型、以“联系学习”为中心内容的课型、以“方法学习”为中心内容的课型；按照教学组织形式和教学方法的不同，课型可分为讲授课、讨论课、自学辅导课、练习课、实践课、见习课或参观课等。

（3）教学目标，即课堂教学所计划达成的目标。

（4）教学重点和难点，即课堂教学内容中的重要知识点和较难理解的知识点。

（5）教学方法，即课堂教学所计划采用的教学方法。

（6）教学用具，即为使学生直观、形象地理解教学内容而使用的各类器具及用具。

（7）课时安排，即课堂教学所计划使用的课时数量。

（8）教学过程，即课堂教学所计划实施的一系列教学环节。

（9）板书设计，即计划使用的书面教学语言。板书是教师在教学过程中书写在黑板上的凝练的文字、符号、图表等教学信息，可以帮助学生理解教学内容。板书设计的常用方法有内容再现法（即先压缩教学内容，再呈现关键信息）、逻辑追踪法（即先梳理教学内容的内在逻辑，然后直观地呈现逻辑结构）等。

（二）教学设计的形式

小学科学教案的形式多种多样，最常见的有讲稿式教学设计、表格式教学设计和图解式教学设计。

扫一扫

讲稿式教学设计范例

1. 讲稿式教学设计

讲稿式教学设计是指以文字形式来呈现教学设计内容的形式。这种教学设计结构系统、内容详尽，便于教师教学，但其往往文字多、篇幅长，容易限制教师的思维，不利于教师根据教学实际情况进行发挥。

2．表格式教学设计

表格式教学设计是指以表格形式来呈现教学设计内容的形式。其优点是整体结构清晰，文字精练；缺点是对于教学经验不够丰富的青年教师来说，编写表格式教学设计存在一定的困难。表格式教学设计的基本书写格式如表 4-3 所示。

表 4-3　表格式教学设计的基本书写格式

<table>
<tr><td>课题</td><td></td><td>授课人</td><td></td><td>学校</td><td></td></tr>
<tr><td>课型</td><td colspan="5"></td></tr>
<tr><td>教学目标</td><td colspan="5"></td></tr>
<tr><td>教学重点</td><td colspan="5"></td></tr>
<tr><td>教学难点</td><td colspan="5"></td></tr>
<tr><td>教学方法</td><td colspan="5"></td></tr>
<tr><td>教学用具</td><td colspan="5"></td></tr>
<tr><td>课时安排</td><td colspan="5"></td></tr>
<tr><td colspan="6">教学过程</td></tr>
<tr><td>设计流程</td><td colspan="2">教师活动</td><td colspan="2">学生活动</td><td>设计意图</td></tr>
<tr><td>教学活动（一）</td><td colspan="2" rowspan="4"></td><td colspan="2" rowspan="4"></td><td rowspan="4"></td></tr>
<tr><td>教学活动（二）</td></tr>
<tr><td>教学活动（三）</td></tr>
<tr><td>⋮</td></tr>
<tr><td>板书设计</td><td colspan="5"></td></tr>
<tr><td>课堂作业</td><td colspan="5"></td></tr>
<tr><td>教学反思</td><td colspan="5"></td></tr>
</table>

附表：（1）《实验方案（一）》。

（2）《实验方案（二）》。

3．图解式教学设计

图解式教学设计是指以流程图或结构图的方式来呈现教学设计内容的形式。例如，“运动与摩擦力”一课的图解式教学设计如图 4-2 所示。这种教学设计的优点是能够清晰、直观地展示整个教学设计的思路；缺点是不便于呈现教学细节，通常不适合新教师使用。

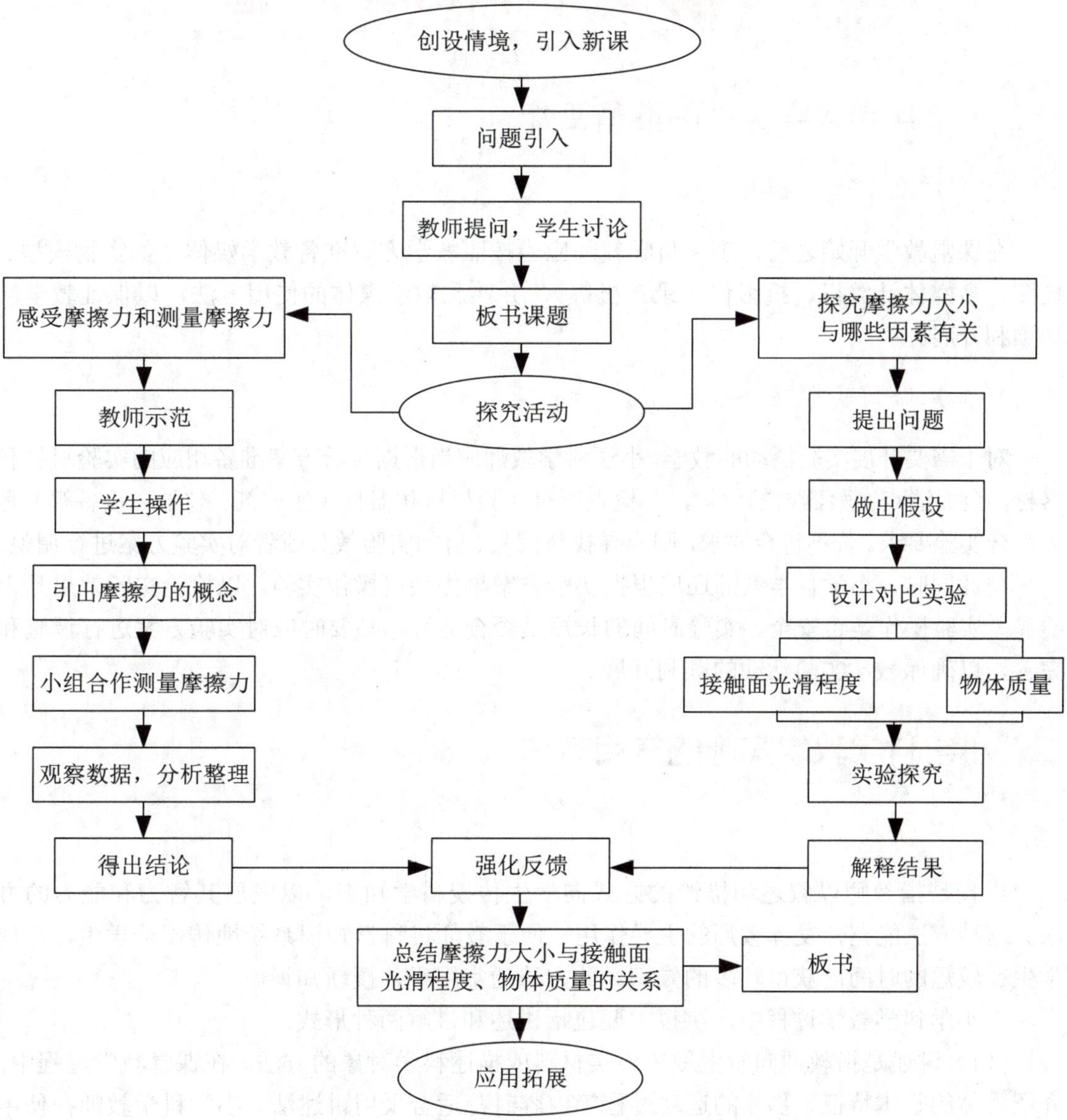

创设情境，引入新课

问题引入

教师提问，学生讨论

板书课题

探究活动

感受摩擦力和测量摩擦力

教师示范

学生操作

引出摩擦力的概念

小组合作测量摩擦力

观察数据，分析整理

得出结论

探究摩擦力大小与哪些因素有关

提出问题

做出假设

设计对比实验

接触面光滑程度

物体质量

实验探究

解释结果

强化反馈

总结摩擦力大小与接触面光滑程度、物体质量的关系

板书

应用拓展

图 4-2 “运动与摩擦力”一课的图解式教学设计

第二节 小学科学教学实施

一、小学科学教学实施的准备工作

（一）准备教学媒体

在课堂教学开始之前，小学科学教师应当按照教学方案准备教学媒体（如实物模型、挂图、多媒体计算机、投影仪、录音机等），并熟悉教学媒体的使用方法，以保证教学活动顺利开展。

（二）做好实验准备

对于需要开展实验活动的教学，小学科学教师应当根据实验方案准备相应的实验材料和器材，全面清点实验器材的数量，并检查所有实验材料和器材（如试剂、仪器、设备等）是否符合实验要求。若不符合要求，则应寻找替代品、自制实验教具或者对实验方案进行调整。

与此同时，小学科学教师还应根据实验方案事先亲自操作实验，以检验实验效果是否明显、实验操作是否安全、实验时间的长短是否合适等，必要时应对实验方案进行调整和完善，以确保教学实验活动的顺利开展。

二、小学科学教学实施的常用方法

（一）讲授

讲授是指教师以叙述和描绘的方式向学生传授科学知识，以发展其智力和能力的方法。这种方法能充分发挥教师的主导作用，便于教师将科学知识系统地传授给学生，并使学生在较短的时间内获得较多的知识。此方法通常用于传授新知识。

在小学科学教学过程中，讲授主要包括讲述和讲解两种形式。

（1）讲述是指教师向学生叙述事实材料或描述科学对象的方法。在课堂教学过程中，介绍物体的基本特征、物体的运动过程等内容时都适合采用讲述法。小学科学教师在使用讲述法时，应确保语言通俗易懂、生动有趣，所述内容与学生的日常生活紧密联系。

（2）讲解是指教师向学生解释、说明科学概念或科学原理的方法。在课堂教学过程中，对于一些不方便随时观察的自然现象（如日食现象等）、科学道理（如物体在水中沉浮的原因等）等的介绍，都适合采用讲解法。采用讲解法时应当注意，讲解不是灌输，而应在说明道理的同时引导学生思考。

（二）提问与理答

提问就是教师在合适的时候用恰当的方式向学生提出问题。理答就是教师在学生回答

问题后的反应和处理，它既是一种教学行为，也是一种评价行为。一位教育家曾说：“教学的艺术全在于如何恰当地提出问题和巧妙地引导学生作答。”由此可见，教师提问和理答在教学过程中具有重要作用。

在小学科学教学中，教师可以通过提问为学生提示重点，强化各个教学活动之间的逻辑联系，启发学生的思维，拓展学生的探究空间等。与此同时，若理答恰当，则可以激发学生的学习兴趣，调动学生的学习积极性，为学生营造探究学习的良好氛围；若理答不恰当，则可能打击学生的积极性，甚至让学生对科学课程失去兴趣。

1. 提问的时机

为了让提问和理答发挥最佳的效果，小学科学教师在教学过程中应把握好提问时机。良好的提问时机通常有以下几种。

（1）当学生产生认知冲突时。教师在这个时候提问，能够有效地激发学生探索新知的动机。

（2）在科学观察、实验等活动中，当学生不能发现新的问题或无法顺利开展探究活动时。这时，教师可以通过提问给予学生适当的提示，如“实验活动中有什么现象发生？”“现象发生的顺序是怎样的？”“为什么大家测量的数据不一致？”。

（3）当学生对观察结果、实验活动进行讨论时。这时，教师可以通过提问引导学生思考或行动，如“为什么会出现这种现象？”“你能通过实验数据得出一些规律吗？”，以促进课堂教学活动的顺利开展。

（4）通过创设情境引导学生应用所学知识时。这时，教师可以通过提问让学生加强对所学知识的理解，发展其思维能力，如“如果将……换成……，则可能会出现怎样的情况？”。

2. 提问的要求

小学科学教师在教学过程中提问时应当做到以下几点。

（1）问题应用词准确，通俗易懂，与学生的语言能力相适应；否则，可能会给学生带来困扰。例如，对于小学2年级的学生，若教师提出“影响物体沉浮的因素有哪些？”这个问题，则会让学生感到迷惑，因为他们可能无法理解“因素”这个词的意思。

课堂提问的句法

（2）问题应具体且指向性明确，不可过于笼统或者语意模棱两可。例如，在“溶解”一课中，某教师指导学生将食盐、沙等物体放入水中搅拌，并提问“你们发现了什么？”这一问题过于笼统，指向性不明确，会影响学生思考的方向。正确的做法是尽可能问得具体，如“仔细观察，食盐、沙等物体的颗粒发生了什么变化？”，以便引导学生将注意力集中到溶解现象上去。

（3）问题应能够引发学生的认知冲突，启发学生积极思考。

（4）问题应与学生的生活经验密切相关，并能激发学生的求知欲。

知识链接

提问时常用的动词

小学科学教师在设计各种类型的问题时可以考虑选用相应的动词。

（1）对于知识性问题，可选用“描述”“认出”“界定”“回忆”“列举”“命名”等动词。

（2）对于理解性问题，可选用“解释”“说明”“概述”“归纳”“转换”“举例”等动词。

（3）对于应用性问题，可选用“预测”“证明”“计算”“解决”“应用”“利用”等动词。

（4）对于分析性问题，可选用“分解”“图解”“分析”“比较”“整理”“分类”“区分”等动词。

（5）对于综合性问题，可选用“组织”“重组”“创造”“构想”“计划”“筹划”等动词。

3. 理答的方式

理答是一门艺术。巧妙的理答能彰显教师的智慧，并有效地提升课堂教学效率。在小学科学教学中，教师可以灵活地选用下列理答方式。

课堂理答的原则

（1）及时追问。追问是指教师在学生回答问题后对学生再次提问，以便引导学生进一步思考的教学行为。其实质是启发和引导。当学生在回答问题的过程中出现认知错误时，教师就应该及时追问，以启发学生发现自己的认知矛盾，激励学生主动探究，进而加深对相关知识的理解。

有时候，学生受自身知识经验的限制，在回答问题时思路不够清晰，或者难以对某些问题做进一步分析。这时，教师就应及时追问，用问题启发学生思考，为其提供有效信息，直至学生能说出更加准确、完整的答案。

提示

教师的追问建立在教师充分了解学生的学习进程，以及准确判断学生思维能力水平的基础之上。教师在教学过程中追问时应当做到因材施教。例如，对于学有余力的学生，应通过追问促使他们进一步提升思维能力；对于学习能力水平相对较低的学生，应提出与其能力水平相适应的问题，逐步引导他们深入思考，并及时给予他们肯定和鼓励。

（2）多元评价。理答是一种教学行为，同时也具有评价功能。教师应在学生回答问题后通过理答来及时反馈学生的学习情况，进而提高学生学习的积极性和有效性。在教学实践中，通过理答进行评价的方式有很多种，常见的有肯定式评价、提炼式评价和修正式评价。

其中，肯定式评价是指当学生回答正确时，教师给予恰如其分的肯定和认可的评价方式。在课堂教学中，对于积极回答问题的学生，尤其是那些平时较少主动参与课堂互动的学生，教师应及时地给予鼓励，帮他们增强自信心。即使学生回答错误，也不要批评甚至挖苦他们，以免打击他们的学习积极性。

提炼式评价是指教师对学生比较零散、缺乏深度的回答进行梳理，进而提炼出关键信息，促使学生更加深入地理解相关知识的评价方式。例如，在“物体在水中是沉还是浮”一课中，教师让学生猜测物体沉浮的影响因素时，一名学生回答道：“我觉得铁这一类物体在水中会下沉，而泡沫在水中会上浮。”教师通过追问予以提炼：“你认为物体的沉浮与物体是什么材料有关，对吗？”

修正式评价是指当学生的回答有偏差时，教师通过点评对学生的回答予以修正的评价方式，如“你讲得很有道理！如果能把……讲清楚，那就更有说服力了”等。

（三）演示

演示是指教师通过实物、教具或者示范性实验来说明某一现象、印证某一原理，以使学生理解并掌握新知识的一种教学方法。这种教学方法可以有效地丰富学生的感性认识，调动学生的学习积极性，有利于培养学生的观察能力、思维能力和想象能力。

提 示

演示法和实验法的区别在于，前者主要是教师动手做、学生观看，后者主要是学生动手做、教师指导。

1. 演示的工具

演示的工具主要分为 4 类：① 实物（即生物活体及其器官、组织，如植物的茎等）、标本（如蝴蝶标本等）、模型（如三球仪等）、图片等；② 图表、示意图、地图等；③ 实验；④ 幻灯片、电影、录像等。

2. 演示的步骤

在小学科学教学中，教师采用演示法时通常应按照以下步骤进行。

（1）提出主题。教师可先营造良好的演示氛围，然后根据具体的教学内容提出演示的主题（如“让我们一起来了解一下气体在水中的溶解能力”），并跟学生强调演示主题的重要性，让学生参与到演示活动中来。

（2）说明目标。教师应明确演示活动所要达到的目标，讲解演示活动涉及的相关知识，说明观察演示实验的注意事项，以便学生对演示主题获得基本认识，并能在观察演示实验时把握重点。例如，在开始演示活动之前，教师可以告诉学生“我们将通过演示实验来验证气体能否溶解于水，能否从水中析出”“实验的材料有汽水、注射器和橡皮塞”“当我用注射器来回推拉活塞时，注意观察汽水中析出的气泡”等。

（3）进行演示。在说明演示概况后，教师即可开始演示操作。当演示的内容较多或较复杂时，教师可以将演示内容分解成几个部分，然后进行多次演示，以便学生理解演示内容。

（4）强化效果。演示活动结束后，教师可以通过提问引导学生围绕演示主题进行深入思考，也可以让学生自己动手操作演示步骤，以使演示教学效果得到进一步强化。

3. 演示的要点

教师采用演示法进行教学时，应当注意以下两点。

（1）演示内容应贴近学生生活。这样才能有效地激发学生的学习兴趣，营造活跃的学习氛围，促进教学活动的顺利开展。

（2）演示难度适中且时长适宜。小学生的认知水平相对较低，且注意力集中的时间比较短，因此，演示内容的难度应当与学生的认知能力相适应，演示的时间不宜过长。

（四）组织观察活动

观察是人们为了认识事物的本质和规律而有目的、有计划地感知客观现象，从而获得科学认知的一种方法。自然科学的重要概念和规律都是通过长期观察和反复实验归纳出来的。

在小学科学教学过程中，观察作为一种基本的认识活动贯穿于教学活动的始终。它是学生认识事物的重要途径和方法，也是学生开展一切思维活动的基础。小学科学教师在组织学生开展观察活动时，应当注意以下 5 个方面。

1. 应明确具体任务

教师在组织观察活动时，首先应认真分析本次观察活动的核心内容，然后在此基础上深入思考如何指导学生去观察、观察哪些方面有利于学生理解教学内容、当学生的观察方向发生偏差时如何进行指导等问题，进而明确观察的具体任务，并尽可能让学生理解观察的要求，了解观察的内容、步骤和方法。

例如，在“观察校园中的植物”一课中，“我们这节课的任务是去校园里观察树木”这个观察任务不明确，导致可观察的范围过于宽泛，因而无法有效地引导学生通过观察获得科学事实。正确的做法是，根据教学内容分析观察活动的核心内容，将观察活动的任务具体化，如“校园中共有多少种树？说出你感兴趣的那一种，仔细观察它的外形特点和生长环境，并把相关信息记录下来”等。

2. 应与记录相结合

教师组织观察活动时，应指导学生将观察与记录结合起来，详细记录通过观察获得的重要信息，以便后续探究活动的顺利开展。需要注意的是，观察应实事求是，记录应客观准确。

在观察活动中，记录可以通过文字、图画、照片、录音、录像等多种方式呈现，教师应根据实际情况，引导学生选用合适的方式进行记录，以使学生获得观察活动的关键信息。例如，在“观察蚂蚁”活动中，采用文字进行记录显然不合适，而采用图画加文字的形式比较合适。

提 示

需要注意的是，教师在布置记录任务时，应确保记录要求与学生的能力相适应，以便学生能通过努力完成记录任务。如果记录的要求超出了学生的能力范围，那么学生是无法完成记录任务的。这不利于观察活动的顺利开展。

3. 应利用多种感官

科学教学中的“观察”不仅仅指用眼睛看，还包括通过听觉、味觉、触觉等多种知觉去感知客观事物。在科学教学的观察活动中，教师应结合具体的教学内容，尽可能地引导学生运用多种感官进行观察，以增加观察的维度，丰富学生的感性认识，从而使学生更加深入地了解客观事物，并有效地提高认知事物的能力。

4. 应突出科学原理

观察的重点在于理解科学概念及其形成过程。因此，教师在教学中引导学生观察事物时应当突出科学原理，使观察结果更好地为解释科学原理服务。例如，在学生制作降落伞、使用降落伞的活动中，观察的重点在于科学原理——空气的存在和空气的阻碍作用，而不是降落伞的制作方法。

5. 结束后注重交流

当学生完成观察任务后，教师应当引导学生将自己观察到的现象描述出来并相互交流，以充分调动学生的思维，强化观察的效果，从而有效提高学生的思维能力和表达能力。

（五）组织实验活动

组织实验活动是科学教学中最常规的一种教学方法。科学教学中的实验活动能使学生亲身经历科学探究的过程，观察到直观、形象的科学现象，获得丰富的感性认识，从而更好地理解科学知识。对于自然环境中不便于观察的科学现象和不易于理解的科学原理，都可以通过组织实验活动来引导学生观察和理解。

小学科学教师在教学过程中组织实验活动时应当注意以下 3 个方面。

1. 实验前全面准备

在组织实验活动之前，教师应在准备实验器材和配备实验装置的基础上，全面预测学生在实验过程中可能遇到的问题或可能出现的状况，积极地思考应对策略和措施，并做好相应的准备工作。同时，在实验活动开始之前，教师应对实验活动的步骤、方法、注意事项等进行讲解，以帮助学生明确实验目标、实验要求、实验步骤和实验方法，尽量减少实验活动中意外情况的发生，确保学生实验活动的顺利开展。

2. 实验中加强指导

实验之前的详细指导能够有效地帮助学生顺利地开展实验活动，但并不能确保实验过程中完全不出现问题。因此，在学生开展实验活动的过程中，小学科学教师应当加强实验指导。具体而言，在实验过程中，教师应着重从以下两个方面进行实验指导。

（1）规范实验操作。实验操作是否规范会直接影响实验结果的客观与否。因此，教师应当加强实验操作指导，确保学生按照规范的流程和方法进行实验，进而获得预期的实验效果或结果。

（2）指导数据记录。实验数据的准确性会影响后续实验结论的探究。因此，教师应当根据教学内容的特点，实时地指导学生科学地记录实验数据，确保实验数据准确、客观。例如，在“摆的快慢与什么有关”的实验过程中，小学科学教师李老师指导学生每调整一次摆锤上螺母的数量，就要记录一次摆锤的摆动次数；在研究“摆的快慢与什么有关”时，李老师指导学生多次重复实验，并提醒学生记录每一次实验的数据，以减少误差。“摆的快慢与什么有关”实验记录单如表 4-4 所示。

表 4-4　“摆的快慢与什么有关”实验记录单

问题：摆的快慢与什么有关						
假设：摆锤重，摆得慢；摆锤轻，摆得快						
保持不变的条件：摆线的长度，摆的角度						
需要改变的条件是：摆锤的质量						
实验记录：						
摆锤上的螺母数量	实验结果（次/15 秒）					平均次数/次
	第 1 次实验	第 2 次实验	第 3 次实验	第 4 次实验	第 5 次实验	
1 个螺母	10	8	8	8	8	8.4
2 个螺母	8	8	8	8	8	8
3 个螺母	8	8	8	8	8	8
结论	摆的快慢与摆锤的质量无关					

（3）加强安全防范。实验操作不规范、实验器材本身的缺陷等都可能带来安全隐患。因此，教师应在实验过程中时刻保持警惕，认真巡视学生的实验情况，以便及时地发现安全隐患，防范安全事故的发生。

3．实验后分析归纳

实验结束后，教师应组织学生对实验结果进行分析、解释，进而归纳出实验结论。在分析实验结果的过程中，应坚持实事求是的原则，决不能对原始实验数据进行取舍或修改。若发现实验数据异常，教师应指导学生分析原因，对实验过程进行反思，必要时应鼓励学生再次进行实验，直至获得准确、客观的实验数据。

分析实验结果的过程能够有效地提升学生的分析能力，促进学生科学思维的发展。归纳实验结论的过程能够有效地锻炼学生的概括能力和语言表达能力。当学生不能准确地描述实验结论时，教师应采取合适的方式启发学生思考，引导学生用规范的语言准确地表达出来，而不能代替学生说出结论。

（六）组织调查活动

组织调查活动是科学课程教学方法的一种重要形式。其目的是鼓励学生像科学家一样思考科学问题，引导学生运用所学的科学知识和方法对真实的科学问题进行调查和探究，

从而培养学生的科学思维，增强学生的创新意识，并提升其解决问题的能力。

小学科学教师在组织科学调查活动时可以按照下列步骤进行。

1. 确定活动主题

在科学教学实践中，小学科学教师通常可以在能源资源、生态环境、安全健康、创新创意这 4 个活动领域组织学生开展调查活动。在各个活动领域，教师可以根据教学目标确定多个活动主题供学生选用。调查活动的主题应当与学生的日常生活密切联系，如“身边的节能产品”这一主题比较适合小学生，“能源使用技术的发展与探究”这一主题就不太适合小学生，尤其是小学低学段的学生。

2. 制订活动目标

在确定了调查活动的主题之后，教师应根据教学目标和教学要求制订活动目标。例如，针对“身边的节能产品”这一主题的调查活动，教师可以制订以下活动目标：① 了解科学技术在推动人类社会发展和文明进程中的作用，认识到任何技术的开发和更新都会受到一定条件的制约；② 掌握记录调查结果及对比分析调查数据的方法。

3. 明确活动任务

在明确了调查活动的目标之后，教师应围绕活动的核心内容设置若干活动任务，并针对每一个活动任务开发一个具体而翔实的活动指南，以便学生带着目标有序地开展科学调查活动。需要注意的是，教师在设计活动任务时，应当确保任务难度与学生的认知基础和能力水平相适应。

例如，在“身边的节能产品”这一调查活动中，教师可以根据教学目标设置“发现身边的节能产品”“节能灯为什么能够节能”“探寻节能技术”等一系列任务，并明确每个任务的操作方法与步骤。其中，“发现身边的节能产品”这一任务的方法与步骤可以设置为：① 以小组为单位，寻找校园内、小组成员家中有能效标识的电器，并仔细阅读这些电器的能效标识；② 根据电器能效调查表（由教师指导学生设计）开展调查活动，各小组负责人汇总所有成员的调查结果，并将填写好的表格分享到校园科学调查活动展板上。

4. 设计相关表格

在调查活动中，教师应指导学生根据实际情况为每个任务设计相应的调查表、统计表、分析表等，用于记录、统计、分析通过调查活动搜集到的重要信息。例如，在“发现身边的节能产品”这一任务中，教师可以指导学生设计电器能效调查表（见表 4-5）和电器能效统计表（见表 4-6）。

表 4-5　电器能效调查表

记录人：　　　　　　　　　　　　　　调查时间：

序号	电器名称	能效等级

表 4-6　电器能效统计表

记录人：　　　　　　　　　　　　　　　　　调查时间：

能效等级与电器数量	空调/台	冰箱/台	洗衣机/台	……	总计/台
一级能效的电器数量					
二级能效的电器数量					
三级能效的电器数量					
四级能效的电器数量					
五级能效的电器数量					

5．注重分析交流

调查活动结束后，教师应引导学生对调查结果进行分析，并得出调查结论。此外，教师还应引导学生通过多种形式分享调查过程、调查方法、调查结论和活动体验。例如，引导学生通过制作宣传海报、举办主题班会、开展校园宣讲活动、发布微信朋友圈等形式分享调查结果与活动体会。

（七）组织制作活动

组织制作活动也是小学科学教学方法的一种重要形式。这种教学方法有利于学生巩固所学知识，提升解决问题的能力。在小学教学过程中，对于科学技术领域的教学内容，教师可以通过组织制作活动进行教学。教师在组织制作活动时通常可以按照下列步骤进行。

1．创设情境，激发学生需求

需求可以促使人们去探索解决问题的办法。因此，小学科学教师可以根据教学内容创设合适的问题情境或生活情境，促使学生主动发现问题并产生解决问题的需求，为制作活动的开展做好铺垫。

例如，小学科学教师王老师想让学生领会“不同形式的能量可以相互转化”这一知识，于是在制作活动中创设了下列问题情境：“社区组织了一场‘动力车比赛’，要求参赛的车不能使用电池（包括太阳能）和燃料来驱动。如果你要参加比赛，你将怎样设计自己的动力车呢？”

这一问题情境成功地激发了学生的探索兴趣，他们随即展开了激烈的讨论。有的说：“可以用橡皮筋为车提供动力。”还有的说：“可以将车套在小狗身上，然后在小狗的脑袋上装一个支架，支架上钓一根骨头，让小狗追着骨头跑。”学生的讨论为“动力车”制作方案的制订奠定了基础。

2. 启发思考，形成制作方案

当学生产生了解决问题的需求并展开讨论时，教师应先启发学生利用已有经验展开联想，从某一事物的结构、功能联想到另一事物的结构、功能，找到解决问题的切入点，进而想出相应的解决办法；然后，引导学生将头脑中的初步想法表达出来，并指导他们将想法具体化，形成初步方案或绘制成设计图，再逐步完善。

例如，在“动力车”制作活动中，学生经过讨论，提出了“利用一根橡皮筋的动力”“利用多股橡皮筋的动力”“利用小狗的动力”3 种想法。对此，小学科学教师王老师提出了下列问题：“若将这些想法进一步细化，形成制作方案，那么不同的方案各有什么优点和缺点呢？”在老师的引导和启发下，学生展开了新一轮讨论。表 4-7 为讨论过程记录表。

表 4-7　讨论过程记录表

动力来源	合理性	变通性	可行性（系数）
一根橡皮筋	可利用一根橡皮筋获得回弹力，方便操作，但其动力有限	可以加长橡皮筋，以增加动力	2
多股橡皮筋	可利用多股橡皮筋获得更大的回弹力，但橡皮筋容易绞在一起	在橡皮筋上涂蓖麻油可以避免它们绞在一起	3
小狗	小狗的耐力持久，但无法控制其走直线	将小白鼠装入滚笼，让其在笼中跑圈，以获得动力	5

最终的讨论结果如下：小白鼠也可以拉小车跑，而且可以直接将笼子作为轮子，因而这种方案的可行性较强。

3. 因材施教，指导实践操作

当制作方案确定后，教师应先指导学生将大脑中抽象的“动力车”转换为具体的图形及文字表述，并不断地修改和完善，直至形成设计图稿；然后，引导学生采用合适的方法开始制作模型。

在制作过程中，教师应针对学生的实际情况采用不同的指导方式。如果学生已经掌握了工具的使用方法，教师就可以先让学生说一说制作过程中的注意事项，并请一些学生进行演示，然后有针对性地指导学生。如果学生首次接触一些制作工具，教师就应先演示这些工具的操作方法，然后提供机会让学生练习和巩固操作技能。在学生制作模型的过程中，教师应时刻关注制作进程。当学生遇到困难时，教师应及时地给予指导，以保证制作活动的顺利进行。

4. 评价反馈，发展学生思维

当学生的制作活动结束后，教师应组织学生展示制作作品，并进行自评和互评，以便学生了解自己所设计作品的优缺点，进而做出相应的改进。无论是自评还是互评，教师都应注意引导学生对设计和制作的过程进行评价，对制作过程中出现的问题和解决问题的方法进行反思，并组织学生相互交流经验。在评价过程中，学生的创造性思维可以得到充分的发展，比较能力和分析能力可以得到大幅的提高。

科学探究活动强调“发现”，设计制作活动强调“解决问题”，两者在小学科学教学活动中相辅相成。

（八）组织交流活动

几乎所有的教学过程都离不开交流活动。交流活动的合理安排和有效实施是提高课堂教学效率的重要途径之一。小学科学教师在组织交流活动时，应当注意以下两个方面。

1. 抓住核心问题组织交流活动

教师在组织学生交流时，应当引导学生将注意力集中到核心问题上，以便有效地提高交流活动的效率。否则，学生的交流活动就无法产生预期的效果。

例如，在“对流”一课的教学中，王老师将300毫升水和一些木屑装入烧杯里，加热烧杯里的水，并要求学生仔细观察加热过程中水中的木屑。此时，如果王老师组织学生围绕“木屑是怎样运动的？”这个问题开展交流活动，那么这个交流活动就不是围绕“对流”这一课的核心问题进行的，因为对流的核心问题应该是“通过观察木屑的运动，描述水在加热过程中是怎样运动的”。教师只有围绕这一核心问题组织学生开展交流活动，学生才会认真思考“木屑为什么会产生这样的运动？”这个问题，从而正确认识“水的传热方式”。

2. 根据具体需求组织交流活动

交流活动在教学活动的各个环节都有着极其重要的作用。小学科学教师应当根据教学活动的需要，合理地安排交流活动的开展时机，以便有效地发挥交流活动的作用。

通常，教师可以在以下几种情况下组织交流活动。

（1）创设问题情境之后。在科学教学中，问题是探究活动的起点，学生往往会在教师创设了问题情境之后产生一些探究需求。此时，教师可以根据学生的探究需求组织相应的交流活动，引导学生通过交流彼此的想法来明确探究主题和探究思路。

（2）教学活动结束之后。在一个教学活动结束后，教师可以组织学生通过交流对教学活动中的科学知识进行梳理、总结，或者组织学生针对教学活动内容发表自己的看法、谈谈自己的体验。在教学活动结束后及时组织交流活动，有利于增强学生的参与感，调动学生的学习积极性，也有利于培养学生的归纳总结能力，提升课堂教学效果。

（3）学生遇到困难之时。当学生在教学活动中遇到困难时，教师可以组织学生互相交流，让学生通过交流活动相互启发，进而找到解决问题的办法；也可以组织师生之间的交流活动，以便及时了解学生的学习过程和思维状态，进而有针对性地引导或启发学生思考，帮助他们克服困难、建构新知。

小学科学教师还可以采用哪些方法实施教学活动？请举例说明。

（九）教学组织与调控

课堂教学的组织与调控是教学活动得以顺利开展的保障。小学科学教师可以从以下两个方面对课堂教学进行组织与调控。

1. 节奏张弛有度

教学节奏过快或过慢，都不利于学生开展学习活动。教师应根据教学活动的内容有意识地调控课堂教学节奏，使其张弛相间、稳而有序。在教学实践中，一般做法是放慢关键环节的“步伐”，加快其他环节的节奏，通过时快时慢的活动节奏调控学生的思维节奏。

2. 多种方式调控

在教学过程中，教师应根据实际情况运用多种方式调控课堂节奏。首先，应灵活运用提问、过渡语、启发性语言和评价性语言，有效地协调各种教学活动和学生学习活动，推动课堂教学的有序进行；其次，应善于利用目光注视、语音语调、肢体语言、情感暗示等方式吸引学生的注意力，增强课堂教学的感染力，充分调动学生的学习积极性。

匠心筑梦

尊重差异，创造适合学生的教育

著名教育专家冯恩洪在《尊重差异，创造适合学生的教育》的报告中指出：“听不懂的教育不是接受教育，而是忍受教育”“21 世纪的教育是把东方和西方的教育结合起来，让每一个有差异的学生适应他们自己的教育”“降低难度，扩大宽度，稳打稳抓”……这些话值得每一位教师反思。

一些教师在面对几十个学生时，使用一个教案，组织统一练习，不考虑学生的个体差异。一些教师为了整齐划一的教学进度，会适当地忽略尖子生和后进生。这样，课堂上就会出现尖子生“吃不饱”、后进生“吃不好”的现象，教学效率可想而知。在这种情况下，创造适合学生的教育已经成为教师当下和将来急需完成的任务。

“创造适合每一个学生的教育”是一种温暖，也是一种关怀。“适合教育”就是以学生为本，追求人文关怀；它强调教育要考虑每一个学生的个性，满足每一名学生的实际需要，在尊重和理解的基础上为学生提供民主、科学的教育教学服务；它强调整体大于部分之和，要让每一名学生都有所发展；它强调教育要与时代发展紧密结合；它强调教育必须为学生的可持续发展奠定基础，把学生在成长过程中的自主性、选择性和倾向性还给学生。

总之，适合教育就是要求教师吸纳古今中外一切科学、合理的教育思想精华，全力呵护学生的健康成长，并在此基础上结合时代的特征，继续发扬创新精神，更好地为学生服务。

（资料来源：校长派，《适合教育让每个学生成为最好的自己——践行“适合教育”办学理念的思与行》，中国网，2020 年 6 月 30 日）

实践活动

活动内容

以小学 3 年级学生为教学对象，以“水与水蒸气”为课题，试着建构合适的教学内容，并初步设计教学方案。

活动目标

熟悉小学科学教学设计的过程，学会根据具体的教学内容选用合适的教学方法，掌握教案的编制方法。

活动过程

（1）每 5 人一组，小组成员合理分工。

（2）阅读、分析“水与水蒸气”的相关资料，分析小学 3 年级学生的认知能力，并制订“水与水蒸气”这一课的四维教学目标。

（3）选用合理的教学组织形式，设计 3 个具体的教学活动，并按照一定的逻辑编排这些教学活动。

（4）根据“水与水蒸气”的内容特点和具体教学活动的安排，选用合适的教学方法。

（5）设计教师和学生在教学过程中的主要行为。

（6）选用合适的教学媒体和工具。

（7）各小组对通过上述步骤获得的信息进行整理，合作制订教学方案，将教学思路和教学活动安排呈现出来。

活动评价

授课教师可参考表 4-8 对实践活动进行评价。

表 4-8　活动评价表

评价标准	完成情况（优、良、中、差）	教师点评
教学内容的建构与学生的认知能力相适应		
教学目标的表述符合“ABCD 模式”		
教学活动与教学内容之间的联系紧密，教学活动的编排合理		
所选用的教学方法能较好地引导学生建构新知		
教师和学生的行为设计合理，所选用的教学媒体和工具能较好地呈现教学内容		
教案内容完整，格式规范		

第五章

物质科学相关内容教学

学习目标

知识目标

- 了解物质科学相关内容的教学价值。
- 明确物质科学相关内容的教学目标。
- 熟悉物质科学相关内容的主题与特点。

技能目标

- 能深入分析物质科学的相关内容，并结合实际情况分析教材内容和学情。
- 学会灵活运用物质科学相关内容的教学策略。

素养目标

- 充分认识到物质科学的学科价值和教学价值，对“学生为什么学物质科学”“教师为什么教物质科学”等问题有系统而全面的理解。

案例导入

小学科学教师张老师即将为小学 2 年级学生上一节物质科学领域的科学课，课题名称为“神奇的纸”。这一课是教科版《科学》2 年级上册第 2 单元“材料”的第 4 课。张老师通过教材内容明确，本课的教学需要以纸为载体，引导学生比较和体验纸改造前后性能的变化，了解纸的变化在生活中的应用，进而激发学生继续改造材料、发现材料性能的探究兴趣。

为了更好地开展教学工作并取得有效的教学效果，张老师分析了与本课内容相关的课程目标。根据《课程标准》的规定，小学 1～2 年级学生应知道物体具有一定的特征，材料具有一定的性能；应能通过观察，描述物体的轻重、薄厚、颜色、表面粗糙程度、形状等特征，能根据物体的外部特征对物体进行简单分类；能识别生活中常见的材料。在“神奇的纸”一课中，学生需要学会描述、分类和识别的材料就是纸。

之后，张老师先分析了“神奇的纸”这一课在整套教材中所处的位置和所应发挥的作用，明确了这一课在小学科学课程中所处学段的相关要求；然后分析了“神奇的纸”这一课在本册教材“材料”这一单元中的位置和作用，并结合 2 年级学生的认知能力和知识基础，制订了“神奇的纸”这一课的课时教学目标。

“神奇的纸”一课的课时教学目标分为以下 4 个方面。

（1）科学观念目标：知道材料经过加工、改造、优化后，其性能会发生改变；性能改变或优化之后的材料，可以用来制作符合一定功能需要的物品。

（2）科学思维目标：能根据一些外部特征对常见物体进行比较和分类。

（3）探究实践目标：对普通的纸进行简单加工和改造，并比较纸在改变前后的不同（教学重点）；能用准确的语言描述纸在折叠前后的特点（教学难点）。

（4）态度责任目标：激发加工、改造材料的兴趣；愿意尝试从多种角度认识材料；认识到人们可以根据需要改造材料，让材料为生产生活服务。

根据“神奇的纸”这一课的内容特点和 2 年级学生的认知特点，张老师决定在教学过程中采用以下教学方法：谈话法、微视频展示法、观察法、讨论法和实验法。与此同时，张老师准备了下列教学工具：普通纸、瓦楞纸、纸杯、热水、字典、课件、学生活动手册等。

对于整个教学活动的开展，张老师计划按照以下 4 个步骤进行。

（1）聚焦话题。先通过“猜一猜”游戏引出纸的话题，再通过“摸一摸”和“说一说”的活动引导学生分析纸的特点、交流纸的作用，激发学生对探究实验“纸的神奇本领”的兴趣。

（2）实验探究。通过“力大无穷的纸桥”实验，引导学生探索纸的性能，使学生了解纸经过加工、改造、优化后，其性能会发生改变，进而引出瓦楞纸。让学生学会折叠瓦楞纸，并理解性能改变或优化之后的纸可以用来制作符合一定功能需要的物品。与此同时，锻炼学生勤思考、多动手的习惯。

（3）生活延伸。引导学生观察生活中不同类型的纸，并分析其不同的用途。

（4）总结拓展。通过课件展示“不粘油的纸”的制作过程，并用“你想对纸做怎样的改造？”等问题，促使学生自主探究纸的改造过程，并探索改造后的纸有哪些新功能。

你知道物质科学领域具体有哪些教学内容吗？该领域的教学内容对不同学段学生的具体要求是怎样的？张老师为物质科学领域中“神奇的纸”这一课安排的教学设计是否合理？该教学设计中的教学目标是否恰当？使用了哪些教学策略和方法？在教学实践中，优秀的科学教师通常是如何设计物质科学领域内容的教学过程的？下面，就让我们一起学习本章内容，了解物质科学领域的教学内容、教学价值、学段目标、教学策略等知识，并揭晓上述问题的答案。

第一节 物质科学相关内容的分析与教学

一、物质科学相关内容的教学价值

物质科学是研究物质及其运动和变化规律的基础自然科学。在小学科学教学中，物质科学的相关内容主要具有以下 4 个方面的教学价值。

（一）满足学生探索自然的需求

从《课程标准》规定的课程内容和各版本小学科学教材的内容来看，物质科学相关内容包括物质的特征、水、空气、物体的运动、力的作用、机械运动、机械能、声能、光能、热能、电能、磁能等。学生在学习物质科学相关内容的过程中，可以认识各种各样的物质，观察物质世界中的各种现象，感受自然界和生活中所发生的物质运动和变化，体会物质运动和变化的内在规律，运用所学知识进行创造发明。这一过程可以增强学生探究物质世界奥秘的好奇心，满足他们探索自然的需求，促使他们形成“世界是物质的，物质是运动的”的认识。

（二）培养学生科学探索的品质

在小学科学教学中，学生会在教师的指导下通过观察、实验、调查、制作、交流等多种方式学习物质科学方面的知识（如水的自然状态、搅拌和温度对物质在水中溶解速度的影响等），探究物质世界的规律（如探索声音的产生原因与传播途径等），运用物质科学方面的知识解决生活中的简单问题（如设计并制作计时器等）。这一过程有利于培养学生细心观察、注重事实、勇于探索的科学品质。

（三）增强学生参与决策的意识

物质科学方面的知识渗透于社会的每个角落，现代社会中许多问题（如怎样应对环境污染、如何减少电磁辐射对人体的危害等）的解决都需要以掌握物质科学知识（如物理学知识）为前提。

在小学科学教育中，物质科学相关内容的教学会紧密联系社会生活中的实际问题来开展，学生可以在学习物质科学知识的过程中了解物质科学在社会生活中的应用，感受物质科学对促进社会进步、提高人们生活质量的重要作用，进而增强参与社会决策的意识，学会利用物质科学知识解决自身能力范围内的问题。

（四）促进学生科学思维的发展

在小学科学教育中，物质科学的相关内容涵盖了很多体现STEM理念的主题内容，如“制作电路开关”“自制乐器”“制作雨量器”等。这些主题内容都需要学生利用所学的科学、技术、工程、数学等知识开展探究实践。在这个过程中，学生的逻辑思维、创新思维等科学思维都能得到良好的发展，分析问题、解决问题的能力能得到大幅的提高。

STEM 教育的核心特征

二、物质科学相关内容的学段目标

《课程标准》在规定科学课程总目标的基础上，分别从科学观念、科学思维、探究实践和态度责任4个方面对物质科学相关内容的学段目标做了详细规定。在物质科学相关内容的教学过程中，小学科学教师首先应当明确学段目标的具体内容，进而据此制订符合实际情况的教学目标。

以“科学观念”维度的学段目标为例，《课程标准》对物质科学相关内容的学段目标做了进阶设计。物质科学相关内容的科学观念学段目标如表5-1所示。

表5-1 物质科学相关内容的科学观念学段目标

学段目标维度	学段目标内容		
	1～2年级	3～4年级	5～6年级
科学观念	认识常见物体的基本外部特征，认识生活中常见的材料；知道生活中常见的力，认识力可以改变物体的形状	认识常见物体的某些特征和常见材料的某些性能；认识物体有多种运动形式，力可以改变物体的运动状态，运动的物体具有能量；了解日常生活中能存在的不同形式	初步认识常见物质的变化，知道物体变化时构成物体的物质可能改变也可能不改变；知道自然界存在多种形式的能，不同形式的能可以相互转化；初步了解热能及其传递方式

通过上述学段目标可以看出，在物质科学相关内容的教学中，《课程标准》对不同学段的学生提出了不同的要求：1～2 年级的学生只需要认识具体物体的外部特征；3～4 年级的学生需要知道物体的特征、材料的性能、物体的运动、力的作用和能量的形式；5～6 年级的学生应当了解物质的变化规律、能量的转换及形式，以及热能及其传递方式。3 个学段目标的进阶符合小学生心理发展和思维能力发展的规律。

在科学思维、探究实践和态度责任的维度，《课程标准》同样对物质科学相关内容的学段目标做了进阶设计，此处不再详述。在教学实践中，小学科学教师应当根据学段目标的进阶规律设计和开展教学活动。

三、物质科学相关内容及其教学分析

《课程标准》规定，小学科学课程有 13 个学科核心概念，其中，物质科学方面的学科核心概念有 4 个。每个学科核心概念包括多项学习内容，每项学习内容对应着一定的内容要求。在不同版本的小学科学教材中，这些学科核心概念及其涉及的学习内容会以不同的形式予以呈现，并按照不同的逻辑进行编排。小学科学教师在开展教学活动时，应当将《课程标准》明确规定的学科核心概念和学习内容研究透彻，并系统地分析教材的相关内容和内在逻辑。

（一）学科核心概念及其学习内容

物质科学方面的学科核心概念及其学习内容如下。

1．学科核心概念 1

学科核心概念 1 为“物体的结构与性质”。这一概念主要包括以下 7 项学习内容。

1.1　物质具有一定的特性与功能。

1.2　空气与水是重要的物质。

1.3　金属及合金是重要的材料。

1.4　常见的化合物。

1.5　物质由元素组成。

1.6　物质由微观粒子构成。

1.7　常见物质的分类。

“物体的结构与性质”的学习内容之间有着内在联系，其结构关系如图 5-1 所示。

其中，学习内容 1.1、学习内容 1.2 和学习内容 1.3 属于 1～6 年级学生需要掌握的内容；学习内容 1.4 至学习内容 1.7 被安排在 7～9 年级，小学阶段不涉及。

在物质科学中，“物质”“物体”“材料”是基本概念。物质是构成宇宙间一切物体的实物和场。物体是指自然界客观存在的一切有形体的物质，一般分为气态、液态和固态。材料是人类用于制造物品、器件、机器或其他产品的物质。物体是具象化的物质，材料是功能化的物质。学生需要通过认识物体的特征和材料的性能，逐渐形成“物质”的概念。

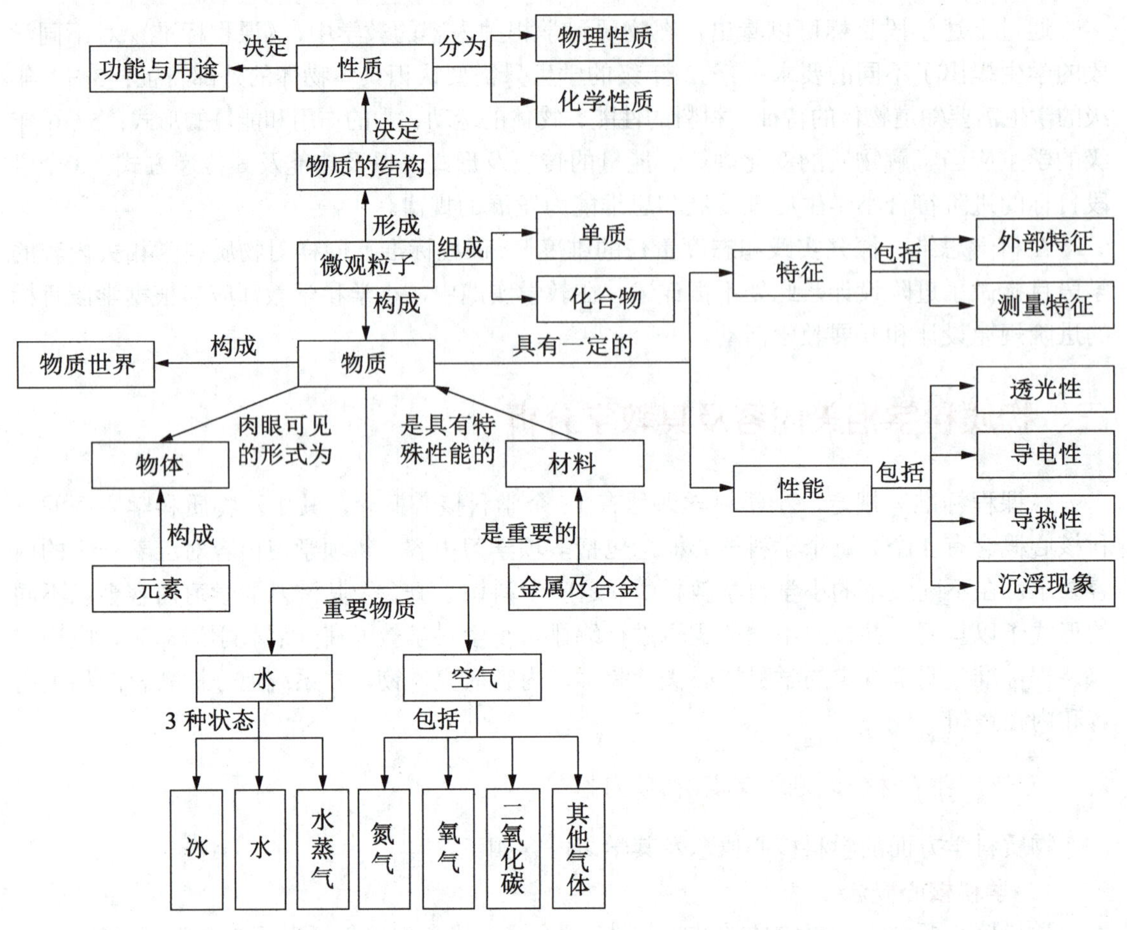

图 5-1 “物体的结构与性质”学习内容的结构关系

“物体的结构与性质”的各项学习内容是根据上述逻辑来搭建的。学习内容 1.1 主要包括物体的特征、材料的性质、物质的特性与功能 3 个方面，可以让学生建构“物质”的概念，并形成物质意识；学习内容 1.2 主要包括空气与水的基本特征及其应用、水在自然界的存在状态及水的净化、空气的成分和性质等方面，学习内容 1.3 主要包括生活中常见的金属及其物理特性（如导电性能、传热性能）等方面，这两项学习内容可以让学生了解物质的状态、变化和分离等方面的知识，从而进一步理解“物质”的概念。

在小学科学教学实践中，教师应当深入分析各项学习内容，把握学习内容之间的关系，并根据《课程标准》规定的每项学习内容的学段内容要求（详见《课程标准》的规定），合理地安排各学段的教学内容，具体安排如下。

（1）对于 1～2 年级的学生，教师只需要指导他们观察物体典型的外部特征，了解并描述空气和水的特征，认识生活中常见的材料，让他们知道金属是常见材料。

（2）对于 3～4 年级的学生，教师应引导他们使用简单仪器测量一些物体的特征，根据物体的特征或材料的性质进行分类，说出某些材料的主要用途，并描述空气和水的变化形态。

（3）对于 5～6 年级的学生，教师应让他们通过实验了解常见材料的更多性质（如在水中的沉浮现象、导热性、导电性等），学会将材料的性质与主要用途联系起来；让他们认识空气的主要成分，知道氧气和二氧化碳对生命的意义，并列举日常生活中水的蒸发和水蒸气凝结成水的实例。

对学科核心概念 1“物体的结构与性质”的学习，有助于学生形成“物质与能量”“结构与功能”“系统与模型”“稳定与变化”等跨学科概念。

2. 学科核心概念 2

学科核心概念 2 为“物质的变化与化学反应”。这一概念主要包括以下 4 项学习内容。

2.1　物质的三态变化。

2.2　物质的溶解和溶液。

2.3　物质变化的特征。

2.4　化学反应遵守质量守恒定律。

“物质的变化与化学反应”的学习内容之间有着内在联系，其结构关系如图 5-2 所示。

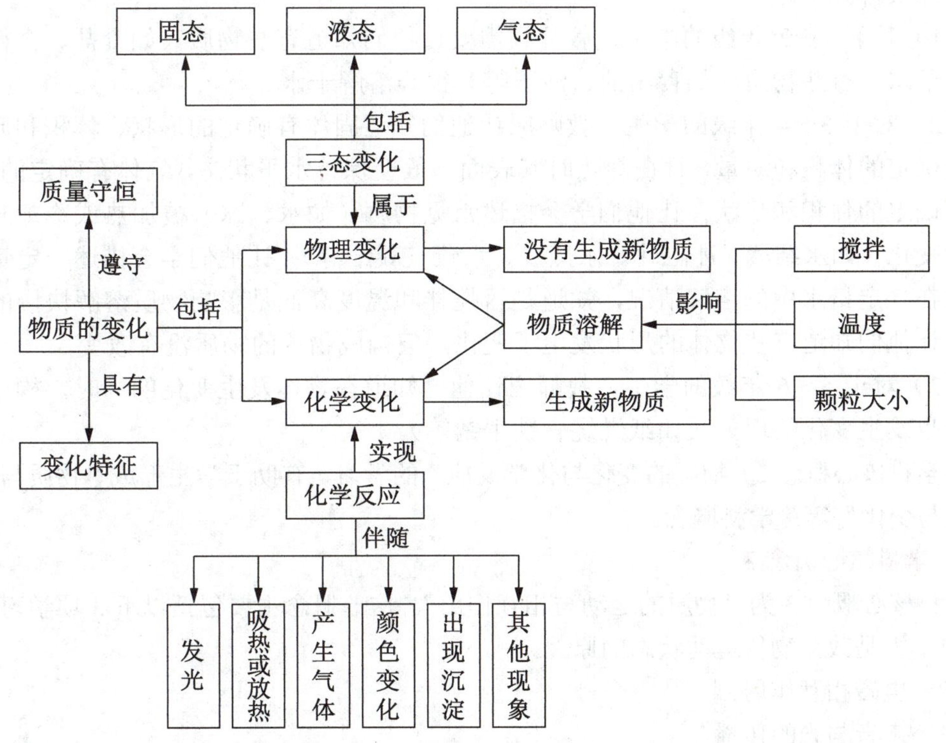

图 5-2　“物质的变化与化学反应”学习内容的结构关系

其中，学习内容 2.1、学习内容 2.2 和学习内容 2.3 属于 1～6 年级学生需要掌握的内容，学习内容 2.4 被安排在 7～9 年级，小学阶段不涉及。

在物质世界中，物质的变化分为物理变化和化学变化。物理变化是没有新物质生成的变化，物质的三态变化属于物理变化。化学变化通过化学反应得以实现，化学变化具有一定的特征，化学反应可以分为不同类型。物质的溶解过程既存在物理变化又存在化学变化。学生需要通过物质变化的各种现象和特征来理解物理变化和化学变化。

“物质的变化与化学反应”的各项学习内容是根据上述逻辑来搭建的。学习内容 2.1 主要包括物体的形态（固体、液体、气体）、特征和加热或冷却时的状态变化等，可以让学生通过了解物理变化的现象来建构“物理变化”的概念；学习内容 2.2 主要包括物质在水中溶解的能力大小（如有的物质能溶于水、有的物质难溶于水）、变化规律和影响因素等，可以让学生了解溶解既有物理变化也有化学变化；学习内容 2.3 主要包括物理变化的特征和化学变化的特征两个方面，可以让学生建构“化学变化”的概念，并加深对“物理变化”概念的理解。这 3 项学习内容按照从现象到本质、从简单到复杂的逻辑排列，可以让学生循序渐进地认识物理变化和化学变化，加深对“物质的变化与化学反应”这一学科核心概念的理解。

在小学科学教学实践中，教师应当深入分析各项学习内容，把握学习内容之间的关系，并根据《课程标准》规定的每项学习内容的学段内容要求，合理地安排各学段的教学内容，具体安排如下。

（1）对于 1～2 年级的学生，教师只需要让他们知道有些物质（如食盐、白糖等）能溶解于水，有些物质（如食用油、沙子等）很难溶解于水。

（2）对于 3～4 年级的学生，教师应让他们知道固体有确定的形状、体积和质量，液体有确定的体积和质量，且在静止时其表面一般会保持水平状态，气体有确定的质量，但没有确定的体积和形状；让他们学会描述常见物质（如水、冰）被加热或冷却时发生的状态变化（如水结冰、冰融化、水蒸发、水蒸气凝结等）；让他们学会描述一定量的不同物质在一定量水中的溶解情况，知道是否搅拌和温度高低是影响物质溶解快慢的常见因素；让他们知道有些物体的形状发生了变化，但构成物体的物质没有改变。

（3）对于 5～6 年级的学生，教师应让他们知道在物体发生变化的同时，构成物体的物质也发生变化的现象（如纸燃烧、铁生锈等）。

对学科核心概念 2“物质的变化与化学反应”的学习，有助于学生形成“物质与能量”“稳定与变化”等跨学科概念。

3. 学科核心概念 3

学科核心概念 3 为“物质的运动与相互作用”。这一概念主要包括以下 3 项学习内容。

3.1 力是改变物体运动状态的原因。

3.2 电磁相互作用。

3.3 声音与光的传播。

“物质的运动与相互作用”的学习内容之间有着内在联系，其结构关系如图 5-3 所示。

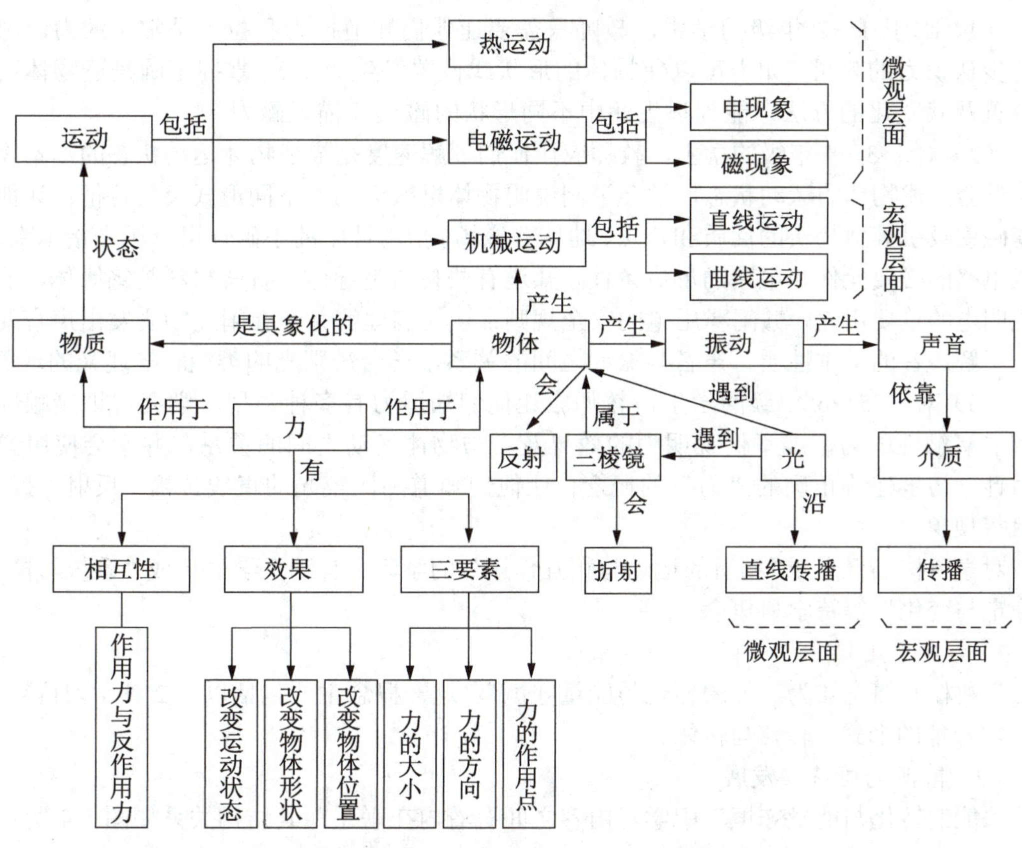

图 5-3 “物质的运动与相互作用”学习内容的结构关系

在物质世界中，物质处于永恒的运动之中，其运动形式是多样的，不同的物体之间又存在相互作用力。运动与相互作用之间存在密切关系。学生需要通过学习物体的机械运动来探究运动与力之间的关系，通过学习物质的热运动和电磁运动来理解物质的运动和相互作用，通过了解声音和光的传播来进一步理解宏观层面的物质运动和微观层面的物质运动，从而建构“物质的运动与相互作用”这一学科核心概念。

“物质的运动与相互作用”的各项学习内容是根据上述逻辑来搭建的。学习内容 3.1 主要包括物体机械运动的常见形式、状态描述、产生的原因，以及力与运动之间的关系等，可以让学生认识物体机械运动的不同形式，感受各种力的效果，进而建构不同形式的力（如推力、拉力、摩擦力、弹力、浮力等）的概念；学习内容 3.2 主要包括电现象、磁现象、电磁的相互作用等，可以让学生了解微观层面的物质运动形式；学习内容 3.3 主要包括声现象及其产生的原因、光现象等，可以让学生了解物质运动在宏观层面和微观层面的表现，进而进一步理解“物质的运动”。这 3 项学习内容按照从宏观到微观、从现象到本质的逻辑排列，可以让学生循序渐进地认识物质的运动与相互作用，并建构相关概念。

在小学科学教学实践中，教师应当深入分析各项学习内容，把握学习内容之间的关系，并根据《课程标准》规定的每项学习内容的学段内容要求，合理地安排各学段的教学内容，具体安排如下。

（1）对于 1～2 年级的学生，教师只需要让他们知道推力和拉力是常见的力，感受和初步认识力的效果（如力可以使物体的形状或位置发生改变），掌握正确描述物体所处的位置及其变化的方法，能列举生活中不同形状的磁铁并描述磁力。

（2）对于 3～4 年级的学生，教师应让他们理解速度是描述物体运动状态的基本物理量，学会描述物体的运动状态，学会举例说明物体机械运动的不同形式及其特征；让他们知道磁铁吸引其他物质的性质和特点、地球有磁场、指南针中的小磁针可以用来指示南北、构成电路的必要元件和电路的形成条件，知道有些材料是导体、有些材料是绝缘体，能举例说明电的重要用途，并阐释用电的安全规则；让他们理解并学会阐述物质发出声音的原因，了解声音的基本性质、声音与振动之间的关系，学会辨别光的类型和描述光的现象。

（3）对于 5～6 年级的学生，教师应让他们知道力有多种类型，学会辨识接触性的力和非接触性的力，能举例说明力的效果及力与物体运动之间的关系，并学会使用弹簧测力计，初步建构正确的“力”的概念；让他们知道并比较光的直线传播、反射、折射、色散等现象。

对学科核心概念 3“物质的运动与相互作用”的学习，有助于学生形成“系统与模型”“稳定与变化”等跨学科概念。

4. 学科核心概念 4

学科核心概念 4 为“能的转化与能量守恒”。这一概念主要包括以下 2 项学习内容。

4.1 能的形式、转移与转化。

4.2 能源与可持续发展。

“能的转化与能量守恒”中学习内容之间有着内在联系，其结构关系如图 5-4 所示。

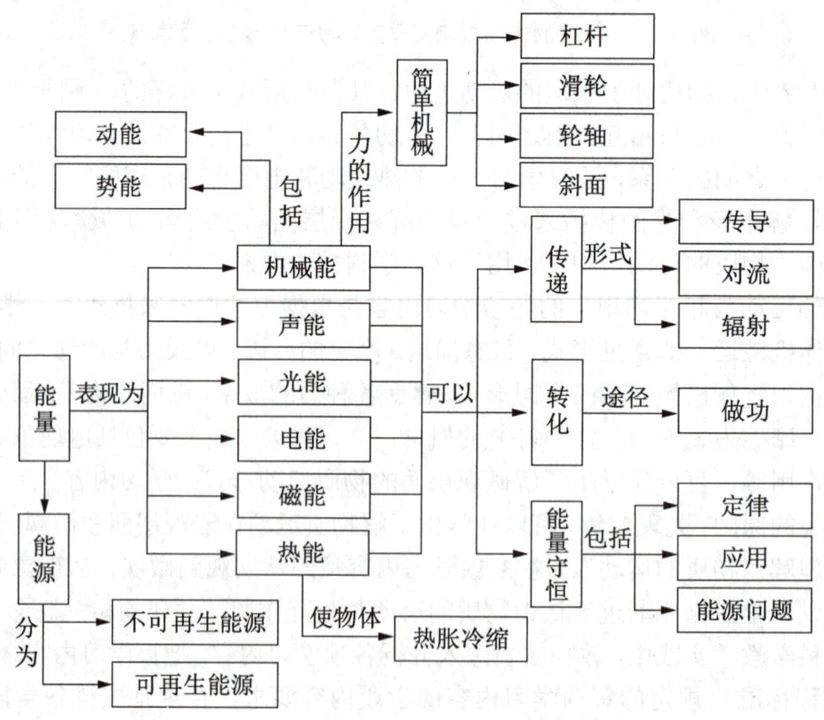

图 5-4 “能的转化与能量守恒”学习内容的结构关系

在物质世界中，物质的运动与能量密切相关。能量是一切运动着的物质的共同特性，也是各种运动的统一量度。能有多种形式，不同形式的能可以相互转化。能在转移与转化过程中，总量保持不变。小学生对日常生活中的能量有一定的感性认识，但通常没有形成关于“能量”的科学概念，所以他们需要通过感性的生活实例来认识能的不同形式、能的转移与转化，进而在此基础上建构与“能”相关的科学概念。

“能的转化与能量守恒”的各项学习内容是根据上述逻辑来搭建的。学习内容 4.1 主要包括能的形式、物体的热胀冷缩、热能的测量方法和传递方式、不同形式的能的相互转化、能量守恒定律等，可以让学生从不同的角度理解“能”，进而建构与“能”相关的科学概念；学习内容 4.2 主要包括生活中常见的能源种类及我国能源的状况，可以让学生认识到能源开发和利用关系到生产生活的方方面面，学会从能量的视角理解生活中一些常见的现象，并树立节约能源的意识。

在小学科学教学实践中，教师应当深入分析各项学习内容，把握学习内容之间的关系，并根据《课程标准》规定的每项学习内容的学段内容要求，合理地安排各学段的教学内容，具体安排如下。

（1）对于 1～2 年级的学生，《课程标准》不要求他们了解并认识能量的相关知识。

（2）对于 3～4 年级的学生，教师应引导他们通过可观察的特征认识生活中最常见的动能，让学生了解生活中各种能的形式，学会描述物体温度的测量方法，知道摄氏度是表示物体温度的标准单位、物体具有热胀冷缩的性质。

（3）对于 5～6 年级的学生，教师应让他们进一步认识能的各种形式，了解不同的能相互转化的现象，知道简单机械及其应用；让他们理解热传递的方式和热传递的影响因素，学会描述生活中的能量转化现象和常见能源，能举例说明热传递及其在生活中的应用，并认识到能源开发与利用和社会生活的紧密关系。

对学科核心概念 4“能的转化与能量守恒”的学习，有助于学生形成“物质与能量”“稳定与变化”等跨学科概念。

（二）教材内容的编排特点

为了合理地组织教学内容和制订教学目标，小学科学教师应在分析《课程标准》明确规定的学习内容的基础上，深入分析教材内容及其编排特点。

提　示

> 教材内容编排特点的分析通常应从以下几个方面进行：① 纵向把握科学概念与探究能力这两条线索；② 横向把握教学内容之间的逻辑联系；③ 充分理解单元内课时教学内容之间的逻辑；④ 深入分析课时教学内容的学科逻辑。

经分析发现，在各版本小学科学教材中，物质科学相关内容的编排具有以下共性特点。

1．重视科学探究活动

科学探究是学习科学知识的重要方式，为了引导学生亲历科学探究的过程，各版本教材都设计了大量探究活动。例如，教科版小学科学教材的每个课时内容中都设计了聚焦、探索、研讨和拓展这 4 个环节，引导学生分步骤探究科学问题，组织学生对探究过程和结果进行交流讨论，并通过情境设问促使学生巩固和拓展所学知识。

2．重视科学实验设计

科学探究的方式有很多种，科学实验是诸多探究方式中重要的一种。因此，各版本小学科学教材都非常重视科学实验的设计，并注重科学方法的运用，如严格控制实验变量、规范实验观察顺序与实验操作步骤、客观记录和对待实验数据、科学地分析和表达实验结论等。

例如，教科版小学科学教材在“声音的高与低”一课中引导学生通过敲击铝片琴、吹奏口琴、弹动不同长度的钢尺来探究声音的高低与哪些因素有关，让学生在科学实验中控制变量（改变尺子伸出桌面的长度）、预测结果、观察现象、记录过程，并用柱形图表示声音的高低变化与钢尺振动幅度之间的关系。这种科学实验步骤详细，思路清晰，所呈现的探究思路符合学生的认知规律，能够有效地引导学生探究科学问题、发展科学思维。

3．重视知识综合应用

《课程标准》围绕 13 个学科核心概念和 4 个跨学科概念来设计课程内容，并明确指出科学课程“是一门体现科学本质的综合性基础课程”。据此，各版本小学科学教材都十分重视不同领域科学知识的综合应用。

例如，苏教版小学科学教材设置了“制作小乐器”“减弱噪声”“设计无噪声书房”等教学活动，体现了科学、技术与社会生活的紧密联系，促使学生对物质科学知识、技术与工程科学知识的综合应用。

4．讲究综合能力进阶

各版本小学科学教材均按照由简单到复杂、由具体到抽象的规律编排教学内容，引导学生循序渐进地发展综合能力。这种编排主要体现在科学概念的进阶式安排上：1～2 年级的科学概念主要反映现象、事实，要求学生认识具体事物的外部特征；3～4 年级的科学概念主要反映共性、规律，要求学生知道物体的作用、分类，以及某种现象产生的条件、原因和规律等；5～6 年级的科学概念主要反映关系、原理，要求学生了解事物的结构、功能、变化，以及事物之间的相互关系等。

教科版小学科学教材中的物质科学内容安排

在教科版小学科学教材（2019 年版）中，物质科学相关内容的安排遵循了从现象、事实到共性、规律，再到关系、原理的进阶原则，如表 5-2 所示。

表 5-2 教科版小学科学教材中的物质科学内容安排

教材及学段	单元名称	课题	内容关键词	概念水平
1 年级（下册）	我们周围的物体	① 发现物体的特征；② 谁轻谁重；③ 认识物体的形状；④ 给物体分类；⑤ 观察一瓶水；⑥ 它们去哪里了；⑦ 认识一袋空气	常见物体的形态、特征、分类	现象、事实
2 年级（上册）	材料	① 我们生活的世界；② 不同材料的餐具；③ 书的历史；④ 神奇的纸；⑤ 椅子不简单；⑥ 做一顶帽子	材料的形态、特征、分类 简单物品的结构与功能	
2 年级（下册）	磁铁	① 磁铁能吸引什么；② 磁铁怎样吸引物体；③ 磁铁的两极；④ 磁极与方向；⑤ 做一个指南针；⑥ 磁极间的相互作用；⑦ 磁铁和我们的生活	材料的辨别 磁铁的特性与磁性规则	
3 年级（上册）	水	① 水到哪里去了；② 水沸腾了；③ 水结冰了；④ 冰融化了；⑤ 水能溶解；⑥ 加快溶解；⑦ 混合与分离；⑧ 它们发生了什么变化	水的形态与特征	
3 年级（下册）	物体的运动	① 运动和位置；② 各种各样的运动；③ 直线运动和曲线运动；④ 物体在斜面上运动；⑤ 比较相同距离内运动的快慢；⑥ 比较相同时间内运动的快慢；⑦ 我们的“过山车”；⑧ 测试“过山车”	运动的方式 距离的测量 速度的快慢 运动特征的比较	共性、规律
4 年级（上册）	声音	① 听听声音；② 声音是怎样产生的；③ 声音是怎样传播的；④ 我们是怎样听到声音的；⑤ 声音的强与弱；⑥ 声音的高与低；⑦ 让弦发出高低不同的声音；⑧ 制作我的小乐器	声音产生的原因 声音高低、强弱与振动变化的关系 噪声的防治	
	运动和力	① 让小车运动起来；② 用气球驱动小车；③ 用橡皮筋驱动小车；④ 弹簧测力计；⑤ 运动与摩擦力；⑥ 运动的小车；⑦ 设计制作小车（一）；⑧ 设计制作小车（二）	常见的力 生活中的能量和力的应用 工程设计的基本步骤	
4 年级（下册）	电路	① 电和我们的生活；② 点亮小灯泡；③ 简易电路；④ 电路出故障了；⑤ 里面是怎样连接的；⑥ 导体和绝缘体；⑦ 电路中的开关；⑧ 模拟安装照明电路	材料的导电性和电路 电的用途与危害 电路的设计与制作	
5 年级（上册）	光	① 有关光的思考；② 光是怎样传播的；③ 光的传播会遇到阻碍吗；④ 光的传播方向会发生改变吗；⑤ 认识棱镜；⑥ 光的反射现象；⑦ 制作一个潜望镜	光类别的识别 光的特性 光的应用	关系、原理
5 年级（下册）	热	① 温度与水的变化；② 水的蒸发和凝结；③ 温度不同的物体相互接触；④ 热在金属中的传递；⑤ 热在水中的传递；⑥ 哪个传递快；⑦ 做个保温杯	材料的导热性 热的传递及其规则 热传递的应用	

续表

教材及学段	单元名称	课题	内容关键词	概念水平
6年级（上册）	能量	① 各种形式的能量；② 调查家中使用的能量；③ 电和磁；④ 电能和磁能；⑤ 电磁铁；⑥ 神奇的小电动机；⑦ 能量从哪里来	能量的形式与转换 能量在生活中的应用	关系、原理
6年级（下册）	物质的变化	① 厨房里的物质与变化；② 产生气体的变化；③ 发现变化中的新物质；④ 变化中伴随的现象；⑤ 地球家园的化学变化；⑥ 生命体中的化学变化；⑦ 美丽的化学变化	物质的变化 物质变化规律的应用	

5. 注重科学史的渗透

科学史是沟通科学和人文两大领域的桥梁。学习科学史有助于学生理解科学的本质，也有助于学生培养和提升科学素养。多个版本的小学科学教材都在“情境导入”“材料阅读”“小组讨论”等模块中渗透了科学史的相关内容。例如，教科版和苏教版的小学科学教材均在“磁铁”这个主题中讲述了指南针的发展史。

不同版别教材的编写特色

每一套成熟的教材都有其鲜明的编写特色。市面上的小学科学教材有多个版本，下面简要介绍常见的4种版别教材的编写特色。

一、人教-鄂教版教材的特色

人教-鄂教版小学科学教材按照儿童生活经验圈的不断扩大，以“家庭—学校—家乡与祖国—地球与宇宙”为脉络，由简单到复杂、由易到难、由具体到抽象地安排教学内容，全套教材的科学概念以两年为一个周期按照螺旋式进阶的逻辑进行设计。这种安排符合学生的认知特点和认知规律，有利于学生循序渐进地探究和学习科学知识。

二、教科版教材的特色

教科版小学科学教材采用了科学概念和科学探究能力双螺旋式进阶的编写模式，以“大单元”的形式编排教学内容，以“4个环节”（即聚焦、探索、研讨和拓展）的形式呈现具体的课时内容。

其中，“大单元”围绕多个学科核心概念将散落在不同主题下的科学知识进行重新编排，并以学习情境的形式呈现，能有效地促进学生建立相关的科学概念和科学知识之间的联系。“4个环节”借鉴了学习周期的策略，突显了探究活动的组织过程，可促使学生将注意力转移到对科学知识的理解上来。这种安排符合科学探究活动的特点，也符合学生的认知规律。

三、湘教版教材的特色

湘教版小学科学教材注重发挥科技史在科学素养培养中的作用，将历史上著名的科学家、流传千古的科学探索故事、凝结着前人智慧的科学发明（如日冕、圭表、司南等）等灵活地渗透到教学内容之中，能较好地发挥科技史的教育作用，充分调动学生学习科学知识的主动性。

四、苏教版教材的特色

苏教版小学科学教材的综合程度较高。该套教材以“动手做”理念为指导，以综合主题单元的形式统合各个领域的知识，将知识学习、能力培养与价值观培养有机结合了起来，能有效地引导学生主动探究科学问题。

合作探究

在小学科学教学中渗透科学史的内容，对传承优秀传统文化和增强学生的民族自信心有着怎样的作用？请说说你的看法。

四、物质科学相关内容的教学策略

正确的教学策略有利于教学活动按照既定的方向顺利开展，进而促进教学目标的顺利实现。基于物质科学相关内容的分析结果，小学科学教师应当在物质科学相关内容的教学过程中落实正确的教学理念，灵活选用相应的教学策略。

（一）注重科学探究

“加强探究实践”是《课程标准》明确规定的教学理念，各版本小学科学教材中物质科学相关内容的编排均突显了这一理念。小学科学教师应当在教学过程中切实践行这一理念，紧密围绕学科核心概念及其学习内容引导学生进行科学探究，有效地培养学生的科学实践能力。

提　示

除了科学探究以外，科学游戏、现场考察、科学辩论、模型制作等都是科学学习的有效方式。教师在教学过程中倡导科学探究的同时，也要灵活引导学生使用其他学习方式，切忌将科学探究作为唯一的学习方式。

（二）以学生为主体

学生是教学活动的主体。在物质科学相关内容的教学过程中，小学科学教师应始终以学生为主体，引导学生开展丰富的自主学习活动（如自己查阅资料、主动思考问题、自主探索原因、自己动手制作、积极反思总结等），培养学生自主学习的能力和终身学习科学的意识。

（三）践行 STEM 理念

STEM 理念是一种重实践、跨学科的教育理念。这一理念在《课程标准》和各版本教材中都有所体现。它要求小学科学教师在教学过程中面对现实中的具体问题或项目，探究解决问题的思维和方法，强调科学知识的综合运用和学生创新思维的培养。

科学是一门综合性基础课程，物质科学知识与生命科学、地球与宇宙科学、工程与技术方面的相关知识都密切相关，所以小学科学教师应在物质科学相关内容的教学过程中贯彻 STEM 理念，注重培养学生运用多门学科知识解决现实问题的能力，以增强学生对社会和未来的适应性。

（四）重视历史渗透

在物质科学相关内容的教学过程中，小学科学教师应当根据《课程标准》和教材的明确导向，灵活地渗透科技史的相关内容（如科学事件、科学发展历程、科学方法及科学家等），引导学生总结、分析、积累科学实证知识，探究科学本质。

科技史的有效渗透有利于营造轻松的授课氛围，培养学生敢于质疑、勇于探索的科学品质，帮助学生理解科学的本质，鼓励学生进行真理探究，并锻炼学生的自主学习能力和创新思维能力。

第二节　物质科学相关内容的教学实例

一、“发现物体的特征”一课的教学实例

“发现物体的特征”是教科版《科学》1 年级下册第 1 单元“我们周围的物体”的第 1 课，属于与物质科学密切相关的内容。下面是这一课的教学实例。

（一）教学背景分析

1. 课标分析

《课程标准》中，学科核心概念 1 为“物质的结构与性质”，其学习内容 1.1 为“物质具有一定的特性与功能”，要求 1～2 年级的学生“观察并描述物体的轻重、薄厚、颜色、表面粗糙程度、形状等外部特征”，并能“根据物体的外部特征对其进行简单分类”。

2. 教材分析

“我们周围的物体”这一单元可分为 3 个部分，各部分内容的学习要求如下。

第 1 部分（第 1～3 课）：观察生活中常见的物体，学会描述物体的轻重、薄厚、颜色、形状等特征。

第 2 部分（第 4 课）：观察物体的外部特征，并据此对物体进行简单分类。

第 3 部分（第 5～7 课）：观察并描述水的特征，知道有些物质易溶解于水，有些物质难溶解于水；观察并描述空气的特征。

“发现物体的特征”一课属于本单元的第 1 部分。学习该部分内容，可为本单元后续内容的教学奠定基础。

3. 学情分析

1 年级学生已从生活中获得了一些关于物体特征的感性认识，知道物体之间存在某些不同，但通常不懂如何用规范的语言描述物体的特征，也不懂如何寻找不同物体之间的异同。因此，学生需要通过观察活动来丰富感性认知，进而在教师的指导下学会寻找并正确描述物体的特征。

（二）教学目标及重难点

1. 科学观念目标

（1）知道生活中存在许多不同的物体，它们都具有一定的特征。

（2）可以用一些科学词汇描述生活中常见物体的外部特征。（教学重点）

2. 科学思维目标

能依据一些外部特征对常见物体进行比较和分类。

3. 探究实践目标

（1）能利用感官和观察工具（如放大镜等）观察物体。

（2）用两两对比的方法对物体进行观察。（教学难点）

4. 态度责任目标

（1）能在好奇心的驱使下，对事物外部特征产生探究兴趣。

（2）能仔细观察和比较不同的物体，并如实地描述观察到的现象。

（3）愿意使用工具辅助观察物体。

（三）教学用具

玻璃珠、螺母、乒乓球、橡皮、泡沫块、纸片、木块、一次性塑料杯、学生活动手册、班级记录单等。

（四）教学过程设计

1. 聚焦话题

（1）导言：“同学们，你们喜欢玩猜谜语的游戏吗？我来出题，你们猜，好不好？”（出示谜语：“体形有圆又有方，皮肤有白又有黄，发现哪个字写错，马上摇头来帮忙。”）

（学生答出谜底：“橡皮。”）

（2）提问：“你们为什么认为它是橡皮呢？”（引导学生回答）

（学生从橡皮的颜色、形状、用途等方面做出回答）

设计意图 让学生初步感知物体的特征，知道每种物体都有自己的特征，同时培养学生说话时寻求依据的好习惯。

（3）引导：“每个物体都有不同于其他物体的特征，我们要学会发现这些特征。我们身边有许多物体，你能用自己的语言描述一下它们的特征吗？描述完后，让同学们猜猜它们分别是什么。”

（学生每两人一组，根据生活经验描述常见物体的特征，并相互猜对方所描述的物体是什么）

设计意图 通过学生的描述来了解学生观察、比较和描述物体特征的能力，为后续的教学策略提供参考依据。

（4）引导：“我们怎样才能发现物体更多的特征，并将这些特征准确地描述出来呢？这节课我们一起来学习相关内容。”（板书：发现物体的特征）

设计意图 让学生明确这节课的主题。

2. 探索发现

1）观察一个物体

（1）提问：“我们如何发现物体的更多特征呢？”

（学生回答：“要认真观察。”）

（2）追问：“应该怎样观察呢？先回忆一下我们在上学期学习过的观察植物的方法，然后说说如何观察物体的特征。”（提醒学生：在未经教师允许的情况下，不能用嘴巴接触任何物体。）

（学生回答：“用眼睛、鼻子、手等多种感觉器官进行仔细观察。”）

板书：看、闻、摸、掂（再次强调闻物体和摸物体时须经教师允许且必须注意安全）。

设计意图 引导学生通过复习上学期的内容，进一步了解观察方法。

（3）教师出示即将观察的物体，引导学生依次认识 8 种物体：玻璃珠、螺母、乒乓球、橡皮、泡沫块、纸片、木块和一次性塑料杯。

（4）引导：“现在，同学们可以随意选择一个物体进行观察，并用自己的语言描述这个物体的特征。”

（学生选择自己感兴趣的物体进行观察，并描述其外部特征）

（5）学生汇报观察结果，教师总结用于描述物体特征的科学词汇，并将其写到在班级记录单上。

设计意图 促使学生调动所有感官来观察物体的外部特征，如看物体的颜色或形状、摸物体的软硬程度、闻物体的气味等，进而引导学生先用自己的语言描述所观察的物体，以了解学生已经知道的描述性词汇，为后续的“两两对比观察活动”做好准备。

2）观察并比较两个物体

（1）引导：“刚才同学们发现了物体的一些特征。你们还能发现物体更多的特征吗？”

（学生思考如何发现物体的更多特征）

（2）进一步引导：“例如，我们在观察木块的特征时，可以先将木块与乒乓球进行对比，并找出它们的不同之处。我们发现，木块是正方形，乒乓球是圆形，它们的形状不同。所以说，形状是物体的一个特征。这种观察方法叫作‘两两对比观察法’。然后，将木块分别与螺母、橡皮、泡沫块、纸片、一次性塑料杯进行对比，看看你能否发现木块的更多特征。”

（3）随机选择学生，让其回答自己将如何发现木块的更多特征。

（4）将学生分组，每 4 人一组。组织学生通过小组合作的方式对物体进行两两对比，进而发现木块的更多特征。

（学生在教师的指导下开展“两两对比观察活动”）

（5）引导：“怎样详细记录物体的特征呢？让我们先看看活动手册吧！”向学生演示活动手册的使用方法：用投影展示实物，指导学生先填写日期，然后填写记录表格。以木块为例进行示范：将木块与乒乓球进行对比后，发现它们的形状不同。那么，形状就是物体的一个特征，将“形状”一词填写在记录表格上。（向学生强调：① 可以把活动手册最后一页词汇表上的词汇剪下来，然后粘贴到记录表格的相应位置上，如果直接填写，那么不会写的字就用拼音代替；② 边观察边记录，建议按照“颜色—形状—气味—是否透明—粗糙程度—轻重”的顺序，但不强调一定要按照这个顺序。）

设计意图 在利用活动手册记录物体的特征的过程中，学生在文字书写方面会存在一定的困难。因此，他们需要教师的指导和示范。通过指导，教师可以让学生掌握一边比较一边记录的观察方法，并认识到记录结果时必须实事求是。

3. 交流评价

（1）请学生展示并介绍“我的记录”。

（2）让学生相互评价关于物体特征的记录是否准确。

（3）教师小结：“记录时，要保证信息真实、准确。”

设计意图 一方面，培养学生的表达能力；另一方面，进一步巩固学生对物体特征的科学认识，引导学生通过“准不准”的标准来评价自己和他人的记录，进而认识到科学记录应当真实、准确。

（4）向学生出示班级记录单，引导他们针对班级记录单上的信息展开交流。在学生相互交流的过程中，教师对班级记录单的相关信息进行补充。

（5）提问：“通过观察我们的班级记录单，你们有什么发现？”

（学生展开讨论）

（6）教师总结：“通过两两对比观察，我们能够发现物体更多的特征。”

（7）组织小活动：“通过对比观察活动，我们对木块已经非常熟悉了。谁来描述一下木块的特征？比一比，看谁描述得最好。”

（学生纷纷描述木块的特征）

设计意图 考查学生是否学会了利用多个感觉器官和两两对比观察法来观察物体的特征，以及学生能否更加全面、准确地描述物体的特征。

4. 拓展延伸

（1）提问：“谁来说说我们怎样才能发现物体的更多特征？”

（2）追问：“要想更全面、更准确地描述物体的特征，应该怎么做？”

（3）拓展引导：“课后，同学们可以根据物体的特征编一些小谜语，然后让别人猜谜底。”

设计意图 促使学生学以致用，引导学生通过编谜语的方式锻炼观察能力和表达能力。

板书设计

“发现物体的特征”一课的板书设计如图 5-5 所示。

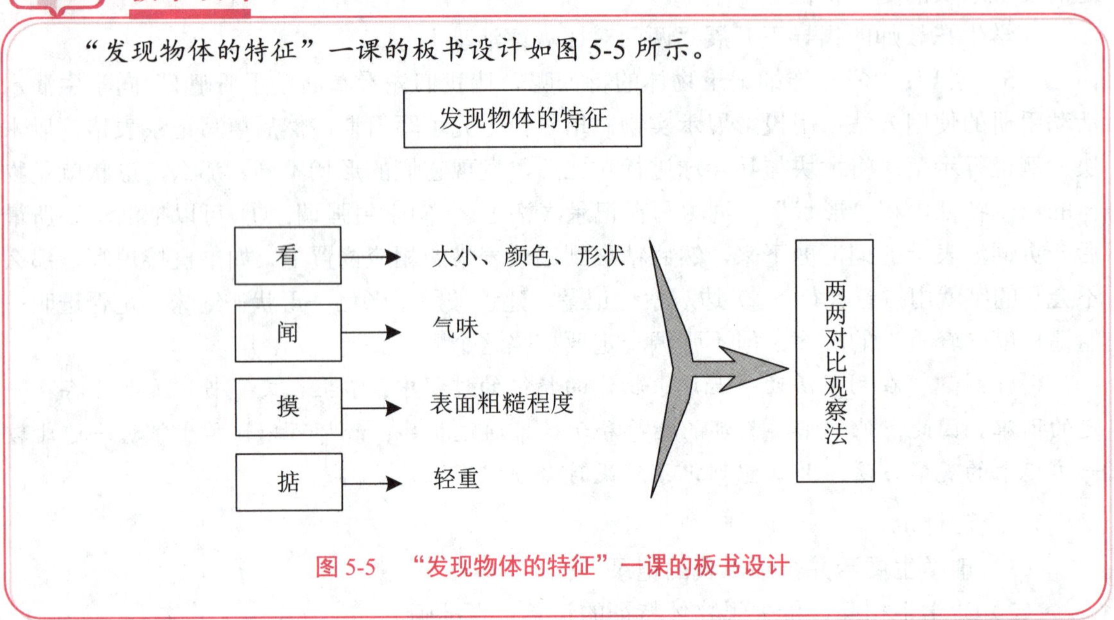

图 5-5 “发现物体的特征”一课的板书设计

二、“简易电路”一课的教学实例

教学实例：简易电路

“简易电路”是教科版《科学》4 年级下册第 2 单元“电路”的第 3 课，属于与物质科学密切相关的内容。下面是这一课的教学实例。

（一）教学背景分析

1. 课标分析

《课程标准》中，学科核心概念 3 为“物质的运动与相互作用”，其学习内容 3.2 为“电磁相互作用”，该学习内容包含电现象、磁现象和电磁相互作用 3 个方面。其中，关于电现象的具体学习内容如下：① 电路是包括电源在内的闭合回路，电路的通断可以被控制；② 有的材料容易导电，而有的材料不容易导电；③ 电是重要的能源，但有时也具有危险性。

这 3 项具体学习内容要求 3～4 年级学生“知道电源、导线、用电器和开关是构成电路的必要元件”，能“说明形成电路的条件”，明确“切断闭合回路是控制电流的一种方法”，“知道有些材料是导体，容易导电；有些材料是绝缘体，不容易导电”，能“列举电的重要用途”，并“知道雷电、高压电、家庭电路中的交流电会对人体产生伤害，知道安全用电的常识”。

2. 教材分析

“电路”这一单元可以分为 3 个部分，各部分内容的学习要求如下。

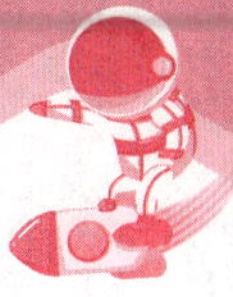

第 1 部分（第 1 课）：了解电在生活中的应用，知道电与生活有着紧密联系。

第 2 部分（第 2～7 课）：了解某些材料的导电性，知道电源、导线、电器和开关是电路的必要元件，理解电路的形成条件，知道导体和绝缘体，能解释切断闭合回路是控制电路的一种方法。

第 3 部分：（第 8 课）：模拟安装照明电路，能列举电的重要用途，知道电的危险性和安全用电的常识。

“简易电路”这一课属于第 2 部分，第 2 部分的第一课“点亮小灯泡”已经简要介绍了电路的相关知识，可为“简易电路”这一课内容的学习做铺垫；与此同时，“简易电路”这一课内容的学习可以为第 2 部分后续课时内容和第 3 部分课时内容的学习奠定基础。

3. 学情分析

4 年级的学生知道材料具有一定的性能，但不知道哪些材料具有导电性，也不知道它们的主要用途；他们已经获得了一些关于电的实际应用的感性认识，但不知道电路的必要元件、电路形成的条件和控制电路的方法，也不知道哪些类型的电会对人体造成伤害。因此，学生需要通过探究活动来认识电路的必要元件，理解电路形成的条件和控制电路的方法，进而在教师的指导下安装模拟照明电路。

（二）教学目标及重难点

1. 科学观念目标

（1）知道能够点亮小灯泡的电路是一个闭合回路。

（2）知道一个简单电路需要一个能持续提供电能的装置——电池。

（3）知道简单的电路是由导线、电池、灯泡和开关组成的，并能准确说出各个部分的作用。（教学重点）

（4）知道开关能控制电路中的电流的通和断，开关闭合时电路就通了，开关断开时电路就断了。

（5）理解电从电池的一端经过导线和电器返回到电池的另一端，就形成了一个完整的电路。

（6）能辨别导体和绝缘体，知道安全用电的常识。

2. 科学思维目标

能利用简单电路比较不同材料的导电性。

3. 探究实践目标

（1）学会观察、描述和记录与电路有关的实验现象。

（2）能用简易符号表示一个简易电路的不同部分。（教学重点）

（3）能用电池盒、灯座、开关等简单元件连接简易电路，进而点亮小灯泡。（教学难点）

4. 态度责任目标

（1）能激发对电现象的探究兴趣，在探究过程中如实描述现象并做好记录。

（2）在动手连接简易电路的过程中，能耐心操作，反复检查。

（3）关注电在生活中的应用及重要性。

（三）教学用具

小灯座、电池盒、开关、电池、导线、小灯泡、科学活动手册、课件等。

（四）教学过程设计

1．聚焦话题

（1）导言："请同学们回顾上一节课我们是怎样点亮小灯泡的，并思考小灯泡和电池的连接点在哪里，电流是如何通过小灯泡的。由此，我们可以进一步思考电路是由什么组成的。"

（学生回顾上一节课的内容，并思考老师提出的问题）

（2）提问："我们能自己组装一个电路吗？"（引导学生回答问题）

（学生根据自己的认知各抒己见，教师板书课题：如何组装一个电路）

设计意图 将话题聚焦到"如何组装一个电路"的话题上。

2．探索实验

1）组装一个电路

（1）引导："为了发现电路的更多秘密，我们先用电池盒和灯座分别把电池和小灯泡固定下来。"固定电池和小灯泡的步骤如图 5-6 所示。

（指导学生把电池装入电池盒，把小灯泡安装到灯座上）

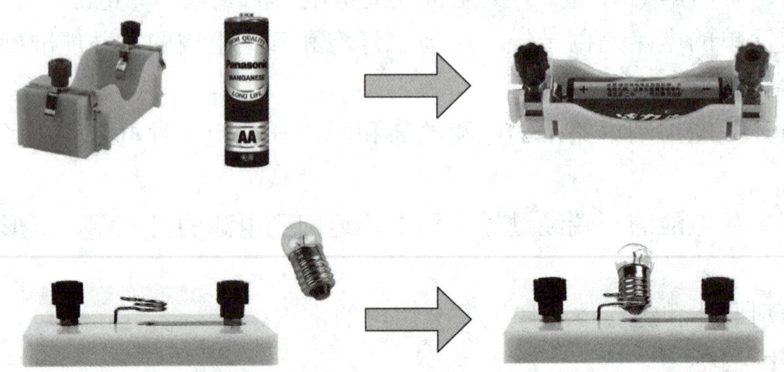

图 5-6 固定电池和小灯泡的步骤

（2）指导："在电池盒的两端各连接一根导线，然后将这两根导线的另一端接到灯座的接线柱上，让小灯泡亮起来。"同时强调："在这一步操作中，一定要确定小灯泡亮起来了，否则我们在后续操作中还需要回头检查电池盒的安装情况。"图 5-7 为连接电池盒和灯座的示意图。

（学生用导线把电池盒和灯座连接起来，并确保小灯泡亮起来）

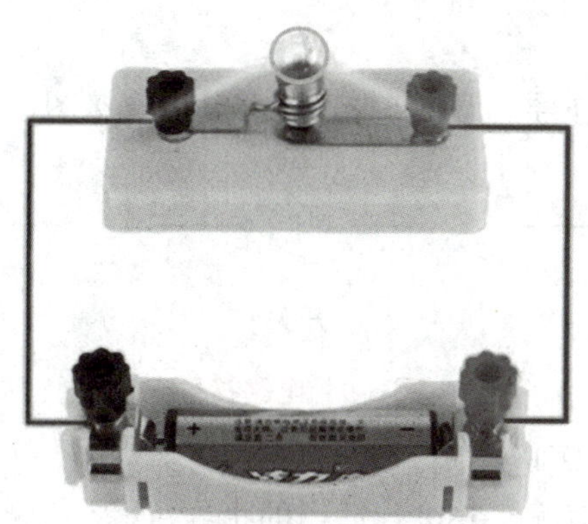

图 5-7 连接电池盒和灯座的示意图

设计意图 通过引导学生动手组装电路，让他们明确电路的组成部分。

（3）小结：“通过上述操作，一个简易的电路就组装完成了。但是，我们发现：这个电路中的小灯泡一直亮着。怎样才能随心所欲地控制小灯泡，让它亮起来或熄灭呢？我们需要一个开关。”

（引导学生思考问题，并寻求答案）

2）在电路中安装开关

（1）引导学生将开关连接到电路中，然后指导他们探索如何利用开关控制电路的通和断。连接了开关的电路如图 5-8 所示。

（学生动手操作，将开关连接到自己的电路中，并使用开关控制电路。在这个过程中，学生需要仔细探索如何利用开关控制电路的通和断）

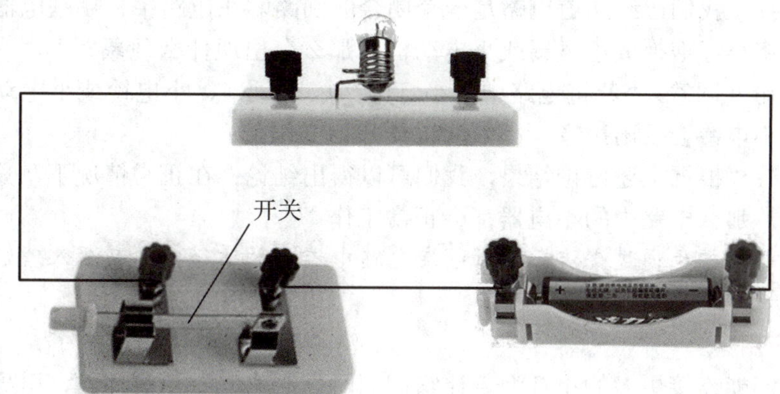

图 5-8 连接了开关的电路

（2）预设：电路开关闭合，使得两根导线连接在一起，电路就通了；开关断开，使得导线断开，电路就断了。

板书：开关的作用——闭合开关，电流接通；断开开关，电流断开。

设计意图 让学生通过在电路中安装开关，认识到电流是可以被控制的。

3）画电路连接图

（1）指导学生用电路符号（见图 5-9）画出电路连接图，并且标出电流的路径。

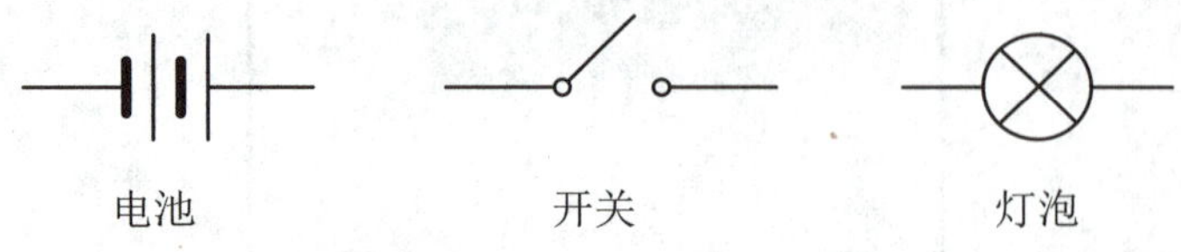

图 5-9 电路符号

（学生在老师的指导下画电路图）

（2）巡视学生的画图情况，并进行适当的指导。

（3）组织学生展示各自画出的电路连接图并相互交流，评价学生的电路连接图是否正确，并加以验证。

（学生画电路连接图并进行交流）

（4）小结："我们刚才动手组装了一个完整的电路，并画出了电路连接图。通过这些活动，我们知道了构成电路的元件主要有电池、开关、小灯泡和导线。要想让小灯泡亮起来，就必须组装一个闭合电路。"

设计意图 让学生掌握用简易符号绘制电路的方法。

3. 深入研讨

（1）提问："在电路中，电是持续流动的。你认为电流动的路径是怎样的？"（组织学生交流讨论）

（学生讨论并回答："电流从电池的一端经导线流出，先通过小灯泡，再回到电池的另一端，形成一个完整的回路，小灯泡就会亮起来。"）

（2）提问："我们已经知道电路是一个闭合的回路。在电路中，哪些电器元件是必备的？如果我们将小灯泡换成小风扇或小电动机，那么会出现什么现象？"

（学生讨论并回答："若将电路中的小灯泡换成小风扇、小电铃或小电动机，那么小风扇会转动，小电铃会发出声音，小电动机会开始工作。"）

（3）小结："根据上述讨论结果，我们可以得出结论：在正常情况下，只要电路是一个闭合的回路，那么电路中的小电器都会正常工作。"

设计意图 让学生通过交流，探讨电在电路中流动的路径，进而深入理解电路是一个闭合电路。

4. 拓展应用

通过"我们能连接更多的小灯泡，让它们同时亮起来吗？"等问题，引导学生拓展和应用所学知识。

板书设计

"简易电路"一课的板书设计如下。

（1）简易电路：电池、导线、电器和开关。

（2）开关的作用：闭合开关，电流接通；断开开关，电流断开。

三、“电磁铁”一课的教学实例

“电磁铁”是教科版《科学》6 年级上册第 4 单元“能量”的第 5 课，属于与物质科学密切相关的内容。下面是这一课的教学实例。

（一）教学背景分析

1. 课标分析

《课程标准》中，学科核心概念 4 为“能的转化与能量守恒”，其学习内容 4.1 为“能的形式、转移与转化”，该学习内容主要包含能的形式、物体的热胀冷缩、热能的测量方法和传递方式、不同形式的能的相互转化、能量守恒定律等。其中，与“电磁铁”相关的具体学习内容如下：① 自然界中的能量存在多种表现形式；② 一种形式的能量可以转换为另一种形式。

这两项具体学习内容要求 5～6 年级的学生“知道动能、声能、光能、热能、电能、磁能等都是能的形式，了解这些能的相互转化现象”。

2. 教材分析

“能量”这一单元可以分为 3 个部分，各部分内容的学习要求如下。

第 1 部分（第 1～2 课）：了解自然界中存在的多种能量形式，调查和说明生活中哪些器材、设备或现象中存在各种能量的转换。

第 2 部分（第 3～5 课）：了解电和磁、电能和磁能、电磁铁的相关知识，以及电能和磁能在生活中的应用。

第 3 部分（第 6～7 课）：知道人类的生活离不开能源，以及太阳能是生活中可以利用的能源；知道煤炭、石油、天然气是目前人类利用规模最大的能源，以及它们的形成与太阳能有关。

“电磁铁”这一课属于第 2 部分，第 2 部分的第 1 课“电和磁”和第 2 课“电能和磁能”已经简要介绍了电和磁的基础知识，可以为“电磁铁”这一课的学习做铺垫；与此同时，“电磁铁”这一课内容的学习可以为第 3 部分课时内容的学习奠定基础。

3. 学情分析

6 年级的学生已经对能量形成了一定的感性认识，能够描述磁铁对铁、镍等材料的吸引作用，并知道磁铁的特性，以及电和磁之间、电能和磁能之间的关系。但是，他们不知道电磁铁的形成条件和特性。在教学过程中，学生需要通过探索活动来认识电磁铁的特性和应用。

（二）教学目标及重难点

1. 科学观念目标

（1）知道电磁铁的磁力大小是可以改变的。

（2）能举例说明电磁铁的磁力大小与线圈匝数有关：线圈匝数越多，磁力越大；线圈匝数越少，磁力越小。

（3）能举例说明电磁铁的磁力大小与电流大小有关：电流越大，磁力越大；电流越小，磁力越小。

2. 科学思维目标

（1）能简单地解释电能与磁能相互转化的现象。（教学重点）

（2）能理解磁场对通电导线产生作用的规律。

3. 探究实践目标

（1）能够根据所给材料制作电磁铁。

（2）能够有一定依据地进行假设，识别可能影响电磁铁磁力大小的因素。（教学重点）

（3）学会通过控制变量来检验线圈匝数的多少、电流的大小对磁力大小的影响。（教学难点）

（4）能用实验数据论证自己的观点。

4. 态度责任目标

（1）能够用严谨的科学态度做检验假设的实验，搜集可靠的证据，不随意涂改数据。

（2）体会合作学习的必要性，乐于分享自己的实验成果，善于借鉴他人的实验数据来支撑自己的观点。

（3）关注电磁铁在生产生活中的广泛应用。

（三）教学用具

大铁钉、导线、回形针、电池、电池盒、空纸盒、指南针、PPT 等。

（四）教学过程设计

1. 新课导入

（1）游戏导入："上课前，我们一起来做一个小游戏。桌上有两个盒子，一个盒子中装有回形针（通过提问引导：回形针的材质是铁），另一个盒子是空的。在不接触回形针的情况下，我们可以采用什么办法将回形针转移到空盒子里去呢？"

（学生回答："用磁铁吸住回形针，将其转移到空盒子里去。"）

（2）邀请演示："请同学们上台来演示一下转移回形针的过程。"

（学生上台演示，并发现问题：回形针被磁铁吸引住以后，如果不用手接触回形针，就无法将其取下来放入空盒子中）

（3）聚焦话题："老师这里有一个工具，老师可以用这个工具随意吸引、放下回形针。大家想不想认识这种工具，并动手把它制作出来？"

（学生回答："想。"）

（4）使用电磁铁吸住、放下回形针，同时提醒学生注意观察："这种工具在什么时候吸住了回形针，又在什么时候放下了回形针？"

（学生回答："通电的时候，这种工具就吸住了回形针；断电的时候，这种工具就放下了回形针。"）

（5）引出课题：“这种工具在通电的时候就能像磁铁一样，所以我们给它起了个名字叫‘电磁铁’。”（板书：电磁铁）

设计意图 让学生认识到磁铁在应用中的缺点，并引导他们思考如何制作一种可以控制磁力的工具，以便将他们的注意力集中到电磁铁上来。

2. 探索实验

1）制作电磁铁

（1）引导：“科学家知道电可以产生磁以后，继续进行研究：他们让电流通过弯成各种形状的导线，其中一种就是把导线绕成螺线管再通电。研究发现，当螺线管内插入铁芯时，铁芯会被磁化，且磁力大大增强。就这样，科学家发明了电磁铁。接下来，我们一起制作一个电磁铁，并通过电磁铁进一步理解电能与磁能的相互转化现象吧。”

（2）用 PPT 播放制作电磁铁的视频，引导学生观察制作材料和制作过程，并展示电磁铁线路示意图（见图 5-10）。

（学生了解制作电磁铁所需要的材料，并仔细观察电磁铁的制作过程）

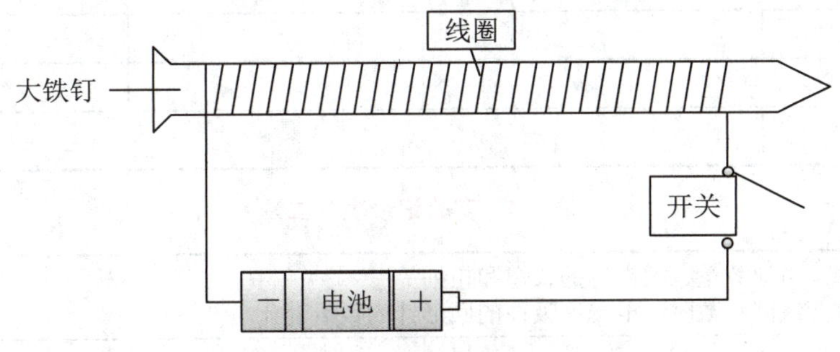

图 5-10 电磁铁线路示意图

（3）引导学生分组讨论制作电磁铁的具体方案和注意事项。

（学生结合 PPT 视频内容讨论制作方案）

（4）分发实验材料，并提醒：“导线应沿着同一个方向缠绕在大铁钉上；导线的两端要用砂纸擦亮；导线接通电池的时间不要超过 3 秒；电磁铁制作完成后，尝试能否用电磁铁将回形针从一个盒子移到另一个盒子里去。”

（学生每 4 人一组，以小组为单位制作电磁铁）

（5）巡回查看各小组的制作情况，并适时地给予指导和帮助。

设计意图 让学生掌握制作电磁铁的方法，并了解电磁铁的基本特征。

2）分析电磁铁的磁力大小

（1）提问：“在制作电磁铁的过程中，有些小组用电磁铁吸住的回形针比较多，而有些小组吸住的比较少。那么是什么因素导致电磁铁的磁力大小不一样呢？”

（学生思考问题，并相互讨论）

（2）组织学生讨论：“我们可以从实验装置出发，来识别影响电磁铁磁力大小的因素。电磁铁由电池、大铁钉和线圈 3 个部分组成。这 3 个部分的哪些变化会影响电磁铁的磁力大小呢？”（引导：电池的哪些变化会影响电磁铁的磁力大小？线圈的哪些变化会影响电磁铁的磁力大小？大铁钉的哪些变化会影响电磁铁的磁力大小？）

（学生分组展开讨论，并各自预测影响磁力大小的因素）

（3）小结：“我们从电磁铁的结构出发，找到了可能影响电磁铁磁力大小的相关因素。这样有利于我们在后续实验过程中控制变量和记录实验数据。”

设计意图 通过提问引导学生识别影响电磁铁磁力大小的相关因素，为后续的变量控制实验做铺垫。

（4）引导：“请同学们通过分组实验来验证自己的猜想。实验时应注意：每次只能改变一个影响因素。在实验过程中，将实验数据如实记录在表 5-3 和表 5-4 中。”

（学生分组实施实验，并如实填写实验记录表）

表 5-3　实验记录表（一）

保持不变的条件：线圈匝数、大铁钉的长短和粗细等 观察的现象：改变电池数量时，电磁铁吸住的回形针的数量变化			
电池的数量/块			
回形针数量/个			
数据结果说明			

表 5-4　实验记录表（二）

保持不变的条件：电池数量、大铁钉的长短和粗细等 观察的现象：改变线圈匝数时，电磁铁吸住的回形针的数量变化			
线圈的匝数/圈			
回形针数量/个			
数据结果说明			

（5）指导学生根据实验数据归纳出结论。

（学生分组回答自己的结论）

（6）小结：“通过实验，我们可以得出结论：电磁铁磁力的大小既与电池数量（电流大小）有关，也与线圈匝数有关。”

3）研究电磁铁的南北极

（1）提问：“我们知道，电磁铁通电后就像磁铁一样有磁性。磁铁有南北极，那么电磁铁有没有南北极呢？”

（学生思考问题，并尝试回答问题）

（2）引导：“假设电磁铁有南北极，那么我们应该如何判断电磁铁的南北极呢？”

（学生讨论并回答：“用指南针的南极靠近电磁铁的一端，相互吸引的是异极，相互排斥的是同极。”）

（3）提问：“如何改变电磁铁南北极方向呢？”

（学生分组讨论，并说出各自的猜想）

（4）引导：“我们可以通过改变电池正负极的接入方向和线圈缠绕的方向来验证猜想。请同学们通过实验验证各自的猜想，并如实填写实验数据。”

（学生分组操作实验，并记录实验数据）

（5）小结：“电磁铁也有南北极。改变电池正负极的接入方向，或者改变线圈缠绕方向，可以改变电磁铁的南北极。”（板书：改变电池正负极方向或线圈缠绕方向，可改变电磁铁的南北极）

设计意图 引导学生通过实验探究了解电磁铁两极的相关知识，使其加深对电磁铁特性的认识，从而进一步理解电能与磁能相互转化的现象。

3. 回顾反思

（1）谈话：“回顾今天的学习过程，与以往识别控制变量的实验相比，今天我们又快又准地找到了相关变量。这是为什么？”

（学生思考、讨论，并发表自己的看法）

（2）小结：“从实验材料出发，识别和控制变量，这样既准确又不容易遗漏。在一些控制变量的实验中，我们可以试着采用这种方法识别变量。”

设计意图 引导学生将所学知识应用到其他情境，并锻炼其举一反三的能力。

4. 拓展应用

（1）拓展 1：“电磁铁的磁力大小还与哪些因素有关？请同学们课后做进一步的研究。”

（2）拓展 2：“由于电磁铁的磁力和磁极可以人为地控制，所以电磁铁在生产和生活中的作用很大。请同学们课后查阅相关资料，看看人们在生产和生活中的哪些地方用到了电磁铁。”

（3）拓展 3：“今天你们有什么收获？还想研究电磁铁的哪些奥秘？请同学们在课后互相交流讨论。”

板书设计

“电磁铁”一课的板书设计如下。

电磁铁的性质：① 接通电流产生磁性，切断电流磁性消失；② 有南北极，南北极与电池正负极连接方法、线圈缠绕方向有关。

实践活动

活动内容

以教科版《科学》（2019 年版）4 年级上册第 3 单元“运动和力”中第 6 课“运动的小车”为课题，设计教学方案。

活动目标

通过设计教学方案，熟悉物质科学方面的学科核心概念、学习内容和学段目标，并根据具体教学内容运用相应的教学策略。

活动过程

（1）每 5 人一组，小组成员合理分工，合作设计“运动的小车”这一课的教学方案。

（2）结合《课程标准》分析“运动的小车”这一课题所涉及的主要概念和相应的学段目标。

（3）结合《课程标准》分析“运动的小车”这一课题在教材知识体系中的位置和作用，确定具体的教学内容。

（4）结合《课程标准》和教科版教材分析 4 年级学生的认知能力，并确定四维教学目标。

（5）根据教学内容设计具体的教学活动，并按照一定的逻辑编排这些教学活动。

（6）根据“运动的小车”的内容特点和具体教学活动的安排，选用合适的教学策略和教学方法。

（7）合理设计教师和学生在整个教学过程中的主要行为，并写明设计意图。

（8）各小组将各自的教学方案系统、直观地呈现出来。

活动评价

授课教师可参考表 5-5 对实践活动进行评价。

表 5-5　活动评价表

评价标准	完成情况（优、良、中、差）	教师点评
能准确地分析课题所涉及的主要概念和相应的学段目标		
能准确地分析课题在教材知识体系中的位置和作用		
确定的教学内容和教学目标与学生的认知能力相适应		
具体的教学活动与教学内容联系紧密，且活动的编排顺序合理		
对教师和学生在整个教学过程中主要行为的设计合理，且设计意图明确		
具体的教学内容和所选用的教学方法能够较好地引导学生建构新的知识体系		

第六章

生命科学相关内容教学

学习目标

知识目标

- 了解生命科学相关内容的教学价值。
- 明确生命科学相关内容的教学目标。
- 熟悉生命科学相关内容的主题与特点。

技能目标

- 能深入分析生命科学的相关内容，并结合实际情况分析教材内容和学情。
- 学会灵活运用生命科学相关内容的教学策略。

素养目标

- 深刻理解生命科学对人类生存、健康及社会发展的重大意义。
- 自觉践行以身作则的理念，率先垂范，树立关爱生命、保护环境的意识。

案例导入

小学科学教师李老师即将为小学4年级学生上一节生命科学相关内容的科学课，课题名称为“种子长出了根”。这一课是教科版《科学》4年级下册第1单元“植物的生长变化”的第3课。在熟悉了本节课的教学内容后，李老师明确了教学中需要引导学生用适宜的方法记录、交流所观察到的现象，了解植物的根的生长规律及根在植物生存中发挥的作用，增强环境保护意识。

为了使课程内容和教学方法更好地适应学生的思维发展和认知特征，切实提高学生的学习效率，李老师分析并梳理了《课程标准》中与本节课相关的重要概念和课程目标。根据《课程标准》的规定，小学3～4年级学生应能举例说出植物通常会经历由种子萌发成幼苗，再到开花、结出果实和种子的过程。

之后，李老师先分析了“种子长出了根”一课在整套教材中所处的位置和所应发挥的作用，明确了这一课在小学科学课程中所处的学段要求；然后分析了“种子长出了根”这一课在本册教材“植物的生长变化”这一单元中的位置和作用，结合4年级学生的思维发展水平和认知能力，确定了本节课的课时教学目标。

“种子长出了根”一课的课时教学目标分为以下4个方面。

（1）科学观念目标：知道植物的根总是向下生长的；了解到植物的根有吸收水分的作用，并能将植物固定在土壤中；知道不同植物的根的形态特征各不相同，它们在维持植物的生存中发挥的作用也不同。

（2）科学思维目标：学会比较、分析植物生存需要的条件和动物生存需要的条件之间的差异。

（3）探究实践目标：用适宜的方法记录、交流所观察到的现象；探究种子的萌发所需要的条件（教学难点）；用观察、实验的方法验证推测；在教师的指导下开展“根吸收水分”的实验（教学重点）。

（4）态度责任目标：激发观察植物生长变化的兴趣；树立科学要讲求实证的意识；认识到植物与人类的关系，知道保护植物有利于人类的生存与发展。

为了顺利开展教学活动，李老师在确定教学目标的同时准备了本节课所需的教学工具：种植在玻璃杯里的凤仙花种子、试管、水、食用油、有根有叶的小植物、学生活动手册、PPT等。结合本节课的内容特点、教学工具和4年级学生的认知规律，李老师确定了本节课的教学方法（包括观察法、实验法、讨论法和自主探究法）。

对于整个教学活动的开展，李老师计划按照以下4个步骤进行。

（1）聚焦话题。首先展示在“种植凤仙花”一课中种植的凤仙花种子，并出示种子萌发过程中的拍照记录或图画记录，然后引导学生展示自己对凤仙花种子萌发过程的观察记录并描述种子发芽的过程，激发学生对种子萌发过程的探索欲。

（2）实验探究。先引导学生猜测根在植物生长过程中的作用，然后通过实验验证猜测；在实验过程中，注意提醒学生围绕植物的哪些变化展开观察，并指导他们将

观察结果记录下来；实验结束后，组织学生交流实验结果。（这个实验的开展需要几天的时间，学生须定期观察、记录）

（3）深入研讨。引导学生通过观察实验过程及实验结果探索植物的根的生长方向、根的作用等，并以生活中的一些现象为依据进行说明，使学生将所学内容迁移到日常生活中。

（4）拓展延伸。课程结束后，引导学生从以下几个方面继续探索植物的根：① 课后了解更多关于植物根的知识；② 制作不同植物的根的标本；③ 搜集更多的根的图片并归纳这些根的异同；④ 继续观察植物吸水的实验，探索水的去向。

你知道生命科学方面的教学内容有哪些吗？这些教学内容对不同学段学生的具体要求分别是怎样的？李老师对"种子长出了根"这一课的教学设计是否有不合理之处？该教学设计采用了哪些教学策略和方法？在教学实践中，优秀的科学教师是如何设计生命科学相关内容的教学过程的？下面，就让我们一起学习本章内容，进而揭晓上述问题的答案。

第一节 生命科学相关内容的分析与教学

一、生命科学相关内容的教学价值

生命科学方面的内容之所以成为小学科学课程的主要组成部分，是由生命科学的重要性决定的。在小学科学教学中，生命科学的相关内容主要具有以下 3 个方面的教学价值。

（一）增强学生的生命意识

生命科学方面的内容包括生物的多样性和共同性、生物的生存条件、人类的健康生活、生物与环境等。在学习这些内容的过程中，学生可以认识到生命世界里有动物、植物、微生物等多种生物类群，知道生物的生存和延续需要一定的条件，认识到生物之间、生物与环境之间相互依赖且相互影响，从而初步形成生物体的结构与功能、局部与整体、多样性与共同性相统一的观点，形成热爱动植物和保护环境的情感与意识。

与此同时，在生命科学相关内容的教学过程中，学生有机会融入大自然，接触到各种各样鲜活的生命，可以在教师的引导下通过各种生命观察活动和实验活动，充分认识自然生命现象和自然规律，了解生命的起源和本质，领悟自然生命的存在价值，从而懂得敬畏生命、热爱生命，学会保护脆弱的生命。

（二）提高学生的科学素养

生命科学方面的内容可划分为 4 个部分：生命系统的构成层次，生物体的稳态与调节，生物与环境的相互关系，生命的延续与进化。通过学习这些内容，学生可以了解生命世界的基本事实、基本规律和生命科学的基本原理，获得有关健康生活模式的概念，掌握生物学领域的基本实验技能，并在积极参与科学探究的过程中，养成以证据推理为核心的理性思维习惯；可以理解人类活动对生物圈产生的多方面的影响，关注生命科学技术的发展和应用对个人生活和整个社会的影响；可以形成积极的科学态度，并能运用所学知识解释一些现象，解决生活中的相关问题；等等。这都有利于提高学生的科学素养。

（三）培养学生的探究习惯

生命科学相关内容的教学可以让学生充分体验科学探究的乐趣，领略生命世界的精彩。这种乐趣和精彩能充分调动学生的积极性，让其在学习过程中主动探究生命科学知识。同时，学生可以在教师的启发、引导和鼓励下，通过自主观察、实验、分析、猜测、合作、验证、推理、交流等活动培养自主探究的能力，并养成良好的探究习惯。

在学生的探究学习过程中，教师的引领和指导作用是必不可少的。那么，教师应如何做到适时适度地发挥作用呢？

二、生命科学相关内容的学段目标

《课程标准》在规定科学课程总目标的基础上，分别从科学观念、科学思维、探究实践和态度责任 4 个方面对生命科学相关内容的学段目标做了详细规定。在生命科学相关内容的教学过程中，小学科学教师首先应当明确学段目标的具体内容，进而据此制订符合实际情况的教学目标。

以“科学观念”维度的学段目标为例，《课程标准》对生命科学相关内容的学段目标做了进阶设计。生命科学相关内容的科学观念学段目标如表 6-1 所示。

表 6-1　生命科学相关内容的科学观念学段目标

学段目标维度	学段目标内容		
	1～2 年级	3～4 年级	5～6 年级
科学观念	认识周边常见的植物和动物，能简单描述其外部主要特征和生长过程；知道植物和动物的生存需要环境条件	能区分植物和动物的主要特征，并能对植物和动物进行简单分类；认识植物的某些结构、动物的某些结构与行为具有维持自身生存的功能；认识生物通过生殖、发育实现生命的延续	认识细胞是生物体结构的基本单位；初步认识生物体的结构层次，以及形态结构与功能的关系；简单描述生物与生物之间、生物与环境之间相互依存的关系，以及生物的多样性和进化现象

通过上述学段目标可以看出，在生命科学相关内容的教学过程中，《课程标准》对不同学段的学生提出了不同的要求：1～2 年级的学生只需要认识常见动植物的外部特征；

3～4 年级的学生需要知道动植物的主要组成部分及其功能、生命周期、生殖发育和简单分类；5～6 年级的学生应当了解生物体的结构层次，明确动植物之间、动植物与环境之间的相互依存关系，以及生物的多样性和进化现象。3 个学段目标的进阶符合小学生心理发展和思维能力发展的规律。

在科学思维、探究实践和态度责任的维度，《课程标准》同样对生命科学相关内容的学段目标做了进阶设计，此处不再详述。在教学实践中，小学科学教师应当根据学段目标的进阶规律设计和开展教学活动。

三、生命科学相关内容及其教学分析

《课程标准》规定，小学科学课程有 13 个学科核心概念，其中，生命科学方面的学科核心概念有 4 个。每个学科核心概念包括多项学习内容，每项学习内容对应着一定的内容要求。在不同版本的小学科学教材中，这些学科核心概念及其涉及的学习内容会以不同的形式予以呈现，并按照不同的逻辑进行编排。小学科学教师在开展教学活动时，应当将《课程标准》明确规定的学科核心概念和学习内容研究透彻，并系统地分析教材的相关内容和内在逻辑。

（一）学科核心概念及其学习内容

生命科学方面的学科核心概念及其学习内容如下。

1. 学科核心概念 5

学科核心概念 5 为“生命系统的构成层次”。这一概念主要包括以下 6 项学习内容。

5.1 生物具有区别于非生物的特征。

5.2 地球上存在动物、植物、微生物等不同类型的生物。

5.3 细胞是生物体结构与生命活动的基本单位。

5.4 生物体具有一定的结构层次。

5.5 人体由多个系统组成。

5.6 生态系统由生物与非生物环境共同组成。

“生命系统的构成层次”的学习内容之间有着内在联系，其结构关系如图 6-1 所示。

在生命世界中，存在着无数种生物，包括动物、植物、微生物等。绝大多数生物都是由细胞构成的，细胞是生物体结构和功能的基本单位。生命世界的层次非常明确，这些层次相互依赖，相互影响。从微观角度来看，每个生物体都具有一定的结构层次，即“细胞—组织—器官—系统—个体”；人体由多个系统组成。从宏观角度来看，整个生命系统都具有一定的构成层次，即“个体—种群—群落—生态系统—生物圈”。除了生物之外，自然界还存在非生物环境。生物和非生物环境共同组成了生态系统。

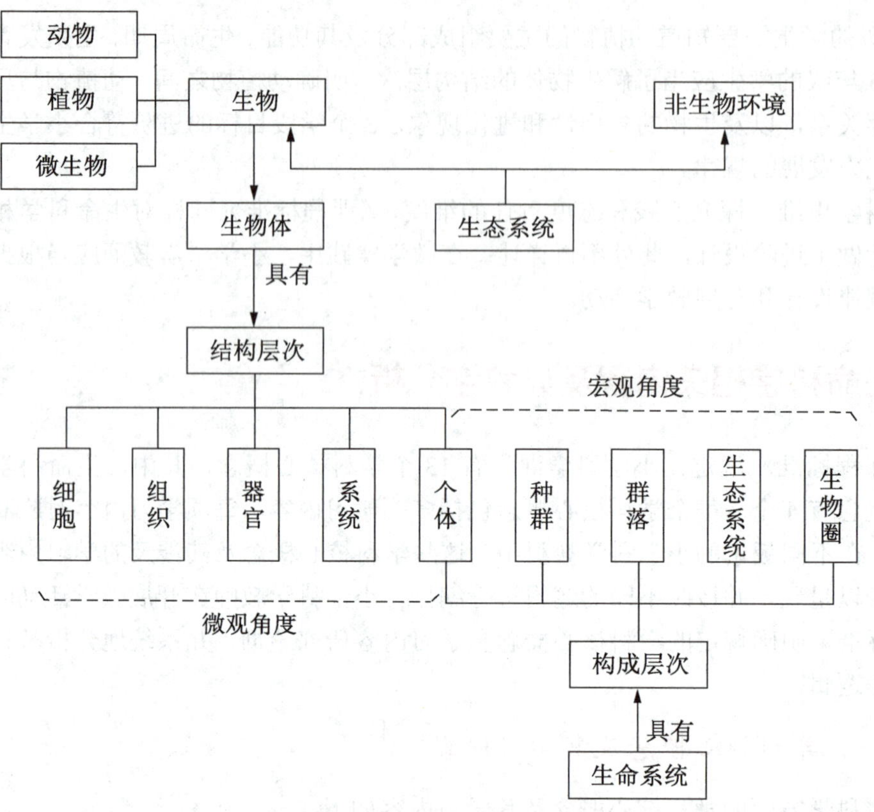

图 6-1　“生命系统的构成层次”学习内容的结构关系

对于小学生而言，生命世界包罗万象，其中的花草树木、虫鱼鸟兽能对他们产生吸引力。学生需要先通过身边常见的各种生物来认识动物、植物和微生物，并建构“生物”的概念；然后，在此基础上分别从微观角度和宏观角度来认识生命系统的构成层次。

“生命系统的构成层次”的各项学习内容是根据上述逻辑来搭建的。学习内容 5.1 主要包括动物和植物的相关知识，可以让学生认识生物的共同特征，为后期学习生物与非生物之间的密切联系打好基础；学习内容 5.2 主要包括常见动物的共同特征和主要类型、常见植物的共同特征和主要类型、部分珍稀动植物、常见的微生物等，可以让学生认识到地球上存在着多种多样的生物，如图 6-2 所示；学习内容 5.3 主要包括细胞的结构与功能，学习内容 5.4 主要包括植物的组成部分及其功能，学习内容 5.5 主要包括人体的器官及其功能、器官的保护方法等，这 3 项学习内容可以让学生从微观角度理解生物体的结构层次，如图 6-3 所示；学习内容 5.6 主要包括生物生存的影响因素、动物和植物之间的关系、栖息地的作用等，可以让学生从宏观角度认识生命系统及其构成层次。

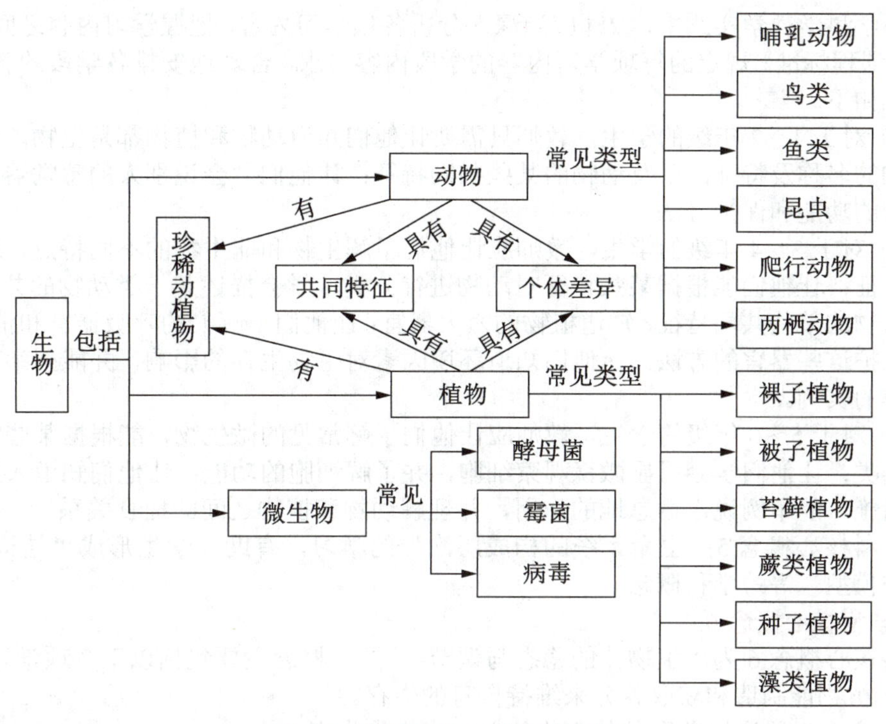

图 6-2 学习内容 5.2 的相关知识

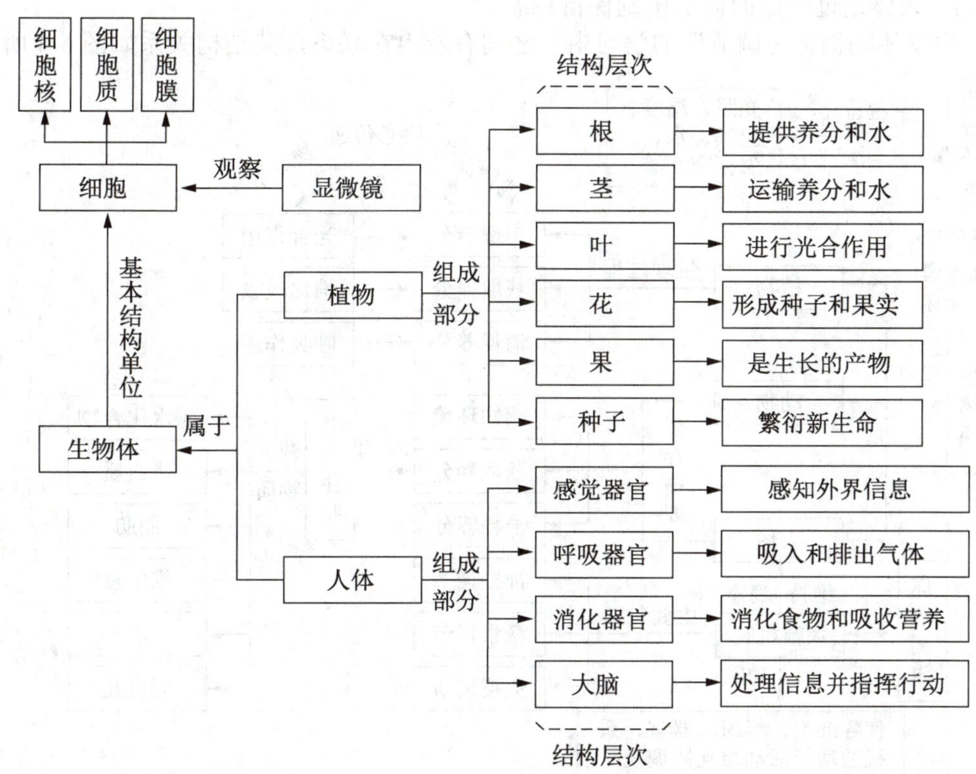

图 6-3 学习内容 5.3、学习内容 5.4 和学习内容 5.5 的相关知识

在小学科学教学实践中，教师应当深入分析各项学习内容，把握学习内容之间的关系，并根据《课程标准》规定的每项学习内容的学段内容要求，合理地安排各学段的教学内容，具体安排如下。

（1）对于1～2年级的学生，教师只需要让他们知道动物和植物都是生物，能说出常见动植物的名称及特征，以及动物的某些共同特征；让他们学会识别人的感觉器官，并知道各器官的功能和保护方法。

（2）对于3～4年级的学生，教师应让他们了解生物和非生物的不同特点，理解生物的共同特征；让他们能根据某些特征对动物进行分类，学会描述某一类动物的共同特征；能说出植物的某些共同特征，知道植物的六大器官；让他们了解人的呼吸器官和消化器官，并知道保护这些器官的方法；让他们知道环境因素对生物生存的影响，并能列举动物依赖植物筑巢的实例。

（3）对于5～6年级的学生，教师应让他们了解常见的微生物，能根据某些特征对植物进行分类；让他们学会用显微镜观察细胞，并了解细胞的功能；让他们知道人脑的功能和保护措施，能举例说出栖息地的作用，并理解动物和植物之间的捕食关系。

对学科核心概念5“生命系统的构成层次”的学习，有助于学生形成“结构与功能”“系统与模型”等跨学科概念。

2．学科核心概念6

学科核心概念6为“生物体的稳态与调节”。这一概念主要包括以下3项学习内容。

6.1 植物能制造和获取养分来维持自身的生存。

6.2 人和动物通过获取其他生物的养分来维持生存。

6.3 人体通过一定的调节机制保持稳态。

“生物体的稳态与调节”的学习内容之间有着内在联系，其结构关系如图6-4所示。

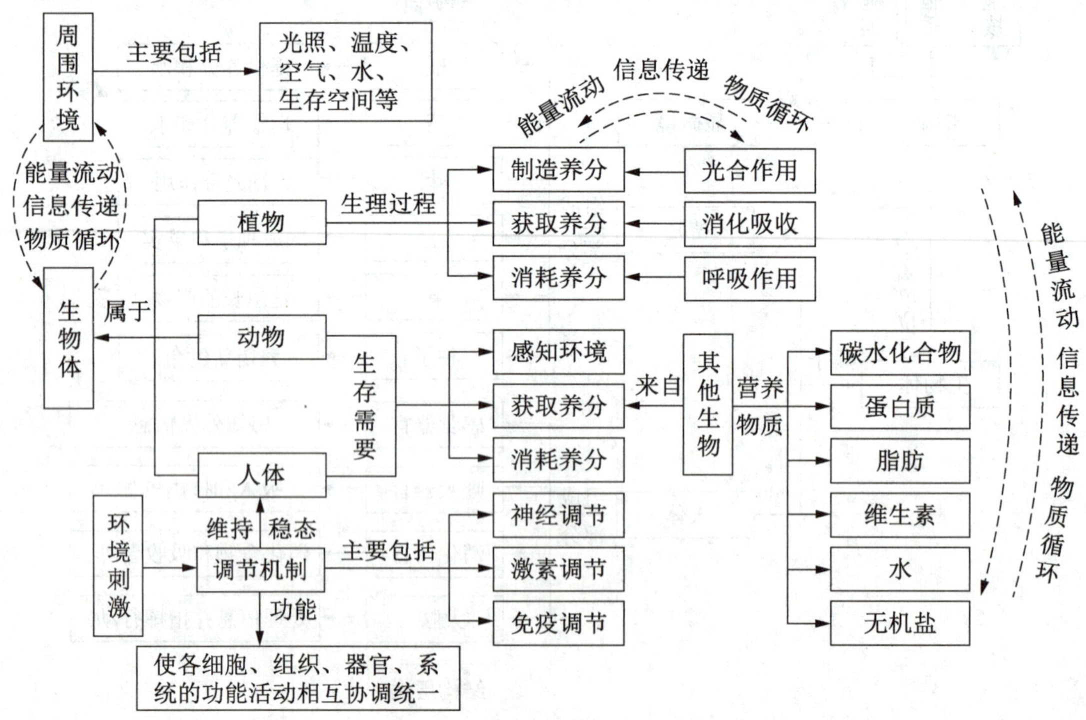

图6-4 “生物体的稳态与调节”学习内容的结构关系

在生命科学中，生物体是一个在内部和外部不断进行物质循环、能量流动和信息交流的开放系统，能通过自我调节机制维持稳态。具体来说，植物通过光合作用制造和获取养分，以维持自身的生存；人和动物通过从外界获取其他生物的养分来维持生存；人体通过自我调节机制可以保持生命系统的动态平衡。由于“稳态”与“调节”这两个概念比较抽象，所以学生需要先从直观的宏观层面了解各种生物体的稳态与调节现象，然后逐步向抽象的微观层面过渡，理解并建构“生物体的稳态与调节”的概念。

“生物体的稳态与调节”的各项学习内容是根据上述逻辑来搭建的。学习内容 6.1 主要包括植物生存与生长的所需条件、植物器官的功能等，可以让学生初步认识植物生存所需要的基本条件和光合作用；学习内容 6.2 主要包括动物感知环境的器官、动物维持生命的条件、人体生长发育所需物质及其消化吸收等，可以让学生了解动物生存所需条件，以及动物的某些结构具有维持生存的相应功能；学习内容 6.3 主要包括人体对某些环境刺激的反应方式和作用等，可以让学生理解人体通过自我调节机制来保持生命系统的动态平衡。这 3 项学习内容能让学生依次认识植物、动物、人的生存与生长条件和机体调节机制，认识到生物体是一个协调、统一的整体，从而初步形成“生物体的稳态与调节”的概念。

在小学科学教学实践中，教师应当深入分析各项学习内容，把握学习内容之间的关系，并根据《课程标准》规定的每项学习内容的学段内容要求，合理地安排各学段的教学内容，具体安排如下。

（1）对于 1～2 年级的学生，教师只需要让他们知道植物生存与生长的所需条件，以及动物通过一些器官感知环境。

（2）对于 3～4 年级的学生，教师应让他们学会描述植物生存与生长的所需条件，以及动物生存所需条件，并认识到植物和动物的某些器官具有维持生存的相应功能。

（3）对于 5～6 年级的学生，教师应让他们认识植物的光合作用，认识到动物和人通过摄取食物来维持生命活动；让他们能举例说明人体对某些环境刺激的反应方式和作用，并列举保护相关器官的方法。

对学科核心概念 6“生物体的稳态与调节”的学习，有助于学生形成“物质与能量”“稳定与变化”等跨学科概念。

3. 学科核心概念 7

学科核心概念 7 为“生物与环境的相互关系”。这一概念主要包括以下 4 项学习内容。

7.1 生物能适应其生存环境。

7.2 生物与环境相互作用、相互协调，实现生态平衡。

7.3 人的生活习惯影响机体健康。

7.4 人体生命安全与生存环境密切相关。

“生物与环境的相互关系”的学习内容之间有着内在联系，其结构关系如图 6-5 所示。

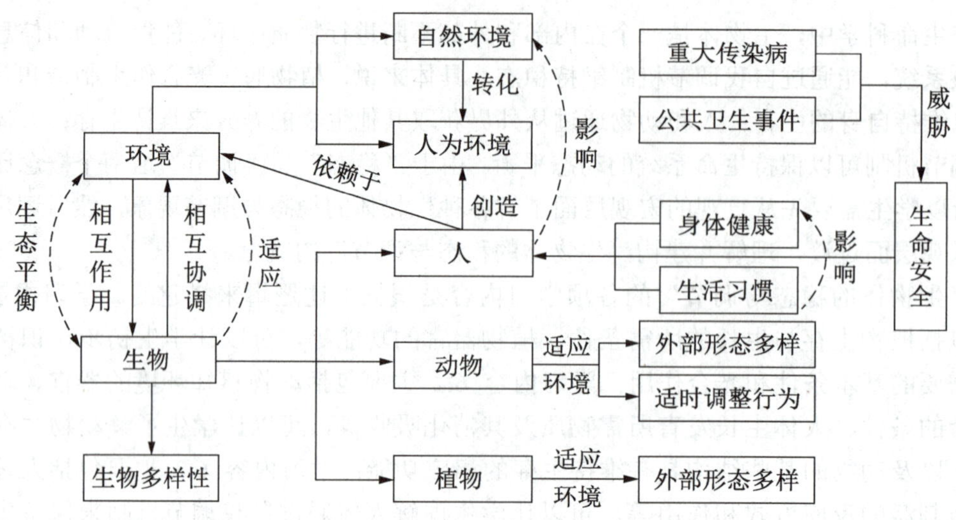

图 6-5　“生物与环境的相互关系”学习内容的结构关系

其中，学习内容 7.1、学习内容 7.3 和学习内容 7.4 属于 1～6 年级学生需要掌握的内容，学习内容 7.2 被安排在 7～9 年级，小学阶段不涉及。

在自然界中，每一种生物的生存都与环境密切相关，生物与环境相互影响，并形成一个有机整体。人类的活动能对环境产生重大影响，生活环境和行为习惯也会影响人体健康。学生需要先从整体层面来了解各种生物与环境之间的关系，再从局部层面来认识人与环境之间的关系，进而建构“生物与环境的相互关系”的概念。

“生物与环境的相互关系”的各项学习内容是根据上述逻辑来搭建的。学习内容 7.1 主要为生物对环境的适应现象，可以让学生认识到生物可以在外部形态和行为等方面适应环境；学习内容 7.3 主要为人的行为习惯对机体健康的影响，学习内容 7.4 主要为生存环境对人体健康的影响，这两项学习内容可以让学生认识到生物与环境之间的相互影响是一个比较漫长的过程。

在小学科学教学实践中，教师应当深入分析各项学习内容，把握学习内容之间的关系，并根据《课程标准》规定的每项学习内容的学段内容要求，合理地安排各学段的教学内容，具体安排如下。

（1）对于 1～2 年级的学生，《课程标准》没有提出要求。

（2）对于 3～4 年级的学生，教师需要让他们知道不同环境中的植物具有不同的外部特征，以及这些特征对维持植物生存的作用；让他们知道动物适应季节变化的方式，以及这些变化对维持动物生存的作用。

（3）对于 5～6 年级的学生，教师应让他们学会举例说明动物适应各种环境变化时的行为，知道各种生活习惯对身体健康的影响，并能够举例说明重大传染病和突发公共卫生事件对人类安全的影响。

对学科核心概念 7“生物与环境的相互关系”的学习，有助于学生形成“物质与能量”“结构与功能”“稳定与变化”等跨学科概念。

4. 学科核心概念 8

学科核心概念 8 为"生命的延续与进化"。这一概念主要包括以下 6 项学习内容。

8.1 植物通过多种方式进行繁殖。

8.2 不同种类动物具有不同的生殖方式和发育过程。

8.3 人的生命是从受精卵开始的。

8.4 细菌、真菌、病毒具有不同的繁殖方式。

8.5 生物体的遗传信息逐代传递，可发生改变。

8.6 生物的遗传变异和环境因素的共同作用导致了生物的进化。

"生命的延续与进化"的学习内容之间有着内在联系，其结构关系如图 6-6 所示。

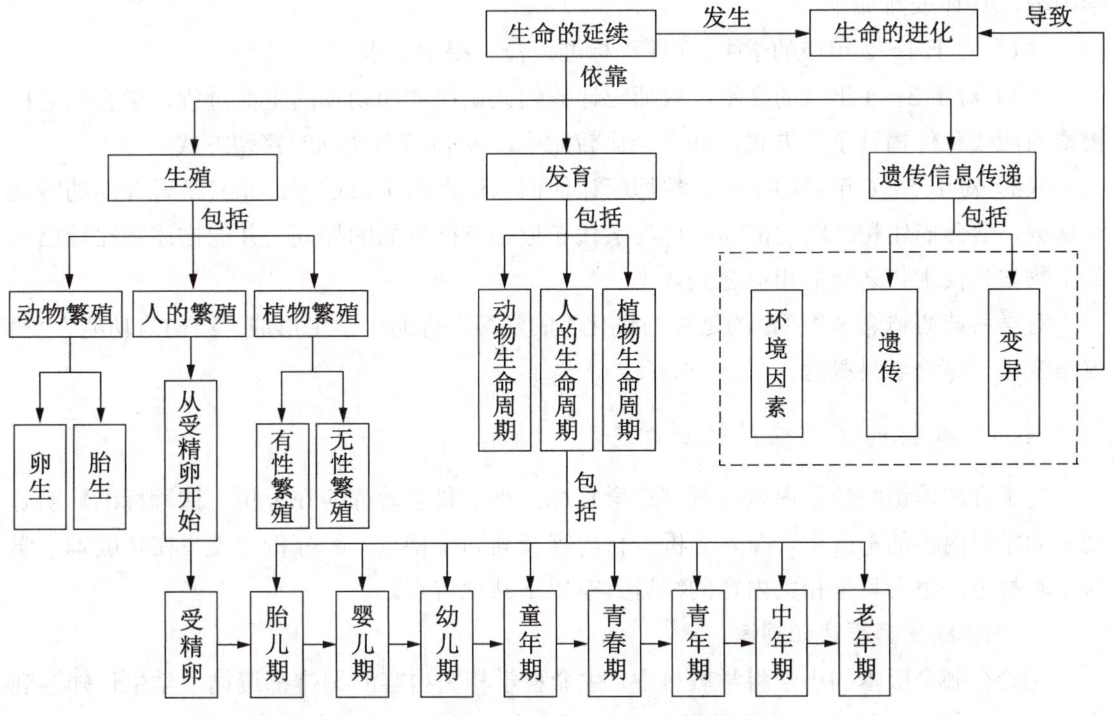

图 6-6 "生命的延续与进化"学习内容的结构关系

其中，学习内容 8.1、学习内容 8.2、学习内容 8.3、学习内容 8.5 和学习内容 8.6 属于 1～6 年级学生需要掌握的内容，学习内容 8.4 被安排在 7～9 年级，小学阶段不涉及。

在生命世界中，无论哪种生物，都终将走向死亡，但物种不会因为个体的死亡而消失，而会通过繁殖得以延续和发展。在物种延续和发展的过程中，生物的遗传信息可能发生改变。生物的遗传、变异与环境因素的共同作用导致了生物的进化。对遗传与变异相关知识的学习，依赖于学生对不同生物生殖发育现象的观察与理解，所以学生需要先学习植物的繁殖、动物的繁殖与发育、人的繁衍等事实性知识，然后在此基础上理解生物的遗传、变异和进化等解释性知识。

"生命的延续与进化"的各项学习内容是根据上述逻辑来搭建的。学习内容 8.1 主要包括植物的生命周期、植物的繁殖方式和种子的传播方式等，可以让学生认识植物的有性繁殖和无性繁殖；学习内容 8.2 主要包括动物的生命周期、动物的繁殖方式等，可以让学生认识动物的卵生和胎生；学习内容 8.3 主要包括人的生命周期、人体的生长与发育等，可以让学生认识人的生殖、生长和发育；学习内容 8.5 主要为生物的遗传与变异现象，可以让学生丰富关于子代与亲代之间的相似性和差异性的认知经验；学习内容 8.6 主要为生物进化的现象与原因，可以让学生从现象层面理解“生命的延续与进化”，从而建构相关的科学概念。

在小学科学教学实践中，教师应当深入分析各项学习内容，把握学习内容之间的关系，并根据《课程标准》规定的每项学习内容的学段内容要求，合理地安排各学段的教学内容，具体安排如下。

（1）对于 1～2 年级的学生，《课程标准》没有提出要求。

（2）对于 3～4 年级的学生，教师应让他们认识植物和动物的生命过程，学会描述植物繁殖后代和传播种子的方式，并学会比较胎生动物和卵生动物的繁殖方式。

（3）对于 5～6 年级的学生，教师应让他们认识人的生命过程，尤其是青春期的特征和保健，学会描述和比较动植物子代与亲代在形态特征方面的异同，并能描述和比较已灭绝生物与当代生物之间的相似之处。

对学科核心概念 8“生命的延续与进化”的学习，有助于学生形成“结构与功能”“稳定与变化”等跨学科概念。

（二）教材内容的编排特点

为了合理地组织教学内容和制订教学目标，小学科学教师应在分析《课程标准》明确规定的学习内容的基础上，深入分析教材内容及其编排特点。经分析发现，在各版本小学科学教材中，生命科学相关内容的编排具有以下共性特点。

1．内容编排遵循认知规律

无论在哪个版本的小学科学教材中，生命科学相关内容的编排都遵循了学生认知客观事物的基本规律。这些内容引导学生从了解生命世界中万千生物的特点和基本结构，到理解生命的生存规律，再到理解生物之间、生物与环境之间的相互关系。其逻辑线索为“生物的特征—生物体的变化—生物的结构与功能—生物与环境的相互作用”，体现了由简单到复杂、由低等到高等、由局部到整体的认知规律。

例如，教科版小学科学教材中生命科学相关内容的安排如下：1～2 年级的内容引导学生认识身边常见的动植物及其外部主要特征，了解动植物的生存条件等；3～4 年级的内容引导学生区分动物与植物的主要特征，理解生物体的结构组成和生命周期等；5～6 年级的内容引导学生初步认识生物体的结构层次、形态结构及其功能，了解生物与生物之间、生物与环境之间的相互关系，并理解生物多样性和进化现象等。

教科版小学科学教材中的生命科学内容安排

在教科版小学科学教材（2019 年版）中，生命科学相关内容的安排如表 6-2 所示。

表 6-2 教科版小学科学教材中的生命科学内容安排

教材（册）	单元名称	课题	内容关键词	概念水平
1 年级（上册）	植物	① 我们知道的植物；② 观察一棵植物；③ 观察叶；④ 这是谁的叶；⑤ 植物是“活”的吗；⑥ 校园里的植物	常见植物的名称及特征 植物的生存和生长	现象、事实
1 年级（下册）	动物	① 我们知道的动物；② 校园里的动物；③ 观察一种动物；④ 给动物建个“家”；⑤ 观察鱼；⑥ 给动物分类	常见动物的名称及特征 动物对环境的感知	
2 年级（下册）	我们自己	① 观察我们的身体；② 通过感官来发现；③ 观察与比较；④ 测试反应快慢；⑤ 发现生长；⑥ 身体的“时间胶囊”	对人体器官的认识	
3 年级（下册）	动物的一生	① 迎接蚕宝宝的到来；② 认识其他动物的卵；③ 蚕长大了；④ 蚕变了新模样；⑤ 茧中钻出了蚕蛾；⑥ 蚕的一生；⑦ 动物的繁殖；⑧ 动物的一生	生物的特征和分类 动物的结构、生存条件和生命过程	共性、规律
4 年级（上册）	呼吸与消化	① 感受我们的呼吸；② 呼吸与健康生活；③ 测量肺活量；④ 一天的食物；⑤ 食物中的营养；⑥ 营养要均衡；⑦ 食物在口腔里的变化；⑧ 食物在身体里的旅行	空气对生命的重要性 呼吸器官和消化器官的作用与保护	
4 年级（下册）	植物的生长变化	① 种子里孕育着新生命；② 种植凤仙花；③ 种子长出了根；④ 茎和叶；⑤ 凤仙花开花了；⑥ 果实和种子；⑦ 种子的传播；⑧ 凤仙花的一生	植物的特征、组成、生长发育 植物的生存条件及生命过程	共性、规律
5 年级（上册）	健康生活	① 我们的身体；② 身体的运动；③ 心脏和血液；④ 身体的“总指挥”；⑤ 身体的“联络员”；⑥ 学会管理和控制自己；⑦ 制订健康生活计划	器官的保护 脑的保护 良好生活习惯的培养	关系、原理
5 年级（下册）	生物与环境	① 种子发芽实验；② 比较种子发芽实验；③ 绿豆苗的生长；④ 蚯蚓的选择；⑤ 当环境改变了；⑥ 食物链和食物网；⑦ 设计和制作生态瓶	空气的主要成分 植物生存所需的养分 动物对环境变化的适应 动物和植物之间的关系	

续表

教材（册）	单元名称	课题	内容关键词	概念水平
6年级（上册）	微小世界	① 放大镜；② 怎样放得更大；③ 观察身边微小的物体；④ 观察洋葱表皮细胞；⑤ 观察更多的生物细胞；⑥ 观察水中微小的生物；⑦ 微生物与健康	生物体的基本组成单位 微生物的存在	关系、原理
6年级（下册）	生物的多样性	① 校园生物大搜索；② 制作校园生物分布图；③ 形形色色的植物；④ 多种多样的动物；⑤ 相貌各异的我们；⑥ 古代生物的多样性；⑦ 保护生物多样性	植物的分类 植物和动物的后代与亲代的异同 人与自然的和谐相处 生物多样性的保护	

学生在学习该领域的内容时，能从对生命现象的认识发展到对生命本质的认识，初步形成生物体的结构与功能、局部与整体、多样性与共同性等方面的科学概念，并在此基础上培养保护环境和生态的责任感，以及良好的生活习惯和健康生活的意识。

2．内容设计及侧重有特色

在逻辑基本一致的情况下，不同版本教材内容的设计各具特色。例如，教科版教材内容的设计符合儿童思维从感性、具体到理性、概括的发展规律，能促使学生在学习过程中不断深化对动植物的认识；苏教版教材包括大量科学轶事和科学史的内容，能激发学生的学习兴趣并丰富学生的认知经验；等等。

此外，不同版本教材的侧重也有所不同。例如，为了让学生获得更多的感性认识，进而在此基础上形成理性认识，教科版教材和冀教版教材安排了大量的课时内容来介绍多种植物和动物；苏教版教材则更多地探讨生物的基本需求及生物体的结构与功能；等等。

3．活动设计考虑学生特点

小学生的思维水平处于从直观思维到抽象思维的过渡阶段。各版本教材都结合小学生的思维特点设计了丰富的教学活动。概括而言，生命科学方面的教学活动，其设计思路基本如下：通过教学活动引导学生从认识一事一物逐步过渡到认识事与事、物与物之间的关系。

具体来说，各版本教材中生命科学方面的活动类型主要分为以下几种。

1）“重演—再现”式探究活动

科学探究活动的结论是已经被证实过的，但这些结论对于学生来说可能是未知的。因此，为了让学生通过亲身体验积累丰富的感性认识，进而获得理性认识，各版本教材均设计了大量的“重演—再现”式探究活动。

这些探究活动设置了科学的探究方法与流程，且探究的问题、路径和结论是相对固定的，便于教师调控教学。例如，在种子萌发条件的探究活动中，教师可以引导学生通过控制变量来探究种子萌发时对环境条件（如阳光、水分、温度等）的需求情况。

2）科学游戏

低学段的学生通常不能规范地实施科学实验，且不能理解变量控制、数据分析等抽象概念。因此，各版本小学科学教材在针对低学段学生的教学活动中设计了不少科学游戏，以引导学生在游戏中学习科学知识。

例如，在苏教版小学科学教材中，1 年级上册的“用感官观察”单元设计了“蒙着眼睛猜物体”“捏着鼻子尝水果”等科学游戏，可以让学生通过多种感官“观察”物体；1 年级下册的“动物与植物”单元设有一系列的“猜谜语”游戏，如通过展示绘有动物形态姿势的图片，让学生猜动物的名称，并认识动物的外部特征。

3）生活情境活动

各版本的小学科学教材均设计了很多基于真实生活情境的探究活动，以促使学生运用生命科学方面的知识解决实际问题，提升学生发现问题和解决问题的能力。例如，苏教版小学科学教材设计了“为校园里的鸟儿建一个家”的活动，引导学生了解鸟儿的生活习性，分析校园环境，进而探究为鸟儿建巢的可行方案并付诸实施。这种活动贴近学生生活，能有效地促使学生进行科学探究，从而提升他们解决问题的能力。

概念图和维恩图

概念图：一种用节点代表概念、用连线表示概念间关系的图示，如图 6-7 所示。

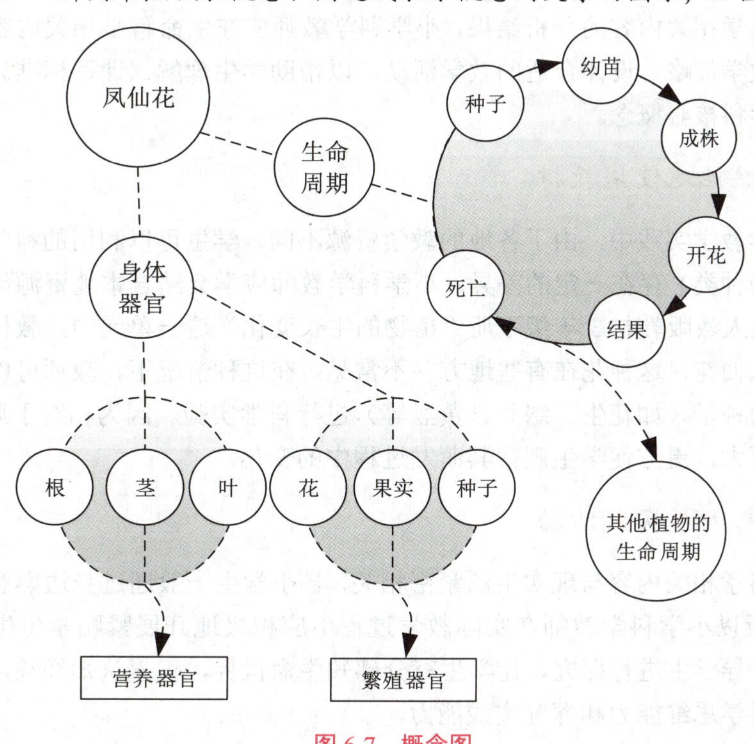

图 6-7 概念图

维恩图：一种用于表示不同事物群组（集合）之间的数学联系或逻辑联系的图示，如图 6-8 所示。

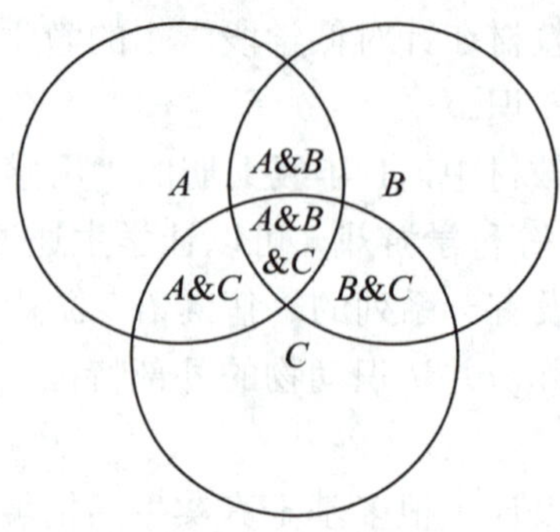

图 6-8　维恩图

概念图和维恩图是常见的思维工具，它们形象、直观，可以较好地呈现知识结构，帮助学生锻炼思维能力。例如，人教版小学科学教材的每个单元都以“单元回顾”模块对科学知识进行总结归纳，且这一过程中充分运用了概念图。教学实践证明，学会使用思维工具，有利于学生锻炼科学思维能力。

四、生命科学相关内容的教学策略

基于生命科学相关内容的分析结果，小学科学教师应在生命科学相关内容的教学过程中选择恰当的教学策略，设计合适的教学活动，以帮助学生理解《课程标准》中与生命科学紧密相关的学科核心概念。

（一）创造性地使用教材

在小学科学教学实践中，由于各地的教学资源不同，学生可以利用的科学素材（如能观察到的动植物种类）存在一定的差异，小学科学教师应学会结合本地资源创造性地使用教材。例如，在人教版教材 3 年级下册“植物的生长变化”这一单元中，教材编写者选择的实验对象是凤仙花，这种花在有些地方并不常见。在这种情况下，教师可以选择常见且生命周期较短的种子（如花生、绿豆、黄豆等）进行科学实验。因为相对于凤仙花而言，这些种子形体更大，更方便学生观察其萌发过程中的变化。

（二）积极开展实践活动

由于生命科学相关内容与现实生活紧密相关，且小学生一般通过身边熟悉的事物来认识生命世界，所以小学科学教师在实际教学过程中应积极地开展紧贴学生生活的实践活动，有计划地引导学生进行探究，让学生充分感知生命世界，积累认知经验，并在反复探究过程中培养科学思维能力和探究实践能力。

（三）开发多种教学场地

与教室、实验室相比，校园种植园、校园养殖场等教学场地能为学生提供更多的与各种生物接触的机会，方便学生开展观察、实验、调查等实践活动。小学科学教师应当结合实际情况开发多种教学场地，以便改善生命科学相关内容的教学效果。需要注意的是，室外教学意味着更多的未知风险，这需要小学科学教师在课前精心策划教学活动，在保证学生安全的前提下实施教学活动。

巧造生态微景

为了让学生更直观地了解动植物的生长习性、植物栽培的方法及动植物之间的关系，教师可以指导学生制作生态微景。

生态微景是由动植物、土壤、水体（即用于模拟自然生态系统的有水环境，如鱼缸、水族箱、人工湿地、小型池塘等）、容器及相关配件构成的有主题和创意的微型生态盆景。小学科学教师可以利用生活中废弃的材料设计并制作生态微景，进而引导学生利用生态微景观察动植物的生命发展过程，并认识动植物之间的生态链。

在教学过程中，教师可以在不同季节组织学生开展“巧造生态微景”主题活动，让学生在活动中近距离观察动植物，主动探索生命科学的奥秘。例如，春季，可引导学生围绕“植物的繁殖与种子”这一主题开展“水果种子变森林”活动，并观察植物种子的萌发过程；夏季，可引导学生设计并制作有创意的多肉植物生态微景，观察多肉植物的生长情况，并探究它与环境之间的关系，培养学生爱护环境的意识；等等。

（四）利用媒体拓展教学

小学科学是一门实践性很强的学科。小学生认识生命的重要途径是开展探究实践活动，但生命科学方面某些知识（如动植物生命周期、遗传与进化等知识）的获取需要通过时间跨度极大的实践活动来实现，在时间极其有限的教学活动中难以实现。因此，在实际教学活动中，恰当地运用现代信息技术和多媒体工具，可以弥补课堂教学的不足，丰富学生的认知经验，帮助其加深对相关科学知识的理解。

生命科学方面的知识是科学课程的重要组成部分，小学科学教师应主动研发多种有效的教学策略，给学生提供丰富的探究素材，以便引导他们在科学探究活动中建构科学概念，领悟生命的奥秘，逐步提升科学素养。

第二节 生命科学相关内容的教学实例

一、“观察一棵植物”一课的教学实例

“观察一棵植物”是教科版《科学》1 年级上册第 1 单元“植物”的第 2 课，属于与生命科学密切相关的内容。下面是这一课的教学实例。

（一）教学背景分析

1. 课标分析

《课程标准》中，学科核心概念 5 为“生命系统的构成层次”，其学习内容 5.2 为“地球上存在动物、植物、微生物等不同类型的生物”，要求 1～2 年级的学生能“说出生活中常见动物的名称及特征，说出动物的某些共同特征”，并能“说出周围常见植物的名称及特征”。

扫一扫

教学实例：观察一棵植物

2. 教材分析

“植物”这一单元可以分为 3 个部分，各部分内容的学习要求如下。

第 1 部分（第 1 课）：知道所有植物都是生物，都是有生命的。

第 2 部分（第 2～4 课）：观察植物的外部结构，知道常见植物的名称及其特征。

第 3 部分（第 5～6 课）：知道植物的生存与生长需要水和阳光，并通过持续观察植物的生长情况来印证。

“观察一棵植物”一课属于本单元的第 2 部分。通过对第 1 课的学习，学生已经认识到植物是有生命的。以此为基础，教师要让学生通过观察一棵植物认识植物的外形特征，重点引导学生认识根、茎、叶等营养器官，并帮助学生建立起“植物是生物”的概念。同时，学习本课内容还可为本单元后续内容的教学奠定基础。

3. 学情分析

通过第一课的学习，1 年级学生对常见的植物有了一定的了解，但对植物的了解方式主要停留在“看”上。他们对植物的根、茎、叶有一定的感性认识，但不会使用太多的科学词汇去描述它们。因此，本课以观察、描述作为主要的学习方式，教师应在教学过程中指导学生进行细致观察，并教他们使用科学词汇描述植物。此外，本课还要求学生画一画所观察到的植物，这是学生初次接触科学绘画，教师应做好指导工作。

（二）教学目标及重难点

1. 科学观念目标

（1）认识周边常见的植物，并知道植物具有根、茎、叶等结构。

（2）能简单描述植物的外部特征。

2. 科学思维目标

能简单概括植物的某些共同特征。

3. 探究实践目标

（1）能利用多种感官观察一棵植物的外部形态特征。（教学重点）

（2）能用科学词汇描述观察到的植物。（教学难点）

（3）能画一棵植物的简图。

4. 态度责任目标

（1）对常见植物产生探究兴趣。

（2）能认真记录通过观察获得的信息。

（3）知道植物是有生命的，树立爱护植物的意识。

（三）教学用具

植物、PPT、板贴（用于展示科学词汇及植物图片）、学生活动手册等。

（四）教学过程设计

1. 聚焦话题

（1）教师拿出一盆菊花（见图 6-9）放在展示台上。

图 6-9 菊花

提问："在座的小植物学家们，你们认识这种植物吗？"

（学生回答："菊花。"）

（2）教师打开 PPT，展示几幅菊花盛开的照片，吸引学生的注意力。

提问："你们曾在哪里见过菊花？你们知道哪些有关菊花的小知识呢？"

（学生分享自己知道的关于菊花的知识）

设计意图 让学生调用生活经验，激发对菊花的学习兴趣。

（3）小结："原来你们知道这么多关于菊花的知识，真厉害！今天我们就来仔细地观察它吧。"

设计意图 点明本课的学习主题。

2. 探索发现

1）整体观察植物

（1）提问："仔细观察菊花，你能说说菊花由哪些部分组成吗？"

（学生回答："叶子、杆子……"）

（2）讲解："其实植物的每一个部分都有自己的名字。大家都知道植物的叶子，我们称它为'叶'（出示科学词汇"叶"的板贴及植物的图片板贴）；在科学上，我们将像杆子这样的组成部分称为'茎'（出示科学词汇"茎"的板贴）。"

（3）提问："这棵菊花除了有茎和叶，还有什么呢？"

（学生回答："根。"）

（4）追问："根在哪里？我怎么没有看到呢？"

（学生回答："根在土里面，现在看不到。"）

（5）引导："大家想看看根是什么样的吗？老师现在把它拔出来给你们看看好吗？"

（学生回答："不行，菊花拔出来就没办法活下去了。"）

（6）引导："对啊，你们说得很对，它离开土壤就会失去生命。我们通过图片来看看菊花的根长什么样吧。"（出示科学词汇"根"的板贴及菊花的根的图片板贴）

（7）总结："菊花有根、茎、叶 3 个组成部分。各位小植物学家们，你们想近距离观察它的茎和叶吗？"

（学生回答："想。"）

设计意图 让学生在座位上远观展示台上的植物，引导他们对植物进行整体观察，这样便于他们了解植物的外形特点和结构。

2）观察植物的茎和叶

（1）提问："刚才我们观察菊花时用到了眼睛。除了眼睛之外，我们还可以用身体的其他部位来观察。大家知道还可以用哪些部位吗？"（引导学生回答手、鼻子和嘴巴）

（2）引导："我们可以用手去摸一摸，用鼻子去闻一闻，感受菊花的形状、软硬、气味等。"（注意提醒学生不可以用嘴巴尝味道；要轻轻地触摸植物，避免伤到它们）

（3）将学生分为若干小组（3 人一组），给每个小组分发一盆菊花。指导学生观察菊花，并在组内交流自己对菊花的认识。

设计意图 在整体观察之后，引导学生观察植物的局部，从整体到局部的科学观察过程可以让学生了解并掌握科学的观察方法。此外，教师在黑板上用板贴的形式呈现植物的结构和名称，一方面可以让学生认识植物的结构，另一方面可以为后续的"画一画植物"活动做好铺垫。

3）画一画植物

（1）引导："相信各位小植物学家们刚才都观察到了菊花更多的特征。我们在每一节科学课上都能获得许多新的发现，如果只是说一说这些新发现，我们可能很快就忘了。所以，我们要像科学家一样，有了新的发现，就立刻记录下来，这样日积月累，就能获得满满的收获。现在，我们就用画画的方式把菊花记录下来吧。"

（2）指导学生将活动手册翻到相应的页码，并将日期书写完整。

（3）教师对照真实的植物示范画植物的顺序、方法，强调边观察边画。注意提醒学生，科学课的绘画记录不同于美术课的绘画，要尊重客观事实，看到的植物是什么样就画成什么样。

（4）学生边观察边画，教师巡视指导。

设计意图 让学生一边观察一边画菊花，可以进一步巩固他们对植物根、茎、叶3个组成部分的认识。

3. 交流评价

（1）请学生展示并介绍自己的记录。

（2）让学生相互评价对菊花结构的记录是否准确，说说哪些地方还可以画得更好。

（3）给出5分钟左右的时间，让学生对自己的记录进行修改、完善。

设计意图 让学生展示并介绍自己画的植物，一方面可以培养他们的表达能力，另一方面可以巩固学生对植物结构的认识，并促使其运用相应的科学词汇。另外，评价反馈可以让学生认识到科学记录必须真实。

4. 拓展延伸

（1）提问："如果我们要去观察一棵大树，该怎么做呢？"（出示大树的图片）

（2）提醒学生按照由整体到局部的顺序观察。局部观察包括树有多大、有多高（和谁去比一比），茎有多粗（抱一抱），叶是什么样的（和菊花的叶比一比），大树上有哪些小动物等。

（3）结束语："今天各位小植物学家们的表现都很棒，大家对菊花有了更多的认识，也掌握了科学的观察方法。大家课后可以找一棵大树进行仔细观察，画一画这棵树，并说一说你观察到的大树是怎样的。"

设计意图 促使学生将课堂上学到的观察方法运用到课外观察活动中去，提高学生的观察能力、表达能力和描述科学事物的能力。

板书设计

"观察一棵植物"一课板书设计如图6-10所示。

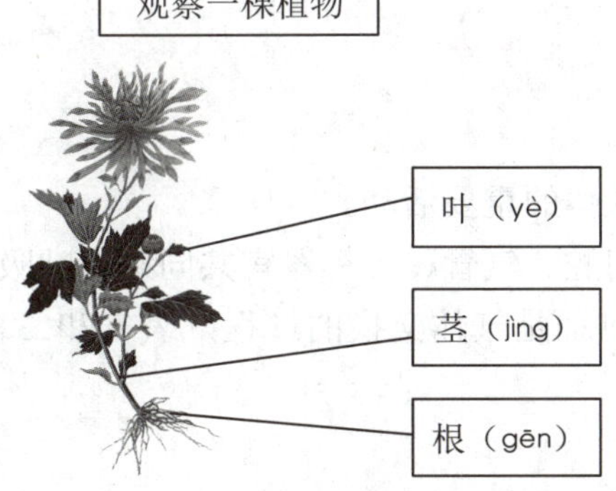

图6-10 "观察一棵植物"一课的板书设计

二、“感受我们的呼吸”一课的教学实例

教学实例：感受我们的呼吸

“感受我们的呼吸”是教科版《科学》4 年级上册第 2 单元“呼吸与消化”的第 1 课，属于与生命科学密切相关的内容。下面是这一课的教学实例。

（一）教学背景分析

1. 课标分析

《课程标准》中，学科核心概念 5 为“生命系统的构成层次”，其学习内容 5.5 为“人体由多个系统组成”，要求 3～4 年级学生学会“描述人体用于呼吸的器官，列举保护这些器官的方法”，学会“描述人体用于摄取养分的器官，列举保护这些器官的方法”。

2. 教材分析

“呼吸与消化”这一单元可以分为 3 个部分，各部分内容的学习要求如下。

第 1 部分（第 1～3 课）：知道空气中的氧气和二氧化碳对生命具有重要意义，并能简要描述人体用于呼吸的器官，知道如何保护呼吸器官。

第 2 部分（第 4～6 课）：知道人体要从外界摄取足够的食物以维持生存。

第 3 部分（第 7～8 课）：了解人体用于摄取养分的器官，并知道如何保护这些器官。

“感受我们的呼吸”属于本单元的第 1 部分。学习本课内容后，学生可以知道参与呼吸的器官及其作用，进而产生进一步探究人体呼吸器官的兴趣。

3. 学情分析

学生在 2 年级下册“我们自己”单元中已经认识了一些器官，并初步了解了人体的主要生命活动。本单元的教学需要在此基础上进行。对于呼吸，学生有许多感性认识，他们能感受到一些器官的参与，知道呼吸需要空气，但是对于“为什么要呼吸”“呼吸时人体外部和内部是怎样变化的”“参与呼吸的器官有哪些”的认知是很模糊、不完善的。因此，在教学过程中，小学科学教师要借助各种教具，引导学生通过观察、模拟实验等活动系统地认识呼吸器官。

（二）教学目标及重难点

1. 科学观念目标

（1）知道呼吸是人体的重要活动。

（2）知道鼻腔、口腔、气管、肺等器官共同参与呼吸活动。（教学重点）

（3）知道呼吸的过程是气体交换的过程，氧气和二氧化碳对生命具有重要的意义。（教学重点）

2. 科学思维目标

能描述人体用于呼吸的器官，并概括其功能。

3. 探究实践目标

（1）通过呼吸体验活动感受呼吸时身体各部分的变化。

（2）通过人体呼吸的模拟实验，了解呼吸器官在呼吸过程中的协同作用。（教学难点）

4. 态度责任目标

（1）对探究自己的身体感兴趣。

（2）认同保护人体呼吸器官的重要性。

（三）教学用具

呼吸系统结构图、呼吸模拟装置、PPT、班级记录表、学生活动手册等。

（四）教学过程设计

1. 聚焦话题

（1）出示儿童在水下捏鼻子的图片并提问："图片中的小朋友在做什么？如果你是他，你会有怎样的感受？"

（学生结合自身经历回答老师提出的问题）

设计意图 了解学生的认知基础。

（2）追问："我们在水里游泳时要经常出水换气，这是为什么呢？"（引导学生结合呼吸经验回答）

（3）追问："我们每时每刻都需要呼吸，呼吸是我们的重要活动。这是为什么呢？"（学生根据自己的认知各抒己见）

（4）小结："氧气是维持生命所必需的物质，我们今天就来感受一下呼吸的过程。"（板书：感受我们的呼吸）

设计意图 激发学生的学习兴趣，为后续的教学做铺垫。

2. 探索实验

1）猜测呼吸器官

（1）提问："你们对呼吸有哪些了解？"

（学生结合自身的呼吸感受说一说）

（2）追问："你知道参与呼吸的器官有哪些吗？呼吸的时候，我们的身体有哪些变化？"（引导学生聚焦至胸腔和腹部）

（学生认识到腹部也参与了呼吸过程）

设计意图 让学生知道除了鼻腔、口腔、气管、肺等，胸部和腹部也参与了呼吸过程。

2）感受呼吸过程

（1）结合人体轮廓图或者自身身体结构向学生说明胸部及腹部的位置。

（2）引导学生将双手分别放在胸部两侧肋骨的位置，让学生感受呼吸时胸部的变化；引导学生将双手放在腹部，让学生感受呼吸时腹部的变化。学生感受完呼吸过程后，将体验结果填入表 6-3 中。（提示：一呼一吸算一次呼吸）

表 6-3 呼吸过程记录表

身体部位	吸气时的变化	呼气时的变化
胸部	□收缩　　□扩张	□收缩　　□扩张
腹部	□收缩　　□扩张	□收缩　　□扩张

（3）提问："通过刚才的活动，你们发现了什么？"

（学生总结："吸气时，胸部会扩张，腹部会收缩；呼气时，胸部会收缩，腹部会扩张。"）

（4）讲解呼吸过程："吸气时，含有氧气的空气由鼻腔或口腔进入气管再进入肺部，此时，人的胸腔会扩张，腹部会收缩；呼气时，交换后的空气由肺部到气管，再由鼻腔或口腔呼出，此时，人的胸腔会收缩，腹部会扩张。"

设计意图　让学生通过呼吸体验逐步了解呼吸过程，并引导他们对比呼吸过程的原有认知与真实体验，进而修正自己的认知。

3）模拟人体呼吸过程

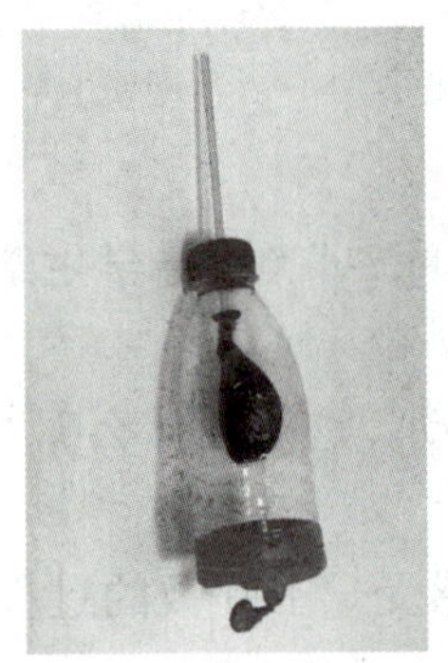
图 6-11　人体呼吸模拟装置

（1）出示人体呼吸模拟装置（见图 6-11）并提问："大家仔细看一看人体呼吸模拟装置，它各部分的结构分别模拟了人体的哪些部位？"

（学生思考、交流后回答）

（2）总结："塑料管模拟气管，小气球模拟肺部，塑料瓶模拟胸廓，橡胶膜模拟膈肌。"

（3）提问："人体呼吸模拟装置的呼气和吸气过程分别是什么样的呢？现在大家来通过实验探索一下吧。"

（4）学生每 4 人一组，每组领取一个呼吸模拟装置，自由探索呼吸过程并交流讨论。（可利用吸管吹气和吸气，也可向下拉或向上推橡胶膜）

设计意图　让学生通过操作人体呼吸模拟装置，更直观地了解胸腔各部分在呼吸过程中的变化。

3．研讨汇报

（1）教师先将呼吸模拟装置的橡胶膜向下拉，后将橡皮膜向上推，并提问："仔细观察我的两个操作，它们分别模拟的是吸气过程还是呼气过程？理由是什么？"

（学生分小组讨论后，每个小组派出一名代表说明分别是呼气过程还是吸气过程，并陈述理由）

（某小组："当向下拉橡胶膜时，气球扩张，这模拟了人体吸气的过程。因为人体吸气时空气进入肺部，肺变大，胸部扩张。当向上推橡胶膜时，气球收缩，这模拟了人体呼气的过程。因为人体呼气时，气体从肺部排出，肺变小，胸部收缩。"）

（其余小组依次说明或补充说明）

（2）小结："人体吸气时，膈肌向下，胸部扩张，肺变大；呼气时，膈肌向上，胸部收缩，肺变小。"

（3）提问："通过本课的学习，同学们都知道了参与呼吸的器官有哪些，那它们的作用分别是什么呢？"（引导学生从呼吸到达肺部的通道、肺部对空气中氧气的利用、膈肌的运动等方面展开讨论）

（学生交流讨论后回答）

设计意图 让学生将对呼吸的感性认识转化为理性认知。

4. 拓展延伸

通过"动物和植物是否有呼吸呢？""我们要怎么观察呢？"等问题，引导学生拓展和应用所学知识。

板书设计

"感受我们的呼吸"一课的板书设计如图 6-12 所示。

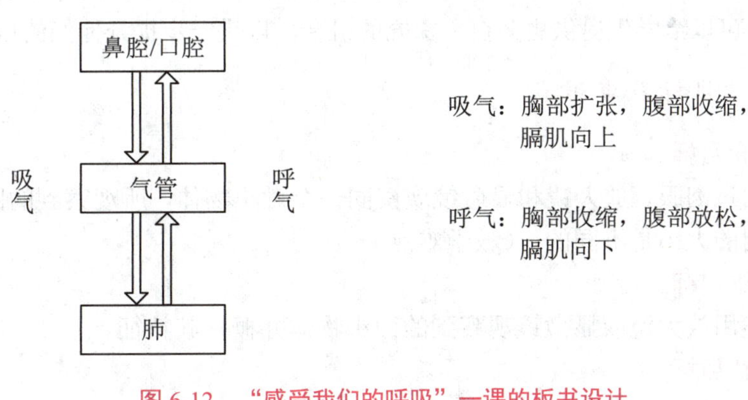

图 6-12 "感受我们的呼吸"一课的板书设计

三、"观察身边微小的物体"一课的教学实例

"观察身边微小的物体"是教科版《科学》6 年级上册第 1 单元"微小世界"的第 3 课，属于与生命科学密切相关的内容。下面是这一课的教学实例。

（一）教学背景分析

1. 课标分析

《课程标准》中，学科核心概念 5 为"生命系统的构成层次"，其学习内容 5.2 为"地球上存在动物、植物、微生物等不同类型的生物"，要求 5～6 年级的学生能"列举生活中常见的微生物（如酵母菌、霉菌、病毒），举例说出感冒、痢疾等疾病是由微生物引起的"，并能"根据某些特征，对植物进行分类"。

2. 教材分析

“微小世界”这一单元可以分为4个部分，各部分内容的学习要求如下。

第1部分（第1～2课）：知道放大镜的用途及使用方法，学会用放大镜观察身边微小的物体。

第2部分（第3课）：学会正确使用显微镜，能利用显微镜观察身边微小的物体。

第3部分（第4～6课）：通过观察不同的生物细胞，知道生物细胞的形态多种多样，细胞是生物体的基本组成单位。

第4部分（第7课）：知道微生物在自然界中广泛存在，它与人类的生活、生产密切相关。

“观察身边微小的物体”属于本单元的第2部分。学习本课内容后，学生可以知道身边有很多用肉眼无法看到的微小物体，进而对微观世界产生探究兴趣。

3. 学情分析

6年级学生虽然知道身边有很多微小物体，但通常没有机会观察这些物体。本课可以让学生利用放大镜、显微镜等工具观察这些微小物体。由于6年级学生已经具备了一定的探究能力，所以教师可以给学生提供更多自主探究的机会，以进一步提升他们的自主探究能力。

（二）教学目标及重难点

1. 科学观念目标

知道分别通过肉眼、放大镜和显微镜观察同一个微小物体，所观察到的图像内容是不同的，视野范围的大小是不同的。（教学难点）

2. 科学思维目标

能正确描述用放大镜或显微镜观察到的微小物体并概括其特征。

3. 探究实践目标

（1）初步了解显微镜的使用方法，能正确使用显微镜观察微小物体。（教学重点）

（2）能够利用放大镜、显微镜等工具自主地观察身边的微小物体及其细微构造，并能利用示意图及文字将自己观察到的信息记录下来。（教学重点）

（3）知道人类的很多发明可以在自然界中找到原型，能说出科学家利用科学原理发明创造的事例。

4. 态度责任目标

（1）对探究微观世界产生兴趣。

（2）乐于参加探究实践，愿意分享自己的探究思路和结果。

（3）认同微小物体方面的研究成果给人们的生活带来了便利。

（三）教学用具

光学显微镜、载玻片、手持式显微镜、PPT、动物标本图片、彩色卡纸、放大镜、学习单等。

（四）教学过程设计

1. 新课导入

（1）导言："上节课我们学习了如何使用两个放大镜制作一个简易显微镜，并用自制的显微镜观察了我们周围的一些物体。由于自制的显微镜能观察到的物体是有限的，所以在观察更加微小的物体（如沙粒、细菌）时，我们就需要用到光学显微镜了。"（板书：光学显微镜）

（2）提问："我们上节课认识了光学显微镜，同学们能说一说光学显微镜各部分的名称吗？"（教师出示光学显微镜，如图 6-13 所示）

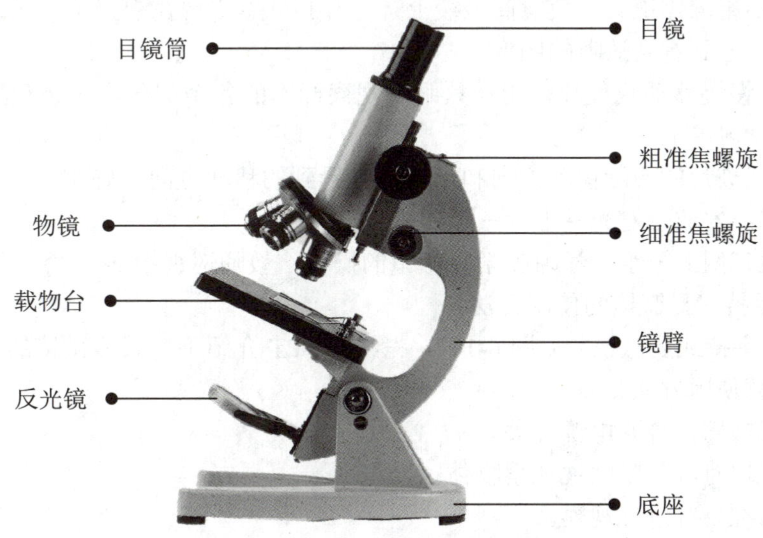

图 6-13　光学显微镜

（学生说出光学显微镜各部分的名称）

（3）教师出示身边常见的微小物体（如沙粒、花蕊、青苔、浮萍、小昆虫等）的图片。学生欣赏图片后，讨论这些物体有什么共同之处。（板书：观察身边微小的物体）

（4）提问："在放大镜和显微镜下，我们观察到的微小物体分别是怎样的呢？"

设计意图　以展示各种微小物体的图片为导入活动，引出本课的研究对象——微小物体。

2. 探索实验

1）学会使用显微镜

讲述："实验室里的显微镜一般有两种，一种是光学显微镜，另一种是手持式显微镜。我们先来学习这两种显微镜的使用方法。"

➢　学习光学显微镜的使用方法。

（1）展示光学显微镜，先通过课件展示光学显微镜的使用方法，

实验操作：学习使用光学显微镜

然后一边演示一边讲解。

① 安放：右手握住显微镜的镜臂，左手托着底座，将显微镜摆放在平坦的桌面上。摆放的位置要略偏左，离桌子边缘大约 7 厘米。

② 对光：使物镜对准通光孔。调节载物台下的反光镜，直至从目镜往下看时能看见一个亮的光圈。

③ 上片：将要观察的载玻片放在载物台上，用压片夹夹住，使标本置于载物台通光孔的中央。

④ 调焦：先从侧面观察物镜与载玻片的距离，然后转动粗准焦螺旋，使镜筒缓缓下降，直到物镜接近标本（此时眼睛一定要看着物镜）；接着，用一只眼睛通过目镜往下看，同时反方向转动粗准焦螺旋，使镜筒缓缓上升，升到标本出现在视野里为止；最后略微转动细准焦螺旋，直到看到清晰的图像。

⑤ 观察：慢慢移动载玻片，用一只眼睛观察标本的各个部分。一边观察一边将观察到的图像画在学习单上。

（注意：载玻片的实际移动方向和从目镜里看到的移动方向正好相反）

（2）板书：安放→对光→上片→调焦→观察。

（3）学生每两人一组，学习光学显微镜的操作，教师巡视指导。

➤ 学习手持式显微镜的使用方法。

（1）展示手持式显微镜（见图 6-14），先结合 PPT 介绍手持式显微镜的主要结构，然后边演示边讲解使用方法。

① 先打开镜筒，打开电源开关。

② 将物镜罩对准、紧贴被观察物体。

③ 眼睛对准目镜进行观察。

④ 转动调焦旋钮（倍焦螺旋和细准焦螺旋）进行调焦，直到看到清晰的图像。

⑤ 观察物体并将图像画在学习单上。

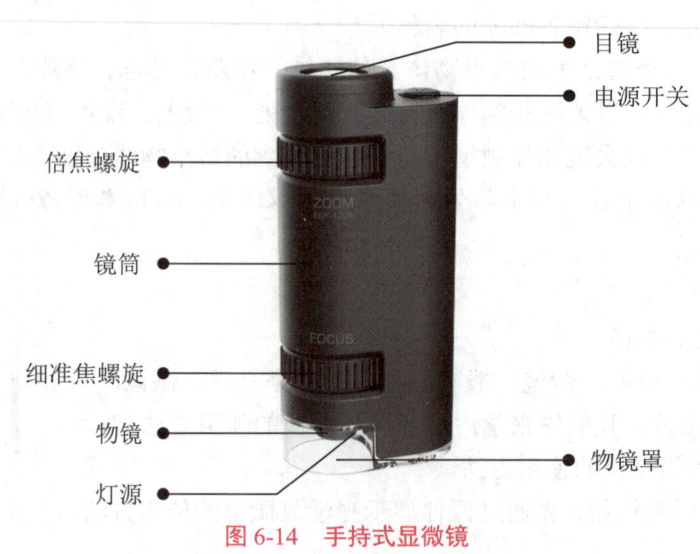

图 6-14 手持式显微镜

（2）给学生提供彩色卡纸作为观察对象，学生（两人一组）使用手持式显微镜观察卡纸，直到观察到目标图像。教师巡视指导。

设计意图　让学生学习两种显微镜的使用方法，为本课和后续课程的教学与学习做铺垫。让学生观察彩色卡纸是为了检验学生是否能够正确使用手持式显微镜，为本节课后续的观察做好准备。

2）观察标本

（1）出示蝴蝶标本图片并讲述："今天，我们分别用肉眼、放大镜、显微镜来观察一种我们比较熟悉的昆虫标本——蝴蝶标本（见图 6-15）。同学们可以选择蝴蝶身上的某一个部位作为观察对象，然后将观察到的图像画出来并用文字描述出来。"

图 6-15　蝴蝶标本

（说明：考虑到不同学校的教学条件，这里设计的教学过程使用了标本图片。由于蝴蝶标本的各部分结构基本上是不透光的，所以使用手持式显微镜进行观察更为合适。有条件的学校可以使用动物标本和光学显微镜开展观察活动）

（2）出示学习单Ⅰ，介绍学习单的使用方法。学生分小组进行观察，并将观察结果记录到学习单Ⅰ上。

（3）在观察蝴蝶标本图片后，引导学生任选两种微小物体（如小蘑菇、瓢虫等）用手持式显微镜进行观察，并将观察结果记录到学习单Ⅱ上。

（4）巡视指导，重点关注学生对显微镜的使用情况及对观察内容的描述情况。

设计意图　让学生掌握观察微小物体的方法和记录相关内容的方法。

3．研讨交流

（1）组织学生分组汇报观察结果。

（2）研讨重点问题。

① 同学们用肉眼、放大镜、显微镜观察了蝴蝶的哪些部位？有哪些发现呢？

② 用肉眼、放大镜、显微镜观察蝴蝶相同的部位时，图像大小和视野大小有什么不同？

③ 用手持式显微镜观察了哪些微小物体？有什么新发现？图像大小和视野大小与用肉眼观察相比有什么不同？

④ 观察中，最让你惊奇的是什么？

（学生讨论后发表自己的看法）

（3）出示肉眼、放大镜、显微镜下的植物叶片照片。引导学生结合自己的观察结果，说一说使用不同观察工具时的图像大小和视野大小各有什么特点。

（4）小结："原来我们使用观察工具观察时，放大的倍数越大，物体的图像就越大，但是视野（看到的范围）越小。所以我们在观察物体时，要选择合适的工具。"（板书：放大的倍数越大，物体的图像越大，视野越小）

设计意图　通过提问引导学生解释探究结论并相互交流，让学生认识到通过肉眼、放大镜和显微镜观察同一物体时，所呈现的图像是不同的，进而认识到观察工具放大的倍数越大，所呈现的图像越大，视野越小。

4. 拓展延伸

提问：“放大镜、显微镜等观察工具的使用使人类对微小物体的研究更加深入、透彻。人类还从一些昆虫身上得到启发，发明了一些产品，如锯子、雷达等。我们生产生活中用到的很多工具都可以在大自然中找到原型，这是人们利用科学知识进行创新的成果。请同学们课后查阅相关资料，看看还有哪些产品是受到自然界中生物的启发后发明的，并说一说从中获得了哪些感悟。”

设计意图 让学生通过自主阅读提高阅读科学资料的能力，了解这些发明创造产生的过程，知道还有很多的未知领域等待他们去探索。

板书设计

“观察身边微小的物体”一课的板书设计如图 6-16 所示。

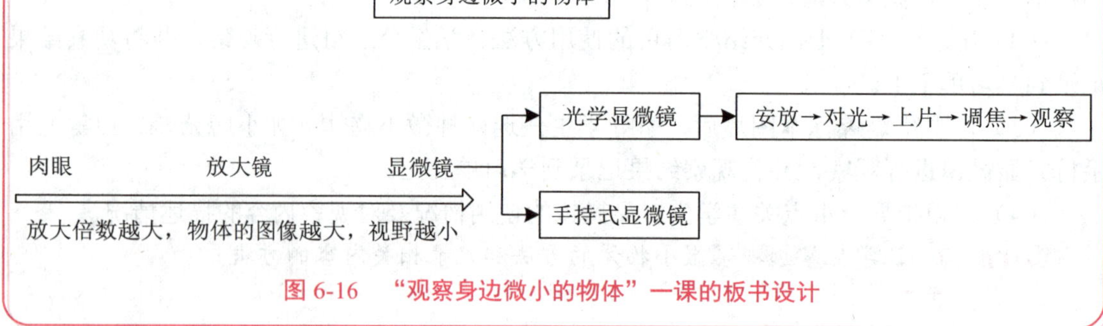

图 6-16 “观察身边微小的物体”一课的板书设计

实践活动

活动内容

以教科版《科学》(2019 年版) 3 年级下册第 2 单元“动物的一生”中第 3 课“蚕长大了”为课题，设计教学方案。

活动目标

通过设计教学方案，熟悉生命科学方面的学科核心概念、学习内容和学段目标，并根据具体教学内容运用相应的教学策略。

活动过程

（1）每 5 人一组，小组成员合理分工（要求各小组成员的任务分工与在物质科学实践活动中的任务分工不完全一样）。

（2）结合《课程标准》分析“动物的一生”这一课题涉及的主要概念和相应的学段目标。

（3）结合《课程标准》分析“动物的一生”这一课题在教材知识体系中的位置和作用，确定具体的教学内容。

（4）结合《课程标准》和教科版教材分析 3 年级学生的认知能力，并确定四维教学目标。

（5）根据教学内容设计具体的教学活动，并按照一定的逻辑顺序编排这些教学活动。

（6）根据“动物的一生”的内容特点和具体教学活动的安排，选用合适的教学策略和教学方法。

（7）合理合计教师和学生在整个教学过程中的主要行为，并写明设计意图。

（8）各小组将各自的教学方案系统、直观地呈现出来。

活动评价

授课教师可参考表 6-4 对实践活动进行评价。

表 6-4　活动评价表

评价标准	完成情况 （优、良、中、差）	教师点评
能准确地分析课题所涉及的主要概念和相应的学段目标		
能准确地分析课题在教材知识体系中的位置和作用		
能准确把握教学重难点，教学内容主次分明		
教学活动中灵活地融入了自主观察、猜测、分析、验证、推理、发现、交流等环节，有利于学生开展自主探究活动		
教学目标明确地体现在每个教学环节中，所采用的教学手段都是为实现教学目标服务的		
教学设计前后衔接连贯，能够较好地引导学生建构新知		

第七章

地球与宇宙科学相关内容教学

学习目标

知识目标

- 了解地球与宇宙科学相关内容的教学价值。
- 明确地球与宇宙科学相关内容的教学目标。
- 熟悉地球与宇宙科学相关内容的主题与特点。

技能目标

- 能深入分析地球与宇宙科学的相关内容，并结合实际情况分析教材内容和学情。
- 学会灵活运用地球与宇宙科学相关内容的教学策略。

素养目标

- 深刻理解地球与宇宙科学对人类生存及社会发展的重大意义。
- 率先垂范，从身边的小事做起，自觉保护人类共同的家园——地球。

案例导入

小学3年级学生某一节科学课的课题是“月相变化的规律”。这一课是教科版《科学》3年级下册第3单元“太阳、地球和月球”的第4课。小学科学教师杨老师提前熟悉了本节课的教材内容，明确了在本节课的教学过程中需要引导学生通过观察月相、给月相图片排序、将月相图片装订成册等方式探索月相的变化规律，激发学生对浩瀚宇宙的好奇心。

为了更好地开展教学活动并取得良好的教学效果，杨老师分析和梳理了与本节课内容相关的课程目标。根据《课程标准》的规定，小学3～4年级学生应知道月球是地球的卫星，并了解月相变化的规律。

接下来，杨老师分析了“月相变化的规律”这一课在整套教材和本册教材“太阳、地球和月球”单元中所处的位置和所应发挥的作用，并结合3年级学生的认知特点和思维发展水平，制订了“月相变化的规律”的课时教学目标。

“月相变化的规律”的课时教学目标分为以下4个方面。

（1）科学观念目标：了解月相是因月球的一部分被太阳照亮而形成的；知道月相变化在一个月内有一定的规律（教学重点）。

（2）科学思维目标：能在教师的引导下，结合图片资料或模拟实验，认识月球表面的概况。

（3）探究实践目标：能通过图片排序、制作月相图片手册等方式发现和描述月相变化规律（教学难点）；掌握处理图片信息的方式；能根据一定的事实，对自己的探究过程进行反思与调整。

（4）态度责任目标：保持对月相变化规律的好奇心及观察月相的兴趣；积极参与讨论，愿意倾听别人观点，并修正自己的认知；认识月相变化对人们生产生活产生的影响。

结合“月相变化的规律”这一课的内容特点和3年级学生的认知规律，杨老师决定在教学过程中采用以下教学方法：观察法、谈话法、讨论法和微视频展示法。与此同时，杨老师准备了本节课所需的教学工具：PPT、月相变化图片及视频、燕尾夹。

之后，杨老师计划按照以下5个步骤开展本课的教学活动。

（1）课前引导。课前让学生观察并记录一些不同的月相。

（2）聚焦话题。出示两张月相图片，引导学生回顾在2年级学过的月相知识；引导学生讨论这两张图片中的月相出现的先后顺序，从而引出本节课的主题——月相变化的规律。

（3）探索新知。先通过PPT展示一组月相图片，然后将学生分组，为每个小组分发一组图片，并引导学生根据自己观察到的月相变化为这组图片排序（圆形排序或直线排序都可以）；引导各小组展示自己的排序结果并进行组间交流，告知各小组可

以参考其他小组的排序结果调整自己的排序；播放一个月内的月相变化视频，让学生根据视频调整自己的排序；最后让学生将排好序的月相图片叠放在一起，然后用燕尾夹夹起来并快速翻动，这样就可以看到月相在一个月内的变化了。（注意：需向学生说明图片的方位，即哪一面朝上）

（4）深入研讨。引导学生总结一个月内月相变化的规律。

（5）拓展延伸。鼓励学生从以下几个方面继续探索：① 课外坚持记录一个月的月相变化，看一看是否和本节课探索的规律一致；② 观察夜空中月球的运动，总结月球的运动规律；③ 观察星空中月球周围星星的位置变化，并说说这种变化与月相变化之间存在什么联系。

你知道地球与宇宙科学方面的教学内容有哪些吗？这些教学内容对不同学段学生的具体要求分别是怎样的？杨老师对“月相变化的规律”这一课的教学设计是否合理？该教学设计采用了哪些教学策略和方法？在教学实践中，小学科学教师应如何设计地球与宇宙科学相关内容的教学过程？下面，就让我们一起学习本章内容，进而揭晓上述问题的答案。

第一节　地球与宇宙科学相关内容的分析与教学

一、地球与宇宙科学相关内容的教学价值

在小学科学教学中，地球与宇宙科学的相关内容主要具有以下 3 个方面的教学价值。

（一）激发学生探索科学的兴趣

地球与宇宙科学以地球与宇宙中的现象、事物和规律为研究对象，充满了无穷的奥秘。通过学习地球与宇宙科学的相关内容，学生可以初步了解神秘的宇宙，了解太阳、月球、地球等天体的运动规律，地球的物质组成及人与自然的关系，以及了解人类探索宇宙奥秘的历程等。学习的内容与过程可以满足学生的好奇心和求知欲，进而激发学生探索科学的兴趣。

（二）培养学生的科学核心素养

通过学习地球与宇宙科学的相关内容，学生可以初步建立科学的自然观、世界观和发展观。不同类型的学习内容可以培养学生不同层面的科学素养。从《课程标准》规定的内容来看，该领域的学习内容可从多个层面培养学生的科学核心素养。

例如，通过学习地球的形态与构造、地球系统的变化规律、人类活动与环境之间的关系等内容，学生可以丰富科学知识储备，进一步完善科学知识结构；通过观察常见的天气现象、模拟地球内部的圈层结构、验证降水强度和地形坡度等变量对水土流失的影响等探究实践活动，学生可以掌握实地考察、实验模拟、模型建构、逻辑推理等科学方法，提升科学思维能力和探究实践能力，并培养敢于质疑、严谨求实、勇于创新的探究态度。

（三）培养学生的可持续发展观

20 世纪中叶以来，全球环境不断恶化，人们进一步认识到人与自然协同发展的重要性。基于此，人们开始大力发展可持续发展教育。当前，在人们越来越重视环境问题、资源问题的形势下，小学科学课程在可持续发展教育中的载体作用越来越明显。地球与宇宙科学的相关内容正是发挥这一作用的重要载体。

通过学习地球与宇宙科学的相关内容，学生可以科学地认识和解释一些自然现象，初步建立科学的宇宙观和自然观；能够在了解地球系统的基础上，认识到地球上各种资源的价值和保护它们的重要性，进而关注社区、国家和全球的能源问题和环境问题，形成人与自然和谐相处的情感、态度和价值观。这是科学课程的重要任务，也是可持续发展教育的必然要求。

匠心筑梦

“天宫课堂”：种下爱国情，点燃科学梦

“飞天梦永不失重，科学梦张力无限。”2022 年 3 月 23 日下午，“天宫课堂”第二课如约举行，在约 400 千米高的环地球轨道上，“神舟十三号”乘组指令长翟志刚和航天员王亚平、叶光富携手开讲，在近 1 个小时的授课过程中，不仅现场演示了丰富多彩的科学实验，而且以天地连线的方式回答了地面课堂上的学生提出的问题。这些精心设计的科学实验及其背后蕴含的科学道理，激发了广大青少年探求科学规律、探索宇宙奥秘的热情。

……

抛出去的北京冬奥会吉祥物“冰墩墩”玩偶没有沿抛物线方向落下，而给人以沿着直线做匀速运动的感觉；一种过饱和溶液（在一定的温度和压力下，浓度已超过溶解度而溶质仍未析出的溶液）沿着短管从袋子中挤出，在短管的一端形成液体球，而后悬浮于空中，液体球被一条短棒一碰，就像被施了魔法一般，很快通体“结冰”，变成一个冰球；植物油与水在小瓶中交融后却不能自行分离，而用绳子拴住小瓶的一端，再用手臂甩上一会儿，水与油便成功分离了……

这些在空间站微重力环境下演示的现象与在地面上所看到现象的差异之大，完全超越了日常的经验和感知。“天宫课堂”结束后，很多学生依然兴趣盎然，继续探索这些现象所蕴含的科学原理。“我的孩子看完直播授课后，写了篇日记，提出了好几个关于太空的问题。我认为这是他写得最好的日记。这几天，他一直在查资料，找答案。太空课堂真是让他大开眼界，感谢中国空间站上的航天员老师们！”一位家长在社交媒体上这样写道。

“天宫课堂”随着载人航天技术的进步而发展演进。与第一次授课时相比，“天宫课堂”这次正式开课时的直播画面更加清晰，声音延迟明显减少。这得益于承担天地数据传输的中继通信卫星即天链卫星的发展。天链卫星数据传输能力和稳定性的大大增强，使得“天宫课堂”的呈现效果得到了明显提升。

“这两年，随着‘天宫课堂’陆续与大家见面，我能感受到孩子们对航天活动的兴趣越来越浓，更多的孩子热衷于各类科技活动。”天津师范学校和苑附属小学科学教师李庆说。

杭州市丁兰实验中学709班的班主任戴维老师和同学们一起看了“天宫课堂”直播。戴老师说，自己是科学老师，希望借“天宫课堂”将科学的种子播撒在孩子们的心里。

星空浩瀚，探索无限。每一次的“天宫课堂”都在学生们的心底播下了一颗颗有关“航天梦”的种子，课堂上的神奇现象、科技设备都能激发学生们对科学的喜爱。“天宫课堂”让学生们在亲历实验的过程中感受到了科学的魅力和祖国的强大，点燃了青少年的科学梦，是一堂爱国主义课程。小学科学教师应充分挖掘其中的育人元素，并将其运用到课堂教学中，帮助学生坚定理想和信念，促使他们做新时代好少年。

（资料来源：张保淑，《“天宫课堂”：中国科普新高度》，人民网，2022年3月28日）

二、地球与宇宙科学相关内容的学段目标

《课程标准》在规定科学课程总目标的基础上，分别从科学观念、科学思维、探究实践和态度责任4个方面对地球与宇宙科学相关内容的学段目标做了详细规定。在地球与宇宙科学相关内容的教学过程中，小学科学教师首先应当明确学段目标的具体内容，进而据此制订符合实际情况的教学目标。

以“科学观念”维度的学段目标为例，《课程标准》对地球与宇宙科学相关内容的学段目标做了进阶设计。地球与宇宙科学相关内容的科学观念学段目标如表7-1所示。

表7-1 地球与宇宙科学相关内容的科学观念学段目标

学段目标维度	学段目标内容		
	1～2年级	3～4年级	5～6年级
科学观念	能描述太阳升落、季节变化和月亮形状变化等自然现象，说出天气变化及其对人类生活的影响；知道地球是人类和动植物的共同家园	认识太阳、地球和月球，知道它们之间的空间关系；知道大气、水、土壤都是地球系统的基本要素；知道人类生活离不开自然资源，能认识到节约自然资源和保护环境的重要性	知道太阳、地球和月球的周期性运动及相关的自然现象，能认识到太空探索拓宽了人类的视野；知道地球系统不同圈层的相互作用促使了各种自然现象的出现；知道自然灾害对人类的影响和防灾减灾常识，能认识到调整人类不合理的生产和生活方式，可以减少对地球环境的影响

通过上述学段目标可以看出，关于地球与宇宙科学相关内容的学习，《课程标准》对不同学段的学生提出了不同的要求，要求学生按照螺旋式上升的方式提升对地球与宇宙的认知，低学段的学习为中学段、高学段的学习打基础，各学段的认知层层递进。

在科学思维、探究实践和态度责任的维度，《课程标准》同样对地球与宇宙科学相关内容的学段目标做了进阶设计，此处不再详述。在教学实践中，小学科学教师应当根据学段目标的进阶规律设计和开展教学活动。

三、地球与宇宙科学相关内容及其教学分析

《课程标准》规定，小学科学课程有 13 个学科核心概念，其中地球与宇宙科学方面的学科核心概念有 3 个。每个学科核心概念包括多项学习内容，每项学习内容对应着一定的内容要求。在不同版本的小学科学教材中，这些学科核心概念及其涉及的学习内容会以不同的形式予以呈现，并按照不同的逻辑进行编排。小学科学教师在开展教学活动时，应当将《课程标准》明确规定的学科核心概念和学习内容研究透彻，并系统地分析教材的相关内容和内在逻辑。

（一）学科核心概念及其学习内容

地球与宇宙科学方面的学科核心概念及其学习内容如下。

1. 学科核心概念 9

学科核心概念 9 为“宇宙中的地球”。这一概念主要包括以下 6 项学习内容。

9.1 地球是一颗行星。

9.2 地球绕地轴自转。

9.3 地球围绕太阳公转。

9.4 月球是地球的卫星。

9.5 地球所处的宇宙环境。

9.6 太空探索拓展了人类对宇宙的认知。

“宇宙中的地球”的学习内容之间有着内在联系，其结构关系如图 7-1 所示。

地球是人类赖以生存的唯一家园。它是太阳系中的一颗行星，与月球一起组成地月系，与太阳、绕太阳运转的其他行星及其卫星和各类小天体组成太阳系。太阳系位于银河系，银河系是宇宙中的一个普通星系。地球的自转和公转导致昼夜交替、四季变化等周期性自然现象的产生。人类对太空的探索，正在逐步揭开宇宙的奥秘。对于小学生来说，认识地球需要从身边可以感知的自然现象开始，然后向地球以外的宇宙空间探索，逐步认识月球、太阳系、银河系和整个宇宙，进而形成对宇宙结构和层次的认识，并建构相关的科学概念。

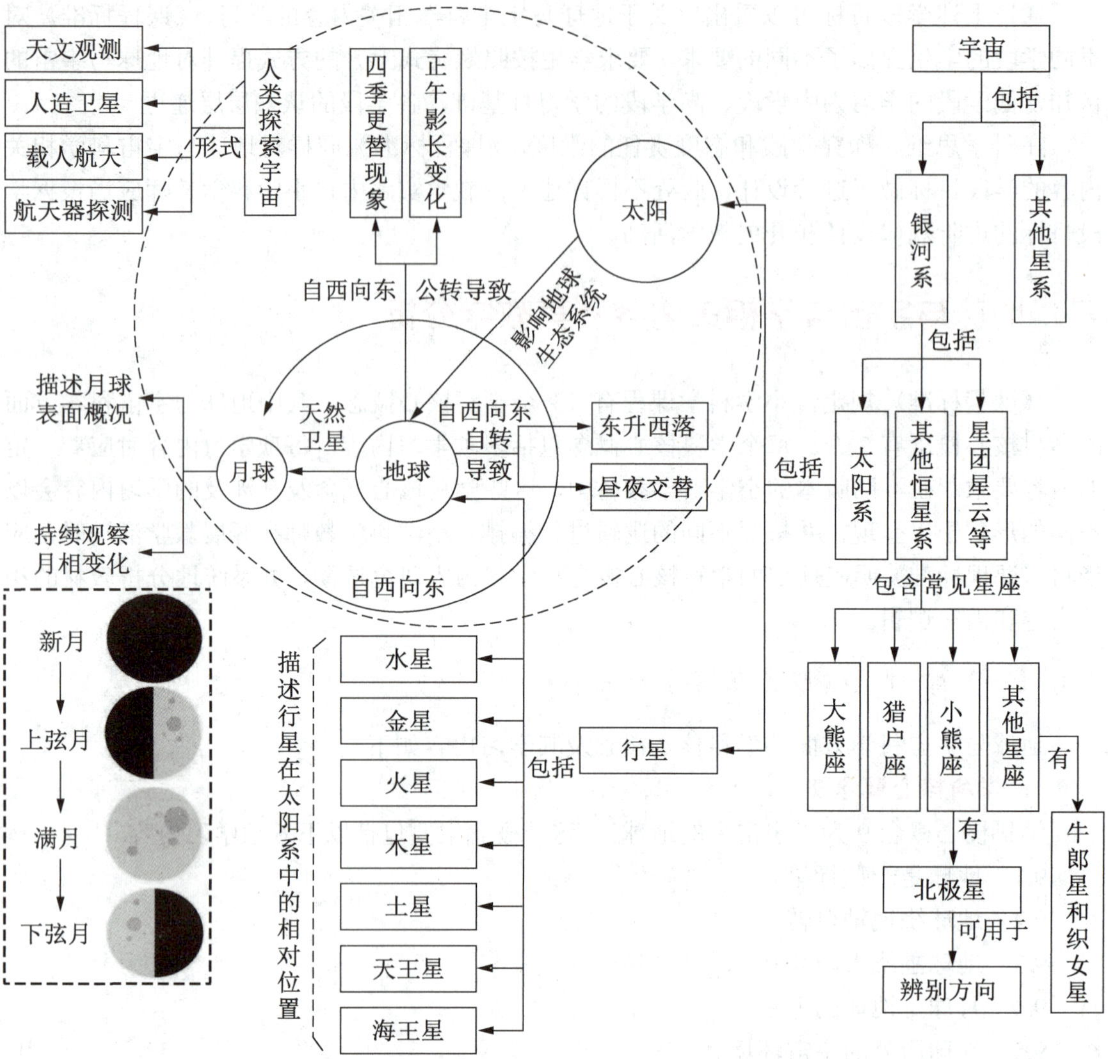

天文观测
人造卫星
载人航天
航天器探测
形式
人类探索宇宙
四季更替现象
正午影长变化
太阳
自西向东 公转导致
影响地球生态系统
描述月球表面概况
天然卫星
月球
地球
自西向东
自转
导致
东升西落
昼夜交替
持续观察月相变化
自西向东
新月
上弦月
满月
下弦月
描述行星在太阳系中的相对位置
水星
金星
火星
木星
土星
天王星
海王星
包括
行星
宇宙
包括
银河系
其他星系
包括
太阳系
其他恒星系
星团星云等
包括
包含常见星座
大熊座
猎户座
小熊座
其他星座
有
有
北极星
可用于
辨别方向
牛郎星和织女星

图 7-1 “宇宙中的地球”学习内容的结构关系

“宇宙中的地球”的各项学习内容是根据上述逻辑来搭建的。学习内容 9.1、学习内容 9.2 和学习内容 9.3 可以让学生通过身边的自然现象来认识地球及其运动；学习内容 9.4 和学习内容 9.5 可以让学生按照由近到远的顺序依次认识月球、太阳系、银河系和整个宇宙空间，从而逐步形成“宇宙中的地球”的概念；学习内容 9.6 可以让学生认识到人类通过太空探索形成对宇宙的认知，进而加深对“宇宙中的地球”这一概念的理解。

在小学科学教学实践中，教师应当深入分析各项学习内容，把握学习内容之间的关系，并根据《课程标准》规定的每项学习内容的学段内容要求，合理地安排各学段的教学内容，具体安排如下。

（1）对于 1～2 年级的学生，教师应让他们学会观察和描述太阳每天在东升西落过程中的位置变化，初步学会根据太阳的位置辨认方向；让他们学会描述季节变化的现象，能举例

说明季节变化对动植物和人们生活的影响；让他们知道每天观察到的月相是有变化的。

（2）对于 3～4 年级的学生，教师应让他们知道地球是一个球体，是太阳系中的一颗行星，太阳系中有 8 颗行星；让他们学会观察和描述太阳光照射下物体影长的变化情况；让他们知道月球是地球的天然卫星，并学会通过望远镜或利用图片资料来了解月球表面的概况。

（3）对于 5～6 年级的学生，教师应让他们知道地球的自转轴、自转周期和自转方向，理解昼夜交替和天体东升西落等自然现象与地球的自转有关；让他们知道地球围绕太阳公转的周期和方向，理解四季更替与地球的公转有关；让他们知道 4 种月相及其变化情况，学会比较太阳、地球和月球的相对大小，知道太阳是一颗恒星，是太阳系的中心天体，并学会描述 8 颗行星在太阳系中的相对位置；让他们知道宇宙中有很多行星，学会识别织女星、牛郎星等亮星，学会利用北极星辨认方向，知道大熊座、猎户座等星座；让他们了解人造卫星、载人航天、天文观测和利用航天器探测宇宙的历史，关注我国航天事业、月球和深空探测事业的进展，知道太空环境对人体健康的影响。

对学科核心概念 9“宇宙中的地球”的学习，有助于学生形成“物质与能量”“系统与模型”“稳定与变化”等跨学科概念。

提 示

地球运动的相关知识是地球与宇宙科学的重要内容。考虑到小学生的空间想象力和逻辑思维能力较弱，教师在进行教学设计时应注意以下两点：① 借助演示工具（如三球仪）帮助学生理解地球的自转和公转；② 培养学生的自主学习能力和探究实践能力，让学生在参与探究的过程中获得对地球自转和公转的认识。

合作探究

观察星空、寻找星座往往受天时地利等因素的影响。面对这种情况，在开展教学活动时，小学科学教师可以借助哪些工具让学生学习星空、星座的相关知识？

2. 学科核心概念 10

学科核心概念 10 为“地球系统”。这一概念主要包括以下 4 项学习内容。

10.1 天气和气候。

10.2 水循环。

10.3 岩石和土壤。

10.4 地球内部圈层和地壳运动。

“地球系统”的学习内容之间有着内在联系，其结构关系如图 7-2 所示。

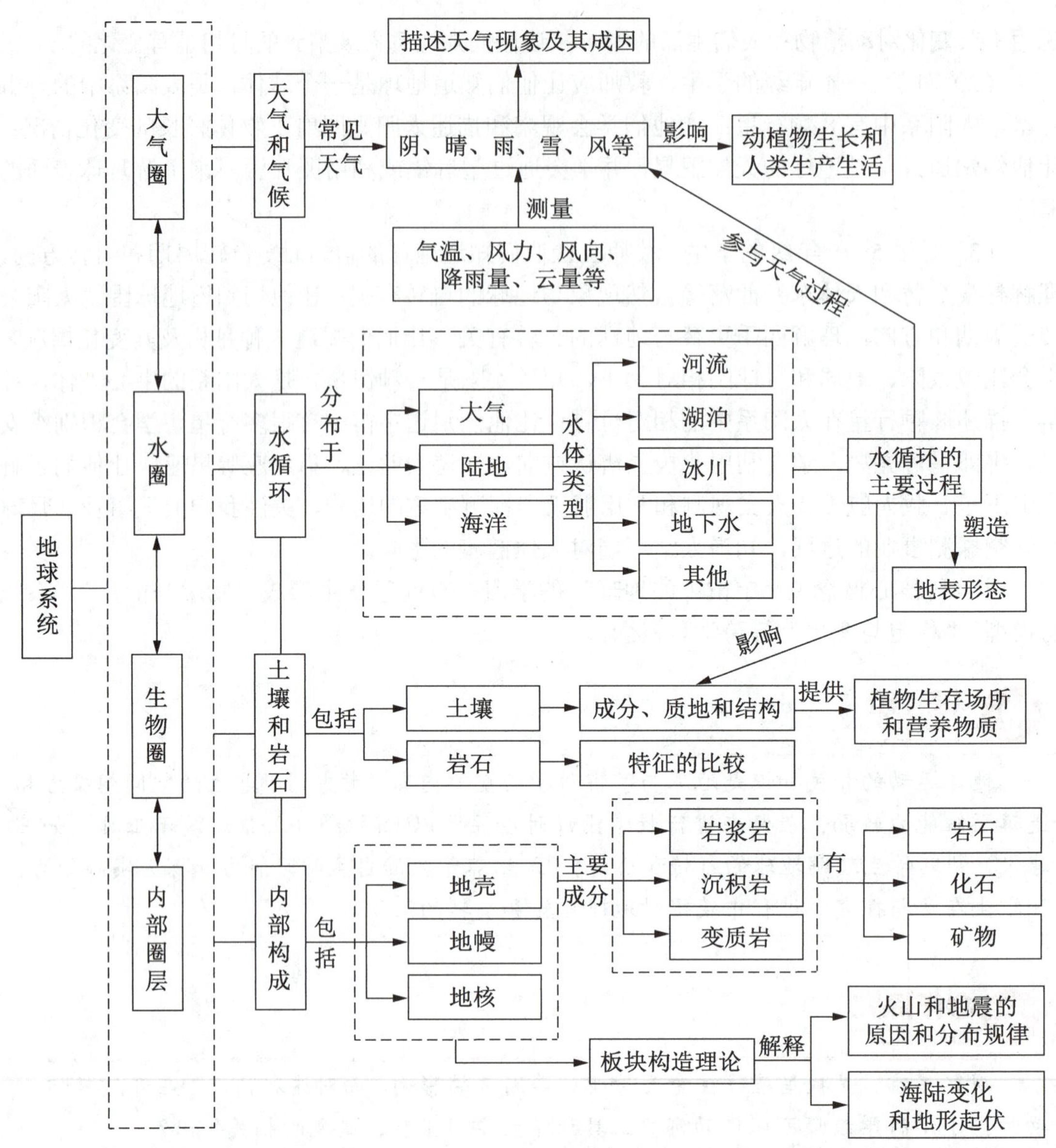

图 7-2 “地球系统”学习内容的结构关系

地球是一个由不同圈层组成的系统。其外部包括大气圈、水圈和生物圈，内部包括地壳、地幔和地核，地壳和地幔的一部分组成了岩石圈。不同圈层之间有着密切联系，存在物质交换和能量传输。各圈层的运动变化为人类宜居环境的形成提供了条件。对于小学生来说，认识地球系统需要从身边可以感知的天气与气候、水循环现象开始，逐步向土壤及其形成原因、地球的内部结构和地壳运动的相关知识过渡，按照由外部圈层到内部圈层、由直观到抽象的逻辑逐渐建构“地球系统”的概念。

“地球系统”的各项学习内容是根据上述逻辑来搭建的。学习内容 10.1 至学习内容 10.4 分别描述了大气圈、水圈、岩石圈和地球内部圈层及运动的相关内容，可以让学生

按照由直观到抽象、由局部到整体的逻辑认识地球系统。

在小学科学教学实践中，教师应当深入分析各项学习内容，把握学习内容之间的关系，并根据《课程标准》规定的每项学习内容的学段内容要求，合理地安排各学段的教学内容，具体安排如下。

（1）对于 1～2 年级的学生，教师只需要让他们知道阴、晴、雨、雪、风等天气现象，并学会描述天气变化对动植物和人类生活的影响；让他们知道土壤为众多动植物提供了生存场所。

（2）对于 3～4 年级的学生，教师应让他们知道地球表面被大气包围着，且大气是运动的；让他们学会使用气温计测量气温，并学会描述一天中气温的变化；让他们学会使用仪器测量和记录气温、风力、风向、降水量等气象数据并根据测量结果描述天气状况；让他们学会识别常用的天气符号，并理解天气预报用语；让他们知道地球表面的海陆分布情况，并能说出主要水体类型；让他们知道土壤的主要成分，学会观察和描述沙质土、黏质土、壤质土的特点，并能举例说出适宜在这些土壤中生长的植物。

（3）对于 5～6 年级的学生，教师应让他们知道雨、雪、雾等天气现象的成因，以及水在改变地表形态过程中发挥的重要作用；让他们知道地球表面覆盖着岩石、岩石由矿物组成，学会通过观察和使用简单工具比较不同岩石的特征；让他们知道地球的内部结构、地壳的主要构成成分，了解化石的形成及科学价值，知晓火山喷发和地震是地球内部能量集中释放的自然现象。

对学科核心概念 10“地球系统”的学习，有助于学生形成“物质与能量”“系统与模型”等跨学科概念。

小学科学教师在引导学生学习“水在地表流动的过程中塑造着地表形态”的内容时，可以通过模拟实验让学生知道在水流的冲刷下，有植被的地表和缺乏植被的地表出现的水土流失状况是不一样的。这样既能让学生知道水的流动可以塑造地表形态，又能让学生意识到植树种草对保持水土的重要作用。

3. 学科核心概念 11

学科核心概念 11 为“人类活动与环境”。这一概念主要包括以下 3 项学习内容。

11.1 自然资源。

11.2 自然灾害。

11.3 人类活动对环境的影响。

“人类活动与环境”的学习内容之间有着内在联系，其结构关系如图 7-3 所示。

在地球上，人类的活动与自然环境相互影响。人类的生存和发展离不开对自然资源的开发和利用，同时也面临着自然灾害的威胁。人类活动会对环境产生影响，良好的生态环境是一种公共资源。合理利用资源和科学防灾减灾是人类与自然和谐共处的必要条件。对于小学生来说，对人类活动与环境之间关系的认识，可以先从生活中常见的自然资源及其价值、自然灾害及其危害开始，然后逐步认识人类活动对环境造成的各种影响（如资源枯竭、环境污染、生态破坏等），进而形成相关的科学概念，树立正确的人地协调观。

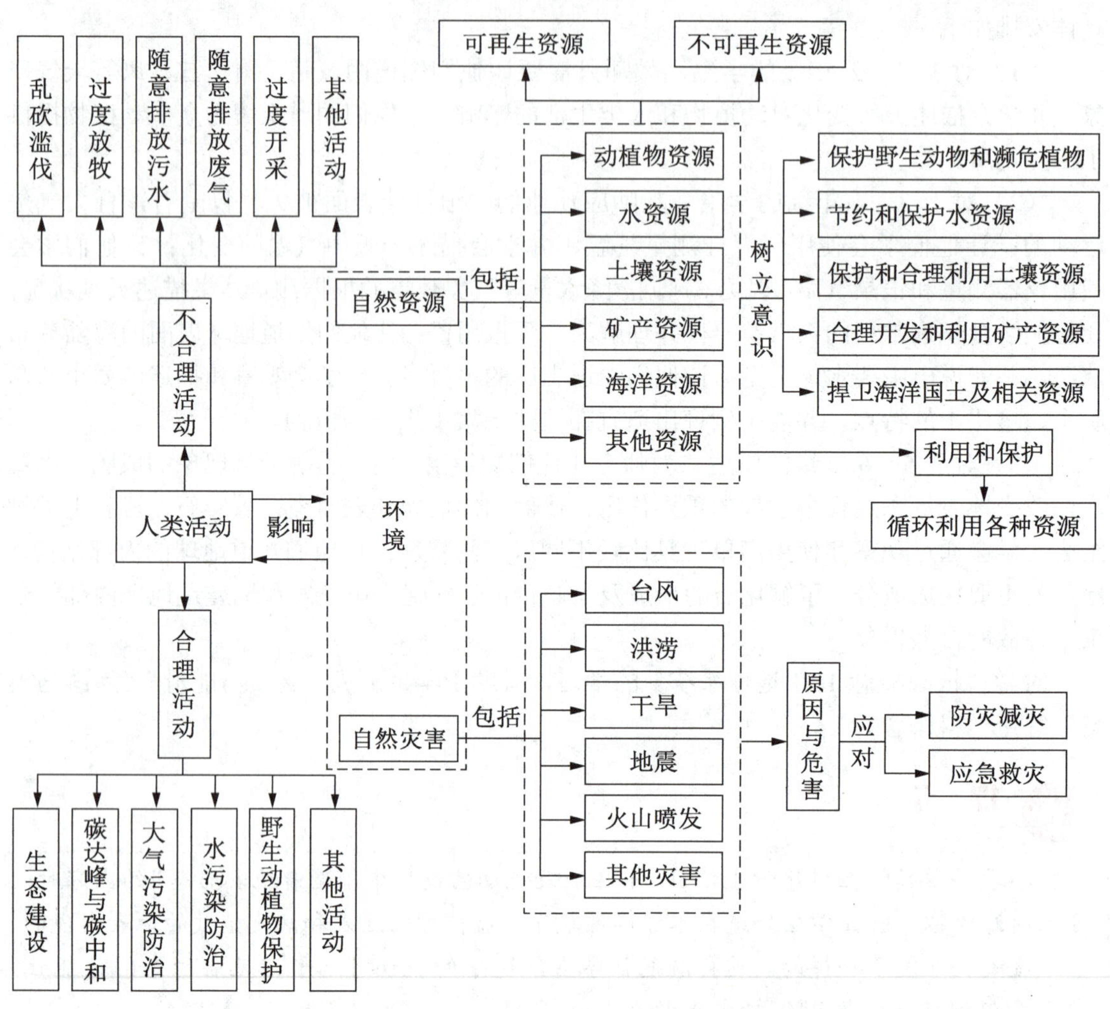

图 7-3　“人类活动与环境”学习内容的结构关系

“人类活动与环境”的各项学习内容是根据上述逻辑来搭建的。学习内容 11.1 主要阐述自然资源的类型及价值，学习内容 11.2 主要阐述自然灾害的类型及危害，学习内容 11.3 主要阐述人类活动对环境造成的各种影响，三者按照先分后总的逻辑引导学生逐步理解并建构“人类活动与环境”的概念。

在小学科学教学实践中，教师应当深入分析各项学习内容，把握学习内容之间的关系，并根据《课程标准》规定的每项学习内容的学段内容要求，合理地安排各学段的教学内容，具体安排如下。

（1）对于 1～2 年级的学生，教师只需要让他们知道地球是人类与动植物共同的家园，能举例说出人类的生活与自然环境有关，并树立节约资源、保护环境的意识。

（2）对于3～4年级的学生，教师应让他们能列举人类利用矿产资源进行工业生产的例子和人类生活离不开水资源的例子，并树立合理利用矿产资源和节约用水的意识；让他们知道土壤是农业生产的基础，树立保护土壤资源的意识；让他们知道有些废旧材料可以被分类和回收。

（3）对于5～6年级的学生，教师应让他们知道海洋为人类生存提供了多种资源，并树立海洋国土意识；让他们知道资源可分为可再生资源和不可再生资源，并通过践行垃圾减量与分类回收，树立循环利用资源的意识；让他们能通过实例了解各种自然灾害及其影响，树立自我保护和防灾减灾的意识；让他们正确认识经济发展和生态环境保护的关系，并能结合实例说明人类不合理的开发活动对环境的影响，提出保护环境的建议；让他们关注野生动物和濒危植物的保护问题，拒绝濒危动植物贸易及相关产品贸易，认识到保护生物多样性的重要性。

对学科核心概念11“人类活动与环境”的学习，有助于学生形成“系统与模型”“稳定与变化”等跨学科概念。

提　示

当前，海洋资源越来越受重视，提升学生对海洋资源的认识已经成为建设海洋强国的重要内容。因此，小学科学教师在讲授海洋资源这部分内容时，应当引导学生充分认识海洋资源的巨大价值，增强学生开发、利用、保护海洋资源的意识。

（二）教材内容的编排特点

地球与宇宙科学的研究对象是地球与宇宙中有关的现象、事物和规律，其中很多现象的观测需要一定的时间跨度，且相关规律较为抽象，而低学段学生的思维发展还处于具体形象思维阶段。因此，地球与宇宙科学的相关内容多安排在中学段和高学段。

为了合理地组织教学内容和制订教学目标，小学科学教师应在分析《课程标准》明确规定的学习内容的基础上，深入分析教材内容及其编排特点。经分析发现，在各版本小学科学教材中，地球与宇宙科学相关内容的编排具有以下共性特点。

1. 内容编排符合认知规律

学习建立在个体当前的认知基础之上，地球与宇宙科学知识的学习也不例外。在各版本小学科学教材中，地球与宇宙科学相关内容的安排着眼于学生在不同学段的认知基础和认知能力，每个学段的内容安排都为学生下一学段的学习奠定基础；同时，每个学段的内容均略难于上一阶段的内容，学生通过努力就可以完成相应的学习任务，从而逐步提高认知水平。

2. 教学内容注重适度创新

课程标准是教材的编写指南和评价依据，各版本小学科学教材都是编写者在充分领会了《课程标准》的基本思想后编写出来的。由于不同地区的文化传统、经济发展、教学资源等存在一定差异，各版本教材的编写者综合考虑了相关地区的地域文化特色、教育发展水平和教学资源，使得教材的内容及其编排既符合课程标准又各具特色。

例如，对于岩石的观察，人教版教材要求学生观察的岩石为花岗岩（主要成分为石英、长石、云母）、砂岩、页岩、石灰岩和大理岩，教科版教材要求学生观察的岩石为石英、长石、云母及大理岩，苏教版教材要求学生观察的岩石为花岗岩、砂岩、大理岩和石灰岩。各版本教材均以《课程标准》为基础进行了一定程度的创新，具有自身特色。

3. 科学探究提倡自主学习

为了落实教学改革和促进学生学习方式的转变，各版本教材的编写改变了以往过于注重科学知识传授、促使学生机械地学习科学知识的思路，转为以下思路：突出学生自主学习能力的培养，加强对学生科学思维和探究能力的训练，以提升学生分析、解决科学问题的能力，最终达到学以致用的目的。具体而言，各版本教材编写者均从学生自主学习的角度出发，在教材内容中融入了以下思想：① 注意激发学生学习科学的兴趣，引导他们主动参与科学探究活动；② 有意识地为学生的自主学习创造条件；③ 让学生通过自主学习获取一些基本的科学知识。

四、地球与宇宙科学相关内容的教学策略

地球与宇宙科学的相关内容较为抽象，相关知识的理解难度较大。因此，在地球与宇宙科学相关内容的教学过程中，小学科学教师应基于相关教学内容的分析结果，选择合适的教学策略，设计合适的教学活动，帮助学生理解《课程标准》中地球与宇宙科学方面的学科核心概念和相关知识，有效地促进他们空间想象能力、模型思维能力和逻辑推理能力的发展，引导他们树立科学的宇宙观和自然观，并对地球和宇宙科学保持持久的探究热情。

（一）注重关联前后内容

学习是一个在现有认知基础上不断吸收相关知识的过程。注重学习内容的前后关联，是提升教学效果的重要策略。因此，在地球与宇宙科学相关内容的教学过程中，小学科学教师应当注意各课时内容的前后联系，让学生在掌握之前所学知识的基础上学习新知识。

例如，教师在讲授教科版《科学》3 年级教材中“月相变化”一课时，要注意联系 2 年级“观察月相”一课的相关内容（月相在每个月有规律地变化着）；同时，“月相变化”一课的教学还要为“月球——地球的卫星”一课的教学奠定基础。

（二）善于构建科学模型

构建科学模型是突破地球与宇宙科学相关内容的教学难点的关键策略。地球与宇宙科学方面的知识比较抽象，学生认识和理解相关内容时会存在一定的难度，而科学模型可以直观地呈现比较抽象的科学知识和原理。因此，在地球与宇宙科学相关内容的教学活动中，小学科学教师要善于引导学生构建科学模型或设计相应的模拟实验，让学生通过科学模型或模拟实验搜集证据，对科学猜想进行论证，最终用得出的结论对科学现象进行解释。

知识链接

由于不同学段学生的认知水平存在差异，所以小学科学教师在引导学生进行模拟实验时应注意采用不同的实施方案。例如，对于 1～2 年级的学生，教师可直接出示模拟教具并告知学生实验方法，指导学生做实验，让他们通过模拟实验来理解相关知识；对于 3～4 年级、5～6 年级的学生，教师不必直接告知学生具体的实验步骤，而应通过出示材料、提问来引导学生自主思考，促使他们自主探索模拟实验的方案。

（三）有效利用教学工具

现代化教学工具（如多媒体、微课视频等）集文字、图像、音频、视频于一体，能播放动听的音乐，呈现色彩斑斓的图案，还能将静态图片变成动态画面，从而将抽象概念具体化、微观概念宏观化，帮助学生更好地理解科学知识。因此，在地球与宇宙科学相关内容的教学过程中，小学科学教师应充分利用现代化教学工具，让学生更加直观地认识宇宙奥秘，并理解地球运动所引发的各种现象，从而改善教学效果。

在地球与宇宙科学相关内容的教学中，还可以使用哪些教学策略？请简单介绍这些策略的适用情形和实施方法。

第二节 地球与宇宙科学相关内容的教学实例

一、“各种各样的天气”一课的教学实例

“各种各样的天气”是教科版《科学》2 年级上册第 1 单元“我们的地球家园”的第 5 课，属于和地球与宇宙科学密切相关的内容。下面是这一课的教学实例。

（一）教学背景分析

1．课标分析

《课程标准》中，学科核心概念 10 为“地球系统”，其学习内容 10.1 为“天气和气候”，要求 1～2 年级的学生“知道有阴、晴、雨、雪、风等天气现象”，并能“描述天气变化对动植物和人类生活的影响”。

教学实例：各种各样的天气

2. 教材分析

“我们的地球家园”这一单元可分为6个部分，各部分内容的学习要求如下。

第1部分（第1课）：知道地球是人类赖以生存的地方，上面有山川、河流、海洋、土壤、空气、阳光等。

第2部分（第2课）：知道土壤是地球家园的重要资源，土壤对动植物生存具有重要意义。

第3部分（第3～4课）：知道地球上生物的生存离不开太阳的光和热，知道太阳每天东升西落，并且会利用太阳在天空中的位置来辨别方向；知道月相每月有规律地变化着，月相是逐渐发生变化的，月相亮面有时逐渐变大，有时逐渐变小。

第4部分（第5课）：了解阴、晴、雨、雪、风等天气现象，会描述天气变化对动植物和人类生活的影响。

第5部分（第6课）：认识一年中的季节更替现象，知道季节变化对动植物和人类的影响。

第6部分（第7课）：知道人类生存离不开动植物，初步树立珍惜动植物资源的意识。

本课是“我们的地球家园”单元的第4部分。在日常生活中，学生对常见天气现象的认识已经有了一定的经验积累。通过对本课的学习，学生将从科学角度进一步认识各种天气及其对地球家园的影响。

3. 学情分析

2年级学生已经具备初步的观察能力，他们对于“天气有哪些变化”有着一定的认知经验。对于不同的天气，如晴、雨、雪等，他们能够根据生活经验做出一定的判断，也能说出一些比较明显的特征。但是，2年级的学生对这些天气现象的认识是零碎的、不够深入的。因此，教师应在学生已有认知经验的基础上引导他们认识天气变化现象，并组织他们从“天气对动植物和人类生活的有利影响和不利影响”两个方面进行思考和交流。

（二）教学目标及重难点

1. 科学观念目标

知道并会区分阴、晴、雨、雪、风等天气现象。（教学重点）

2. 科学思维目标

能在教师的指导下识别不同天气对动植物和人类生活的影响。（教学难点）

3. 探究实践目标

（1）学会利用多种感官观察天气，能运用恰当的词语描述天气特征。

（2）能在教师的指导下设计天气符号，并用天气符号正确地记录天气。

4. 态度责任目标

（1）能对各种天气现象产生探究兴趣。

（2）愿意倾听他人的看法，乐于分享自己的观点。

（3）能根据天气情况合理安排学习和生活。

（三）教学用具

常见天气的图片和视频、PPT、画图用纸、彩笔、铅笔、学生活动手册等。

（四）教学过程设计

1. 课题导入

（1）引导："大家喜欢猜谜语吗？老师这里有几个关于天气的谜语，下面我们来开动脑筋猜一猜吧！"

① 千条线，万条线，落在水里看不见。（雨）

② 水皱眉，树摇头，草弯腰，云逃走。（风）

③ 像花花园不种它，花儿刚开就落下，春夏秋季它不长，寒冬腊月开白花。（雪）

（学生讨论后回答）

设计意图　通过猜谜语导入本课的教学内容，让学生迅速聚焦于本课的研究对象——天气。同时，让学生通过猜谜语回忆自己经历过的天气，为后面认识"天气是变化的"奠定基础。

（2）提问："我们刚刚猜的谜语有提到今天的天气吗？今天是什么天气呢？"

（学生透过窗户观察天气并展开交流）

（3）引导："我们有时会看到太阳高高地挂在天空，有时会看到雨滴撒落池塘、雪花漫天飞舞，它们都代表了不同的天气情况。这节课我们就来认识一下各种各样的天气吧。"（板书：各种各样的天气）

2. 探索发现

1）认识不同的天气

（1）讲述："地球家园里的天气是不断变化的，同学们都知道哪些天气呢？大家来说一说吧。"

（学生相互交流自己知道的天气）

（2）提问："我们如何判断这些天气呢？"

（学生交流区别不同天气的方法并阐述自己的观点）

（3）小结："晴天的时候，阳光充足，云很少，阳光晒在身上很温暖。阴天的时候，天空中有很多云，云朵把太阳都遮住了，偶尔能从云缝中看到微弱的阳光，走在外面时感觉比晴天凉快一些。雨天的时候，有雨水落下来，地面湿润，有些地方还会有积水。下雪天有雪落下来，可以堆雪人……"

设计意图　让学生学会区分不同天气的特征，为分析天气对人们生活的影响做铺垫。

（4）展示能呈现不同天气的图片（见图 7-4）并提出要求："大家在生活中都经历过不同的天气。现在请同学们从这些图片中选择一种天气，并从阳光、云量、温度、风级、降水等多个角度把图片中各种天气的特征描述出来。"

晴天

雨天

阴天

雪天

图 7-4　能呈现不同天气的图片

（学生每 3 人一组展开讨论。讨论结束后，每组轮流汇报）

设计意图　引导学生从多个角度描述常见天气的不同特征，使他们更加深入地认识各种天气。

2）了解天气对人们的影响

（1）引导："天气是不断变化的，并且时刻影响着我们的生活。下面我们来说一说不同天气给我们的生活都带来了哪些影响。"

（学生结合自身的生活经验说一说天气给人们生活带来的影响）

（2）播放 PPT 并展示画面：干旱的秧苗、裸露出地面的树根、太阳能集热板和风车。引导学生描述图片中的事物，让他们结合图片内容说一说不同天气给动植物和人类带来的不利影响和有利影响。

（学生展开讨论）

设计意图　通过引导学生描述不同天气对动植物和人类的影响，让学生进一步了解天气与动植物、人类之间的关系。提示学生从有利影响和不利影响两个方面进行思考，让学生学会更加全面地看待问题。

（3）小结："适宜的天气有助于动植物的生长和生存，有利于人类的生产和生活。但是，如果某种天气持续时间过长或强度过大，就可能给动植物和人类带来不利的影响。"

3. 设计探究

（1）提问："同学们知道人们在日常生活中是用什么方法来表示天气的吗？"（学生讨论后回答）

（2）引导："对于云、风、雨、雪等天气现象，我们能否用简笔画的形式为它们设计相应的符号呢？下面我们就来尝试为各种天气设计符号吧！"

（3）引导学生根据各种天气的主要特征来设计相应的符号。学生动手画一画，为晴、多云、阴、雨、雪等常见的天气现象设计符号，并将符号填入表 7-2 中。

表 7-2 天气现象与天气符号

天气现象	晴	多云	阴天	雨天	雪天	……
天气符号						

（4）学生展示自己设计的天气符号。

（5）引导："大家设计的符号都很棒。其实，这些天气符号在气象学中都有规范的画法，我们一起看看这些规范画法和我们画的有哪些不一样吧。"

（6）展示规范的天气符号（见图 7-5），引导学生观察这些符号，让他们理解这些符号的意义。

图 7-5 规范的天气符号

4. 拓展延伸

让学生观察未来一周的天气，并将观察结果用天气符号的形式记录在活动手册中。

板书设计

“各种各样的天气”一课的板书设计如图 7-6 所示。

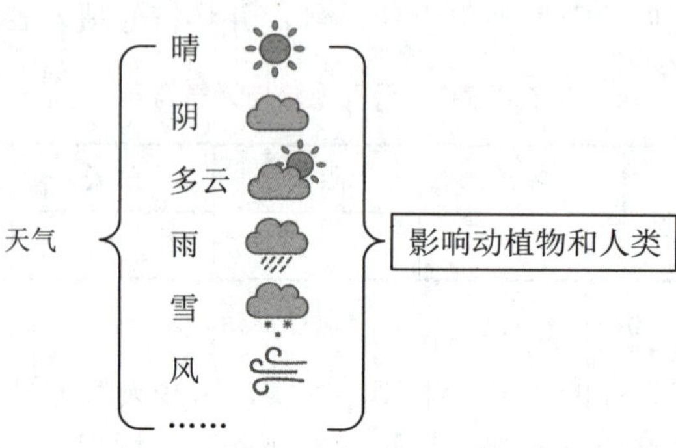

图 7-6 “各种各样的天气”一课的板书设计

二、“月球——地球的卫星”一课的教学实例

“月球——地球的卫星”一课是教科版《科学》3 年级下册第 3 单元“太阳、地球和月球”的第 5 课，属于和地球与宇宙科学密切相关的内容。下面是这一课的教学实例。

（一）教学背景分析

教学实例：月球——地球的卫星

1. 课标分析

《课程标准》中，学科核心概念 9 为“宇宙中的地球”，其学习内容 9.4 为“月球是地球的卫星”，要求 3～4 年级学生“知道月球是地球的天然卫星”，能“通过望远镜观察或者利用图片资料，了解月球表面的概况”。

2. 教材分析

“太阳、地球和月球”这一单元可以分为 5 个部分，各部分内容的学习要求如下。

第 1 部分（第 1 课）：通过观察、讨论和实验，初步认识太阳和月球，简单比较太阳和月球的相同之处和不同之处。

第 2 部分（第 2～3 课）：知道一天中物体影子的变化规律，了解影子是如何产生的，以及太阳的位置与影子长短之间的关系。

第 3 部分（第 4～5 课）：知道一个月内月相变化的规律，了解月球的基本知识。

第 4 部分（第 6～7 课）：认识到地球是一个球体，且地球是一颗有着丰富液态水的星球；知道人类的生存离不开水。

第 5 部分（第 8 课）：整体梳理太阳、月球和地球的相关知识，更全面地认识地球，并能通过小组协作制作一张关于地球的主题海报。

“月球——地球的卫星”属于本单元的第 3 部分。在学完本课内容后，学生可初步了解月球的基本情况，知道人类不断探索月球的历程，为今后进一步探究月球的相关知识奠定基础。

3. 学情分析

3 年级的学生对月球并不陌生，他们已经知道月球与人类的生活息息相关。通过本单元前 4 课的学习，学生已经认识了月球的形状和月相变化规律、月球与太阳的相同点和不同点等，但对月球的认识还比较片面。在本节课的教学过程中，教师应引导学生通过观察图片、查阅资料、做模拟实验等方式进一步认识月球的表面特征及月球对地球的影响。

（二）教学目标及重难点

1. 科学观念目标

（1）知道月球是地球唯一的天然卫星。（教学重点）

（2）知道月球表面有很多环形山，能描述月球表面的概况。

2. 科学思维目标

（1）能在教师的引导下通过望远镜观察月球表面，结合图片资料或模拟实验认识月球表面的概况。

（2）初步具有根据具体现象提出问题并制订简单探究计划的能力。

3. 探究实践目标

（1）能够通过多种渠道搜集月球的相关信息，并对搜集到的信息进行整理。

（2）能开展环形山模拟实验，通过实验了解环形山的特点。（教学难点）

4. 态度责任目标

（1）具有探索月球的兴趣。

（2）积极搜索和整理资料，乐于与同学分享。

（3）认同人类探索月球的不懈努力，知道人类对月球的认识是随着科学技术的进步而不断深入的。

（三）教学用具

月球资料阅读单（每人 1 张）、制作环形山的材料（沙子、大小不同的球、沙盘等）、PPT、实验记录单。

（四）教学过程设计

1. 聚焦话题

（1）提问：“月球是地球唯一的天然卫星，几十亿年来一直陪伴着地球。同学们对月球有哪些了解呢？”（提示学生从不同角度回答，包括形状、大小、月相变化、环形山等）

（学生认真思考、交流后回答）

（2）引导：“‘地球移民’一直是人类寻找第二家园的计划。寻找到一颗适合人类生存的星球，能减轻地球的负担，而距离地球最近的星球就是月球。那么，月球是一颗什么样的星球呢？今天我们就来继续探索月球，寻找这个问题的答案。”（板书：月球——地球的卫星）

设计意图 激发学生对月球的探究兴趣，为后续的教学做铺垫。

2. 探索实验

1）观察月球表面照片

（1）引导：“上节课我们了解了月相的变化规律。大家知道月球表面是怎样的吗？月球离我们非常遥远，科学家们借助各种天文设备拍摄了一些月球表面的照片。下面，我们就通过这些照片来观察一下月球的表面。”

（2）通过 PPT 展示月球正面和背面的高清照片，并说明这些照片分别是用哪些探测器于什么时间拍摄的。

设计意图 说明探测器的名称及拍摄时间是为了让学生了解科技进步在科学探索方面发挥的作用。

（3）提问：“仔细观察月球背面和正面的照片，大家有什么发现呢？”

（学生：“月球的正面比较暗，背面比较亮。”）

（4）引导：“同学们在课前都查到了哪些有关月球的资料？大家分小组交流一下吧。”

（学生 4 人一组展开讨论，小组成员轮流介绍。当其他组员分享时，学生应将自己感兴趣的内容及时记录下来）

（5）小结：“月球是一个球体，它的正面和背面都有很多环形山，但是月球背面的环形山更多一些。”

2）整理月球小档案

（1）提问：“我们通过观察月球正面和背面的照片，了解了月球表面的特征。除此之外，月球还有哪些秘密呢？”

（2）将月球资料阅读单分发给学生并引导：“老师给每位同学都准备了一份科学家们搜集的月球资料阅读单，请同学们阅读这些资料，将你感兴趣的月球信息整理成月球小档案，然后进行展示，并相互交流。”

（3）学生阅读资料后整理月球小档案，将自己整理的档案与其他同学的档案进行对比，完善自己的档案。教师巡视指导。

（4）总结：“同学们整理的月球小档案很详细，包含了月球的年龄、大小、与地球的距离等基本信息。这为我们‘地球移民’计划的制订提供了很重要的信息。”

设计意图 让学生从众多信息中自主地筛选出感兴趣的月球信息，可以提升他们对信息的辨别能力；让学生提取关键词并记录下来，可以培养他们对信息的加工能力。

3）模拟环形山

（1）提问：“月球上的主要地形是环形山。这些环形山是怎么形成的呢？”

（学生说出自己的猜测）

（2）引导：“这些环形山的特点是中间凹陷、边缘凸起。‘陨石撞击说’是目前公认的环形山的形成原因。（出示托盘、细沙和大小不同的球）请同学们观察这些材料，它们可以模拟月球上的哪些物体？我们要如何模拟环形山的形成过程？”

（学生猜想各种材料的作用，并思考模拟环形山形成过程的实验方案）

（3）给每个小组发放一套实验材料，各组通过模拟实验来验证自己的猜想。实验步骤如下。

① 把细沙平铺在托盘里。

② 用大小不同的球撞击沙盘，试着撞击出大小重叠的“环形山”。

③ 讨论和描述实验过程，理解“撞击”是环形山形成的原因。

（注意提醒学生：① 不同的球要从同一高度落下；② 观察实验过程，并思考不同的球撞击出来的坑有什么区别；③ 将实验中的各种发现及时记录在实验记录单中）

设计意图 让学生通过模拟实验直观地感受月球上环形山的形成过程。

（4）实验结束后，各小组汇报实验结果，并结合实验结果说一说月球上的环形山是怎样形成的。

设计意图 锻炼学生的科学思维能力和语言表达能力，并让他们认识到模拟实验对验证科学猜想的作用。

（说明：模拟实验是科学家探索宇宙的重要方式。环形山很有可能是陨石撞击形成的，为了验证这一猜想，就需要进行模拟实验，在实验中收集相关的实验数据，用来解释环形山的成因）

（注意：教材中本单元第 1 课设置了对比太阳和月球相关信息的维恩图。本节课“探索实验”环节的 3 个活动结束后，需要提醒学生及时更新第 1 课中的维恩图）

3. 研讨交流

研讨问题：月球适合人类居住吗？

（这是一个开放性问题，学生首先要明白人类居住所需要的必要条件，再去对照月球是否具备这些条件）

设计意图 让学生对本节课所学的知识进行总结，并将所学知识应用到实际生活中去。

4. 拓展延伸

请同学们课后搜集相关资料，探索月球对地球产生的影响。

板书设计

“月球——地球的卫星”一课的板书设计如下。

（1）月球是地球唯一的天然卫星。

（2）月球表面有很多环形山。

三、“解决垃圾问题”一课的教学实例

“解决垃圾问题”是教科版《科学》5 年级下册第 3 单元“环境与我们”的第 4 课，属于和地球与宇宙科学密切相关的内容。下面是这一课的教学实例。

（一）教学背景分析

1．课标分析

《课程标准》中，学科核心概念 11 为“人类活动与环境”，其学习内容 11.1 为“自然资源”，学习内容 11.3 为“人类活动对环境的影响”，这两项学习内容要求 5～6 年级学生“知道资源可分为再生资源和不可再生资源”，能够“以垃圾分类为例，通过践行垃圾减量与分类回收，树立循环利用资源的意识”，并“正确认识经济发展和生态环境保护的关系，结合实例，说明人类不合理的开发活动对环境的影响，提出保护环境的建议，参与保护环境的行动”。

2．教材分析

“环境与我们”这一单元可以分为 5 个部分，各部分内容的学习要求如下。

第 1 部分（第 1 课）：了解地球为人类提供的生存环境，感知地球这颗独特的星球是宇宙中的奇迹。

第 2 部分（第 2 课）：了解人类面临的环境问题，知道环境问题主要是由人类的不合理活动引起的。

第 3 部分（第 3～5 课）：聚焦水污染问题、垃圾问题和能源问题，充分认识到这些问题的严峻程度，从而增强保护环境的意识。

第 4 部分（第 6 课）：知道地球上的很多资源是有限的，可以通过资源再生对一些废物进行回收利用，变废为宝；通过制作再生纸的活动，理解资源再生对环境的影响。

第 5 部分（第 7 课）：通过分析现实中的环境问题，理解环境问题的复杂性，知道环境问题的解决需要借助于有效措施。

本课属于“环境与我们”单元的第 3 部分，主要目的是让学生认识到垃圾问题的严重性，并且知道在日常生活中如何处理垃圾。本课与第 3 课“珍惜水资源”和第 5 课“合理利用能源”属于姊妹课，共同为第 6 课“让资源再生”的学习奠定基础。

3．学情分析

通过对本单元第 3 课的学习，学生已经了解了研讨环境问题的基本方法，能够通过调查、统计、分析的方式认识环境问题。

面对人们在日常生活中产生大量垃圾的现实状况，学生能够直观地感受到垃圾问题所带来的影响，但对垃圾的产生原因、垃圾的分类、垃圾的最终去向、为什么重视垃圾问题，以及如何解决垃圾等问题的认识较为模糊。对此，教师应先引导学生通过实际调查，初步认识垃圾问题，再引导学生从生活实践的角度提出解决垃圾问题的具体措施，帮助学生树立解决问题的意识，促使学生参与到解决垃圾问题的行动中来。

（二）教学目标及重难点

1. 科学观念目标

（1）知道人类活动会制造大量成分复杂的垃圾，垃圾危害环境。（教学重点）

（2）知道解决垃圾问题的常用方法是减量化、资源化和无害化。（教学难点）

（3）知道垃圾分类有利于资源回收或后续处理。

2. 科学思维目标

（1）能通过比较和分类，区分可再生资源和不可再生资源。

（2）能结合身边的环境问题，分析问题产生的原因，并提出解决问题的建议。

3. 探究实践目标

（1）能够采用科学的方法调查、统计一个家庭在一天中产生的垃圾的数量和种类。

（2）学会对垃圾进行正确分类并进行循环利用。

4. 态度责任目标

（1）认识到人类的不合理活动对环境造成的影响。

（2）关注垃圾的去向和垃圾问题的解决方案。

（3）树立节约资源、保护环境的意识，增强社会责任感。

（三）教学用具

垃圾问题调查记录表、PPT、活动手册。

（四）教学过程设计

在本单元第 3 课结束后，教师给学生布置如下任务：① 拍摄住处附近垃圾堆放点的照片，并将拍摄的照片发给教师；② 在本课开始前的 7 天内，每天称 1 次家里日产生活垃圾的重量并做好记录；③ 选择感兴趣的地点（小区、餐馆、商场等），并观察该处产生的垃圾及其种类，估算日产垃圾的重量，调查垃圾的最终去向，并将调查结果记录下来。

1. 聚焦话题

（1）展示学生拍摄的垃圾堆放点的图片，请他们介绍这些照片是在哪里拍摄的，并说一说拍摄时的情况和感受。

（2）通过 PPT 展示多张垃圾堆或垃圾场的照片，让学生感受垃圾问题对环境的影响。

（3）提问："这些垃圾有哪些危害呢？"

（学生自主发言）

（4）提问："人们每天产生的垃圾已经严重影响了地球上的环境和其他生命，我们该怎么解决垃圾问题呢？"（板书：解决垃圾问题）

设计意图　让学生通过实地拍摄照片和观看图片，直观地感受垃圾数量之多及垃圾对环境的影响之大，认识到垃圾与我们每个人都有着密切的关系，进而聚焦本课的主题。

2. 探索发现

1）调查垃圾问题

（1）引导："要想解决垃圾问题，就要先了解垃圾。对于'什么地方产生垃圾？''产生了哪些垃圾？’‘这些垃圾的重量是多少？’‘种类有哪些？’‘它们都到哪里去了？’这些问题，同学们课前都有了一定的了解。请大家分小组将搜集到的资料进行汇总，并将汇总结果记录在教材的‘垃圾问题调查（班级记录表）’中。”

（2）学生每 4 人一组讨论垃圾的源头、种类、重量和最终去向，并将讨论结果填写在“垃圾问题调查（班级记录表）”中。（教师可帮助学生梳理相关信息）

（3）学生分组汇报讨论结果。

设计意图 让学生通过调查和交流，认识到垃圾来源复杂、种类繁多、数量庞大的事实，进而意识到垃圾问题的严重性。

2）统计家庭生活垃圾

（1）学生汇报自己记录的一个家庭一周内产生的垃圾的重量。

（2）学生估算每人每天平均产生的垃圾重量，并据此估算全班、全校、所在城市（地区）每天产生的垃圾总量。（教师协助统计）

设计意图 让学生通过估算切实地感受垃圾数量的庞大。

（3）引导：“我们所在城市（地区）一天产生的生活垃圾的数量就如此庞大，那么全世界一天会有多少垃圾产生呢？我们一起通过资料来了解一下。”（引导学生分析“世界各地区每年垃圾的产生量”柱状图，阅读题为“越来越多的垃圾”的文字资料）

（4）通过 PPT 展示世界屋脊上的垃圾图、北极海域的垃圾图、一些著名风景旅游点的垃圾图，引导学生思考垃圾问题对人类产生的影响。

设计意图 让学生意识到，即便是远离城市、人迹罕至的地方，也很难摆脱垃圾的影响。

（5）小结：“人类活动产生的垃圾远比想象的多，全世界的每一个角落都无法避免垃圾问题，这也是我们必须高度重视垃圾问题的原因。”

3）探索垃圾分类

（1）引导：“垃圾种类繁多，性质差异巨大。为了更好地解决垃圾问题，我们需要先将垃圾分类，再进行后续处理。生活垃圾一般可分为以下 4 类：可回收垃圾、厨余垃圾、有害垃圾和其他垃圾。我们通过 PPT 来认识一下生活垃圾的分类标志（见图 7-7）。”（教师通过 PPT 展示生活垃圾的分类标志）

图 7-7　生活垃圾的分类标志

（2）通过 PPT 展示常见生活垃圾的图片，请各小组对这些图片进行分类。

（各小组讨论各种垃圾的分类，并将分类结果记录下来。对于不能区分的垃圾，可以单独记录下来）

（3）反馈：“老师这里有一份常见物品垃圾分类表，大家可以对照这个表检查并修正自己的分类。”（通过 PPT 展示常见垃圾的分类表，如表 7-3 所示）

表 7-3 常见垃圾的分类表

序号	大类	小类	常见垃圾
1	可回收物	纸类	报纸、书本、纸箱、纸袋、信封
2		塑料	塑料瓶、塑料桶、塑料餐盒
3		金属	金属易拉罐、金属瓶、金属工具
4		玻璃	酒瓶、玻璃杯、窗玻璃、镜子
5		织物	废旧衣物、床上用品、布艺用品
6	有害垃圾	灯管	废弃的荧光灯、废弃的温度计、废弃的血压计
7		家用化学品	废药品及其包装物、废杀虫剂和消毒剂及其包装物、废油漆和溶剂及其包装物、废矿物油及其包装物、废胶片及废相纸
8		电池	废弃的镍镉电池、废弃的氧化汞电池
9	厨余垃圾（也称“湿垃圾”）	家庭厨余垃圾	菜叶、瓜果皮壳、剩菜剩饭、废弃食物
10		餐厨垃圾	食品加工等产生的食物残渣、食品加工废料、废弃食用油脂
11		其他厨余垃圾	蔬菜瓜果垃圾、腐肉、肉碎骨、水产品、畜禽内脏
12	其他垃圾（也称“干垃圾”）	—	上述几类垃圾之外的砖瓦陶瓷、渣土等难以回收的废弃物

（学生对照表格修改自己的垃圾分类记录。对于不能确定如何分类的垃圾，可以提出来让大家一起交流讨论）

设计意图 让学生通过垃圾分类活动体会垃圾分类工作的复杂性，并加深对垃圾分类的认识。

3．研讨交流

（1）引导：“我们该通过哪些措施来解决日益严重的垃圾问题呢？环境科学家提出了 3 大方案。”（引导学生阅读教材中的解决垃圾问题的 3 种方法）

（2）提问：“刚才我们对垃圾进行了分类。对于这几类垃圾，分别可以采用教材中提及的哪种垃圾处理方法进行处理？”

（各小组展开讨论，并汇报讨论结果）

（3）提问：“垃圾分类有哪些意义呢？对于垃圾问题的解决，我们可以做些什么呢？”（引导学生结合生活经验说一说）

（学生讨论后提出不同的垃圾解决方案）

设计意图 让学生认识到垃圾分类的重要意义，促使学生积极参与到减少垃圾的活动中去。

（4）小结：“每个人每天都会产生一定数量的垃圾，如果处理不当，这些垃圾就会导致大气污染、水污染、土壤污染，严重危害我们的生活环境。由于处理海量的垃圾是相当困难的，因此我们每个人都要想办法减少垃圾的产生，削减垃圾的总量。此外，垃圾分类是有效处理垃圾的前提和基础，我们每个人都应该参与其中。”

4. 拓展延伸

指导学生在校园一角设置一个堆肥箱。堆肥的腐熟时间比较长。当堆肥腐熟后，组织学生将堆肥移到校园中花草树木的根部。（如有条件，也可以让学生在家长的协助下制作做一个堆肥箱）

设计意图 让学生通过制作堆肥箱的活动，体验垃圾再利用的过程，进而增强环保意识。

板书设计

“解决垃圾问题”一课的板书设计如图 7-8 所示。

解决垃圾问题

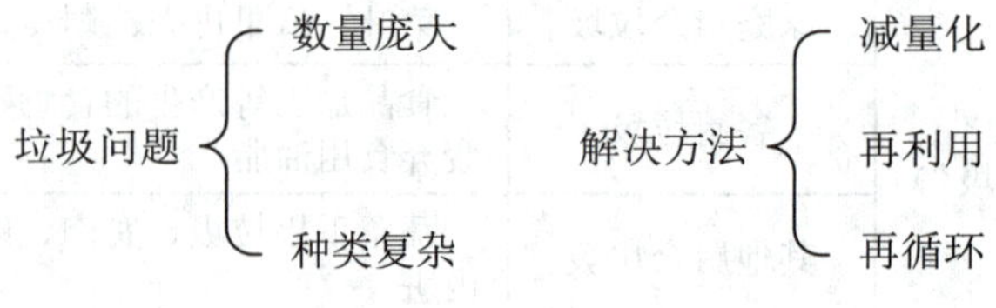

图 7-8 “解决垃圾问题”一课的板书设计

活动内容

以教科版《科学》（2019 年版）5 年级上册第 2 单元“地球表面的变化”中第 5 课“风的作用”为课题，设计教学方案。

活动目标

通过设计教学方案，熟悉地球与宇宙科学方面的学科核心概念、学习内容和学段目标，并根据具体教学内容运用相应的教学策略。

活动过程

（1）每 5 人一组，小组成员合理分工。（要求各小组成员的任务分工与物质科学实践活动、生命科学实践活动的任务分工不完全一样）

（2）结合《课程标准》分析“风的作用”这一课题涉及的学科核心概念和相应的学段目标。

（3）结合《课程标准》分析“风的作用”这一课题在教材知识体系中的位置和作用，确定具体的教学内容。

（4）结合《课程标准》和教科版教材分析 5 年级学生的认知能力，并确定四维教学目标。

（5）根据教学内容设计具体的教学活动，并按照一定的逻辑顺序编排这些教学活动。

（6）根据“风的作用”的内容特点和具体教学活动的安排，选用合适的教学策略和教学方法。

（7）合理合计教师和学生在整个教学过程中的主要行为，并写明设计意图。

（8）各小组将各自的教学方案系统、直观地呈现出来。

活动评价

授课教师可参考表 7-4 对实践活动进行评价。

表 7-4　活动评价表

评价标准	完成情况 （优、良、中、差）	教师点评
能准确地分析课题所涉及的主要概念和相应的学段目标		
能准确地分析课题在教材知识体系中的位置和作用		
能准确把握教学重难点，教学内容主次分明		
教学活动中灵活地安排了自主观察、猜测、分析、验证、推理、发现、交流等环节，有利于学生开展自主探究活动		
每个教学环节的教学目标明确，所采用的教学手段都是为实现教学目标服务的		
教学设计前后衔接连贯，能够较好地引导学生建构新知		

第八章

技术与工程相关内容教学

学习目标

知识目标

- 了解技术与工程相关内容的教学价值。
- 明确技术与工程相关内容的教学目标。
- 熟悉技术与工程相关内容的主题与特点。

技能目标

- 能深入分析技术与工程的相关内容，并结合实际情况分析教材内容和学情。
- 学会灵活运用技术与工程相关内容的教学策略。

素养目标

- 认识到小学阶段的技术与工程教育是我国科技基础能力建设的重要组成部分，对我国实现高水平科技自立自强具有战略意义。
- 率先垂范，树立现代技术观念和工程理念，积极宣传技术与工程在人们的日常生活生产中的应用价值。

案例导入

小学科学教师季老师即将为小学5年级学生上一节技术与工程方面的科学课，课题名称为“用浮的材料造船”。这一课是教科版《科学》5年级下册第2单元“船的研究”的第2课。在熟悉了本节课的教学内容后，季老师分别分析了“用浮的材料造船”这一课在整套教材、本册教材“船的研究”单元中所处的位置和所应发挥的作用，进而根据《课程标准》规定的学段目标和5年级学生的认知特点与思维发展水平，确定了“用浮的材料造船”的课时教学目标。

“用浮的材料造船”的课时教学目标分为以下4个方面。

（1）科学观念目标：知道浮的材料可以用来制作船，材料的结构会影响船的载重量和稳定性（教学重点）；知道人类的生产生活需求推动了造船技术的进步。

（2）科学思维目标：能比较和分析常见材料在水中的沉浮现象。

（3）探究实践目标：参与设计和制作竹筏模型；根据竹筏模型的预期效果，对竹筏的性能进行测试，并不断地改进竹筏的结构，提升竹筏的载重量和稳定性（教学难点）；通过探究，认识到船的结构会影响船的载重量和稳定性。

（4）态度责任目标：尝试利用新的材料设计和制作竹筏，培养创新精神；感受船的技术革新给人类社会带来的深刻变化。

结合“用浮的材料造船”这一课的内容特点和5年级学生的认知水平，季老师决定在教学过程中采用以下教学方法：观察法、谈话法、实验法、讨论法和微视频展示法。与此同时，季老师准备了本节课所需的教学工具：竹竿、桐木条、水槽、橡皮筋、钩码、PPT、活动手册等。

季老师计划按照以下4个步骤开展本课的教学活动。

（1）聚焦话题。通过PPT展示独木舟图片，引导学生回顾上节课的内容，讨论独木舟的不足之处，引出本节课的教学任务——用浮的材料造船。

（2）探索设计。首先，出示材料，提出设计要求，让学生分小组设计船的结构，并说明结构设计的原理；其次，通过PPT播放制作竹筏的视频，让学生根据自己的设计方案制作竹筏；再次，引导学生测试竹筏的载重量和稳定性，并汇报测试结果；最后，让学生互相交流，讨论竹筏与独木舟的区别，并将讨论结果记录到活动手册中。

（3）深入研讨。引导学生讨论以下问题：① 与独木舟相比，竹筏有了哪些进步？② 竹筏还有哪些不足之处？要怎样改进？③（通过PPT展示摇橹木船和明代宝船的图片）观察这两种木船，你有什么发现？（引导学生通过分析比较两艘船的材料、结构、载重量和稳定性）

（4）拓展延伸。鼓励学生课后继续改进自己的竹筏，并于下节课进行展示、介绍。

你知道技术与工程方面的教学内容有哪些吗？这些教学内容对不同学段学生的具

体要求分别是怎样的？季老师对“用浮的材料造船”这一课的教学设计是否合理？该教学设计采用了哪些教学策略和方法？在教学实践中，优秀的科学教师是如何设计技术与工程相关内容的教学过程的？下面让我们一起学习本章内容，并揭晓上述问题的答案。

第一节　技术与工程相关内容的分析与教学

一、技术与工程相关内容的教学价值

技术与工程的相关内容横跨物质科学、生命科学和地球与宇宙科学三大领域，是对这三大领域内容的综合运用。在小学科学教学中，技术与工程的相关内容主要具有以下 4 个方面的教学价值。

（一）有助于加深学生对科学技术的理解

技术与工程以科学原理为基础，其目的是解决生产、生活中的实际问题。每一项技术与工程都是连接科学与生活的纽带。技术与工程相关内容的教学以生活中常见的技术产品及相关探究活动（如拆分和组装圆珠笔、制作水火箭、装配玩具飞机等）为载体，不仅可以让学生通过“动手做”来了解科学、技术与工程之间的相互影响，以及工程设计与物化的实践步骤等，还可以让学生体验到科技对人类社会产生的影响，从而加深学生对科学技术的理解。

（二）有助于培养学生的跨学科综合能力

小学科学不是一门孤立的学科，它涉及与诸多学科的相互渗透。技术与工程的相关内容除了涉及科学课程的物质科学、生命科学和地球与宇宙科学外，还涉及语文、数学、美术等其他学科的知识。这使得技术与工程相关内容及其教学具有跨学科性的特点，能让学生在学习过程中有效迁移和综合运用不同学科领域的知识，从而培养自身的跨学科综合能力。

（三）有助于培养学生的创新精神

《课程标准》要求小学科学教师鼓励和引导学生将自己的简单创意转化为模型或实物。根据这一要求，教师需要在技术与工程相关内容的教学过程中设置合理的教学情境，让学生综合运用所学知识设计和制作一些作品。在这个过程中，学生可以在不断迭代工程设计与物化方案的探究实践中培养创新精神，提升创新能力。

（四）有助于培养学生的工程思维

技术与工程相关内容的教学有助于培养学生的工程思维。例如，在设计和制作有形作品的过程中，学生需要分析需求、考虑成本、设计方案、论证可行性、优化方案、动手实

施等，这些实践活动可以有效地培养他们的工程思维。

除上述教学价值外，技术与工程相关内容的教学还可以培养学生的规范意识、环保意识等。例如，在选用工具、选择材料、规划工艺、制作模型、测试效果的过程中，学生需要考虑相关的操作规范、环境保护问题等，这有利于培养他们的规范意识、环保意识等。此外，由于工程设计与实践的应用通常涉及能源、交通、建筑、电子、机械等多个领域，所以，技术与工程相关内容的教学往往是学生认识相关职业的重要载体，可以让学生受到职业启蒙教育。

二、技术与工程相关内容的学段目标

《课程标准》在规定科学课程总目标的基础上，分别从科学观念、科学思维、探究实践和态度责任 4 个方面对技术与工程相关内容的学段目标做了详细规定。在技术与工程相关内容的教学过程中，小学科学教师首先应当明确学段目标的具体内容，进而据此制订符合实际情况的教学目标。

以“科学观念”维度的学段目标为例，《课程标准》对技术与工程相关内容的学段目标做了进阶设计。技术与工程相关内容的科学观念学段目标如表 8-1 所示。

表 8-1　技术与工程相关内容的科学观念学段目标

学段目标维度	学段目标内容		
	1～2 年级	3～4 年级	5～6 年级
科学观念	知道自然物和人造物存在区别；知道常见简单科技产品的结构决定了其功能，知道简单的制作问题需要定义和界定	知道生活中的天然材料和人造材料存在区别；知道技术产品包含科学概念、原理；知道简单的设计问题存在限制条件，并有多种设计方案	知道利用技术与工程能提高生产效率和工作效率，知道技术与工程对科学发展有促进作用，知道简单工程存在一定约束条件及验收标准

通过上述学段目标可以看出，《课程标准》充分考虑了不同学段学生的思维能力发展水平与认知水平，对不同学段的学生提出了不同的要求：在学习技术与工程的相关知识时，1～2 年级的学生侧重于体验，5～6 年级的学生侧重于理性分析，3～4 年级的学生则处于两者之间。

在科学思维、探究实践和态度责任的维度，《课程标准》同样对物质科学相关内容的学段目标做了进阶设计，此处不再详述。在教学实践中，小学科学教师应当根据学段目标的进阶规律设计和开展教学活动。

三、技术与工程相关内容及其教学分析

《课程标准》规定，小学科学课程有 13 个学科核心概念，其中技术与工程方面的学科核心概念有 2 个。每个学科核心概念包括多项学习内容，每项学习内容对应着一定的内

容要求。在不同版本的小学科学教材中，这些学科核心概念及其涉及的学习内容会以不同的形式予以呈现，并按照不同的逻辑进行编排。小学科学教师在开展教学活动时，应当将《课程标准》明确规定的学科核心概念和学习内容研究透彻，并系统地分析教材的相关内容和内在逻辑。

（一）学科核心概念及其学习内容

技术与工程方面的学科核心概念及其学习内容如下。

1. 学科核心概念 12

学科核心概念 12 为"技术、工程与社会"。这一概念主要包括以下 3 项学习内容。

12.1　技术与工程创造了人造物，技术的核心是发明，工程的核心是建造。

12.2　技术与工程改变了人们的生产和生活。

12.3　科学、技术、工程相互影响与促进。

"技术、工程与社会"的学习内容之间有着内在联系，其结构关系如图 8-1 所示。

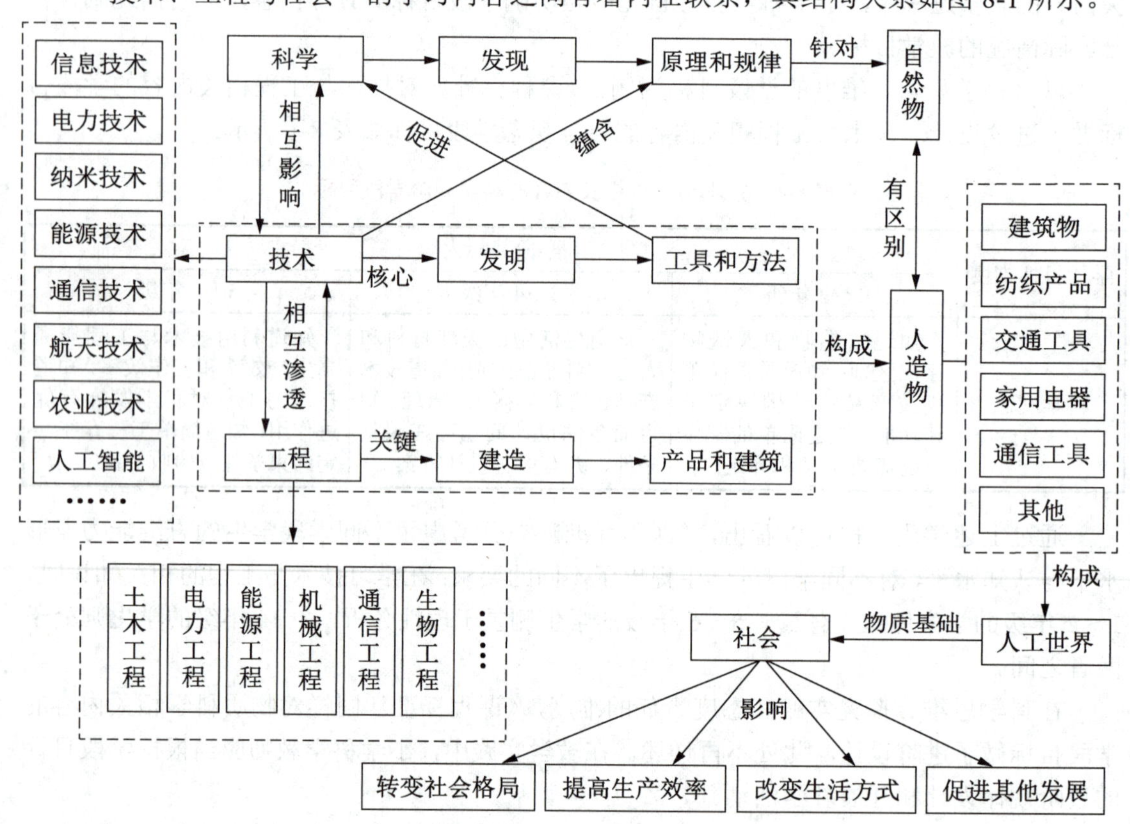

图 8-1　"技术、工程与社会"学习内容的结构关系

在与大自然相处的过程中，人类逐步认识自然并掌握了改造自然的方法，利用科学技术创造了无比神奇的人工世界。在人工世界中，工程和技术产品改变了人们的生产和生活。科学、技术和工程相互影响和促进，共同推动了社会进步。对于小学生来说，对技术、工程与社会的认识，需要从身边常见的简单工具、科技产品、典型技术和工程开始，先认识

技术与工程方面的成果，再认识技术与工程的影响，最后认识科学、技术、工程之间的关系，整个认知过程遵循由简单到复杂、由微观到宏观、由具体到抽象的逻辑。

“技术、工程与社会”的各项学习内容是根据上述逻辑来搭建的。学习内容 12.1 主要介绍技术与工程的特点，可以让学生通过直观的人造工具或典型的技术产品来认识技术与工程；学习内容 12.2 主要介绍技术与工程对生产和生活的影响，可以让学生认识科技产品（如空调）、典型技术（如电力技术）和工程（如发电站）给人们生活带来的便利和对人类社会发展带来的深远影响；以前两项学习内容为基础，学习内容 12.3 主要阐述科学、技术、工程三者之间的相互关系，可以让学生从宏观的角度理解三者之间的相互促进关系。

在小学科学教学实践中，教师应当深入分析各项学习内容，把握学习内容之间的关系，并根据《课程标准》规定的每项学习内容的学段内容要求，合理地安排各学段的教学内容，具体安排如下。

（1）对于 1～2 年级的学生，教师需要从以下两个方面着手：在知识学习方面，让他们学会区分身边的自然物和人造物，知道科技产品给人们生活带来的便利、快捷和舒适，并初步认识工具有助于更好地开展科学探究；在实践体验方面，让他们尝试使用常见的工具，自制简单的工具，学会设计和制作简单的装置或实物模型，并进行初步探究。

（2）对于 3～4 年级的学生，教师需要从以下两个方面着手：在知识学习方面，让他们学会区分生活中常见的天然材料和人造材料，举例说明一些典型技术和工程对人们生活的影响，并学会简单说明技术产品所涉及的科学概念或原理；在实践体验方面，让他们通过拆解和组装简单产品来了解产品的结构和特点，尝试设计和制作反映部分科学原理的产品模型，尝试应用所学科学原理设计并制作简单装置（如传声筒、听诊器等）。

（3）对于 5～6 年级的学生，教师需要从以下两个方面着手：在知识学习方面，让他们了解技术与工程的特点、典型案例及发明的常用方法，举例说明技术对提高生产效率或工作效率的影响，初步认识技术与工程对科学发展的促进作用，以及科学发现对新技术发明的促进作用；在实践体验方面，让他们尝试设计有创意的小发明或小制作，学会应用所学科学原理设计并制作可以提高效率的装置。

对学科核心概念 12“技术、工程与社会”的学习，有助于学生形成“物质与能量”“结构与功能”“系统与模型”“稳定与变化”等跨学科概念。

科学与技术发明的联系与区别

科学的主要任务是揭示自然现象的本质，以及隐藏在现象背后的起支配作用的自然规律；而技术发明的任务是利用科学发现的自然规律来解决生产或生活中的问题，从而满足人类的某种需要。换句话说，科学解决的是“是什么”“为什么”的问题，而技术发明解决的是“做什么”“怎么做”的问题。总体来说，科学和技术发明的联系与区别如表 8-2 所示。

表 8-2 科学和技术发明的联系与区别

科学	技术发明
以认识自然为目的	以改造自然为目的
回答“是什么”“为什么”的问题	回答“做什么”“怎么做”的问题
获得新发现、新知识	获得新发明、新产品
从实践上升到理论	将理论应用到实践中
从个别现象上升到一般原理	将一般原理应用于个别问题

2. 学科核心概念 13

学科核心概念 13 为“工程设计与物化”。这一概念主要包括以下 3 项学习内容。

13.1 工程需要定义和界定。

13.2 工程的关键是设计。

13.3 工程是设计方案物化的结果。

“工程设计与物化”的学习内容之间有着内在联系，其结构关系如图 8-2 所示。

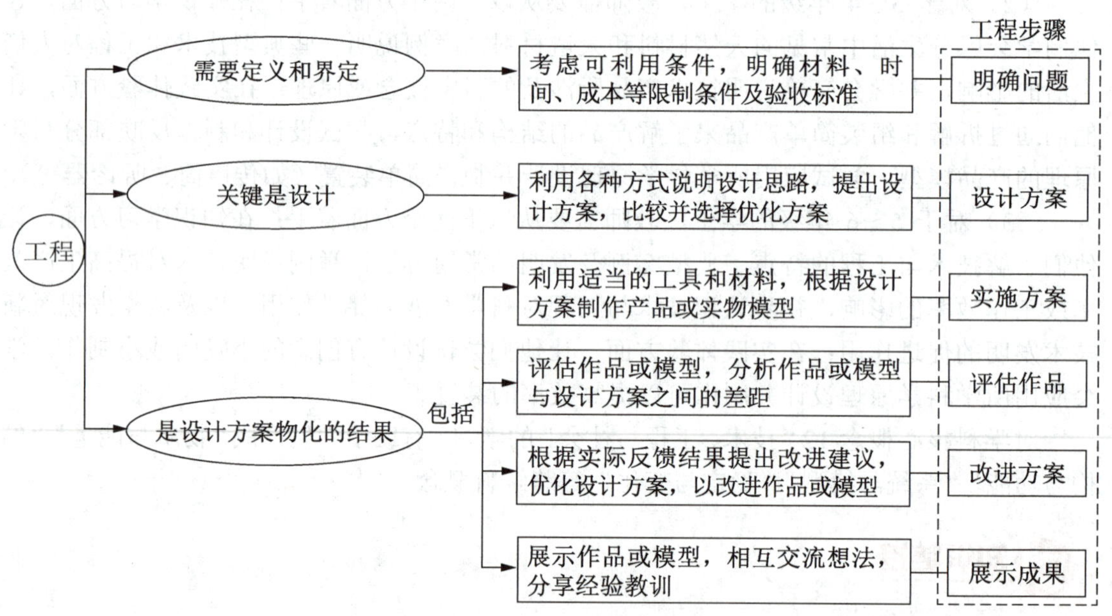

图 8-2 “工程设计与物化”学习内容的结构关系

随着科学技术的不断发展，人们逐步制造出更大、更复杂的产品。这些产品不再是结构或功能单一的物品，而是结构或功能复杂的人造系统（如建筑物、铁路工程、轮船等），于是工程的概念应运而生。工程的本质是创造人工实体，设计与物化是其中的重要环节。建造工程时，首先明确需要满足的标准和受到的限制，然后据此设计解决方案并选择优化方案；确定解决方案之后，需要选择合适的工具和材料，根据该方案做出产品，并评估产

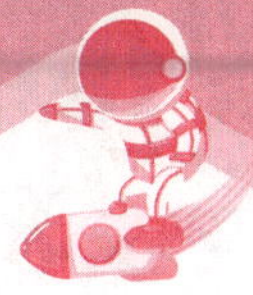

品与设计方案之间的差距，然后反馈和修改设计方案，直至确定方案并展示成果。

对于小学生来说，对工程设计与物化相关知识的认识，需要通过制作简单的实物模型或工程来实现。相关认识可概括成工程设计与物化基本思维，即先明确问题，再设计方案，然后物化工程，最后反馈修改。

“工程设计与物化”的各项学习内容是根据上述逻辑来搭建的。学习内容 13.1 主要介绍工程问题的界定，学习内容 13.2 主要介绍工程问题解决方案的设计与选用，学习内容 13.3 主要介绍工程的物化过程及反馈修改。这 3 项学习内容共同反映工程设计与物化的基本流程，可以让学生按照由简单到复杂的逻辑，循序渐进地理解“工程设计与物化”的概念并逐步提升科学探究能力。

在小学科学教学实践中，教师应当深入分析各项学习内容，把握学习内容之间的关系，并根据《课程标准》规定的每项学习内容的学段内容要求，合理地安排各学段的教学内容，具体安排如下。

（1）对于 1～2 年级的学生，教师需要让他们初步了解工程设计与物化的相关知识，具体包括以下 4 点：在明确问题方面，学会提出并描述简单的制作问题；在设计方面，学会使用简单的草图说明自己的思路；在物化过程方面，学会制作简单的工具或实物模型，感受工程思维的特点；在反馈修改方面，学会发现作品中存在的问题并提出改进方案。

（2）对于 3～4 年级的学生，教师需要让他们加深对工程设计与物化相关知识的理解，具体包括以下 4 点：在明确问题方面，学会描述简单的设计问题，包括材料、时间或成本等限制条件；在设计和选用方面，学会采用多种方式（如表格、草图、实物模型等）说明设计思路，能根据需求和限制条件比较多种可行方案，并初步判断其合理性；在物化过程方面，能按照一定的顺序制作简单的实物模型，体验工程思维的要素；在反馈修改方面，尝试发现实物模型的不足并进行改进。

（3）对于 5～6 年级的学生，教师需要让他们进一步加深对工程设计与物化相关知识的理解，具体包括以下 4 点：在明确问题方面，学会描述简单的工程问题，包括材料、时间或成本等限制条件，并提出验收标准；在设计和选用方面，学会采用多种方式（如示意图、影像、文字等）说明设计思路，能基于有说服力的证据判断某些设计方案的可行性和合理性；在物化过程方面，能利用工具制作简单的实物模型；在反馈修改方面，能根据实际反馈结果改进实物模型。

对学科核心概念 13“工程设计与物化”的学习，有助于学生形成“物质与能量”“结构与功能”“系统与模型”“稳定与变化”等跨学科概念。

住房和汽车是小学生日常生活中接触最多的建造工程。教师在讲授相关内容时，应引导学生从整体上认识住房建造工程，大致了解住房的基本结构、必需系统及主要的建造过程，并让学生举例说明汽车刹车包含的子系统及其蕴含的科学原理。

具体而言，教师可采用以下结构图来讲解“工程是什么”，如图 8-3 所示。

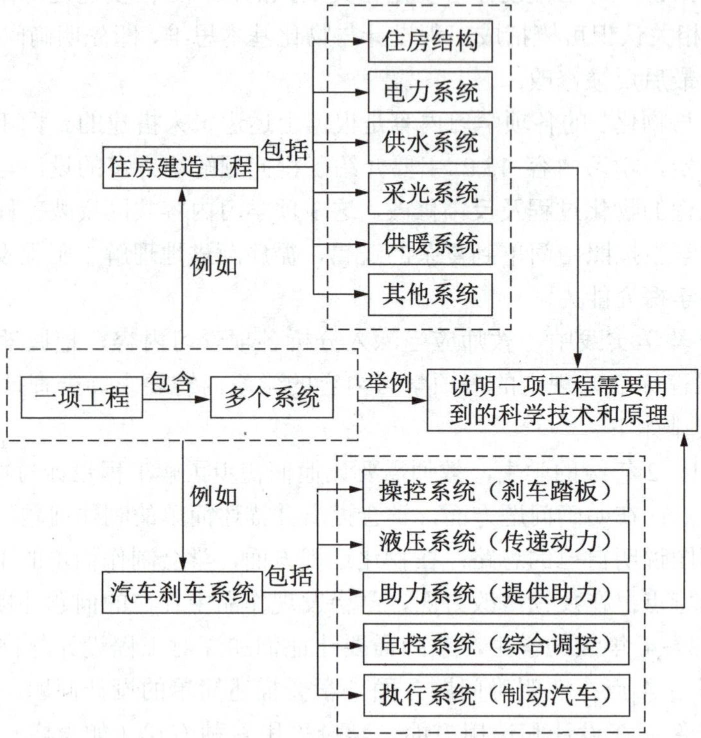

一项工程 —包含→ 多个系统 —举例→ 说明一项工程需要用到的科学技术和原理

例如：住房建造工程 —包括→ 住房结构、电力系统、供水系统、采光系统、供暖系统、其他系统

例如：汽车刹车系统 —包括→ 操控系统（刹车踏板）、液压系统（传递动力）、助力系统（提供助力）、电控系统（综合调控）、执行系统（制动汽车）

图 8-3 “工程是什么”范例讲解

（二）教材内容的编排特点

技术与工程的相关内容将理论与实践紧密结合起来，体现了明显的操作性、实用性和综合性。这部分内容强调学以致用，要求学生能够综合运用所学知识解决实际问题。

为了合理地组织教学内容和制订教学目标，小学科学教师应在分析《课程标准》明确规定的学习内容的基础上，深入分析教材内容及其编排特点。经分析发现，在各版本小学科学教材中，技术与工程相关内容的编排具有以下共性特点。

1. 教材内容符合认知规律

小学生思维的基本特点是“从以具体形象思维为主要形式逐步过渡到以抽象逻辑思维为主要形式”。根据小学生的思维发展特点，各版本教材按照难度逐步增加的思路，将技术与工程方面的学习内容合理地安排在 3 个学段中。具体而言，低学段侧重于体验，高学段侧重于理性分析，中学段则介于两者之间，3 个学段的内容难度具有合理的梯度性。

例如，苏教版教材对工程设计方案的相关内容做了如下安排：1 年级教材只要求学生把想好的设计方案画出来，并进行简单的描述；2 年级教材要求学生尝试考虑工程设计所需的材料和应遵循的步骤；3 年级教材要求学生尝试通过头脑风暴选出最佳创意方案；4 年级教材要求学生根据具体任务的设计标准和限制条件选出最佳方案；5 年级教材要求

学生利用评价表评价设计方案；6 年级教材要求学生先设计子方案，再将多个子方案整合成总方案。总之，技术与工程的相关内容在教材中的进阶特征十分明显。

2．重视工程设计实践活动

各版本小学科学教材均设置了大量的工程设计实践活动，力求让学生通过实践活动获得技术与工程方面的知识并发展相关技能。

对于以习得探究技能与科学原理为主的内容，各版本教材设计了专项训练活动，引导学生通过使用简单的工具、学习简单物品的制作方法、运用常见的测量仪器等，初步掌握特定的探究方法、操作技能和科学原理。

例如，一些教材设置了制作日晷和沙漏的实践活动，要求学生制作日晷和沙漏，并了解这类工具所涉及的科学原理；在制作完成后比较日晷、手表、秒表、沙漏等计时工具的准确性，并体会使用工具的优越性。

对于以运用工程设计技能为主的内容，各版本教材设置了呈现设计与物化过程的工程实践活动，引导学生按照分析需求、分析制约条件、设计制作方案、改进和完善方案等步骤设计和制作一个作品，让学生了解并体验设计作品和物化作品的基本过程，学会分析客观因素，完善设计方案，进而将自己的创意转化为模型或实物。

例如，一些教材设置了制作一个强力电磁铁的实践活动，要求学生分小组设计并制作一个强力电磁铁，然后比一比哪个小组设计的电磁铁磁力最大。在这个活动中，学生需要综合考虑线圈圈数、电流强度、铁芯大小、制作难度、经济成本等条件，进而设计出一个最佳的电磁铁制作方案。这样的活动能锻炼学生的创新思维能力和运用所学知识解决实际问题的能力。

3．充分融合其他学科内容

内容的综合与交融是现代课程的发展趋势，技术与工程的相关内容是体现科学课程综合性的重要载体。在各版本小学科学教材中，技术与工程的相关内容既涉及能源与动力、信息与通信、材料与制造、交通等学科知识，又与语文、数学、美术等学科内容相关联，充分体现了科学教材内容与其他学科内容的融合。

四、技术与工程相关内容的教学策略

技术与工程相关内容的综合应用性较强，理论与实践的联系非常紧密。因此，小学科学教师应根据相关教学内容的分析结果，探寻合适的教学策略，以便更好地开展技术与工程相关内容的教学活动。

（一）注重任务驱动教学

任务驱动教学强调以学生为主体，以解决问题为主线，以任务为驱动力。这种教学方式的关键在于任务设置。因此，小学科学教师要善于在教材中寻找任务设置的切入点，根据学生的认知基础，合理地编排任务的内容，并在任务中融入趣味元素，以便激发学生的学习兴趣，或者使其将探索欲转化为学习动力。与此同时，教师在教学过程中应注意把控任务探索活动的方向，围绕既定的教学目标引导学生开展任务实践，确保教学任务的顺利完成。

（二）开展小组合作活动

小学生的抽象逻辑思维尚处于发展阶段，他们往往难以凭借一己之力解决在探究实践活动中遇到的难题。因此，小学科学教师在开展教学活动时，可以按照“组间同质、组内异质”的原则对学生进行分组，让他们以小组合作的方式开展技术与工程方面的探究活动，通过合作探究和集体讨论解决在探究过程中遇到的问题，从而加深对相关知识的理解，提升科学探究能力。

（三）融入 STEM 教育理念

STEM 以项目学习、问题解决为导向，强调多学科融合，具有跨学科性、情境性、体验性、实证性、协作性等特点。根据 STEM 教育理念，教师应尽量弱化自己的控制力，鼓励学生自主参与到教学活动中来，以培养学生的自主探究能力。小学科学教师应有意识地将 STEM 教育理念融入小学科学技术与工程相关内容的教学活动，让学生体会到“动手做”的乐趣，养成通过手脑并用的方式解决问题的习惯，提高解决问题的能力和创新能力。

（四）提供合适的探究材料

在小学科学教学过程中，教师应以教材内容为基础，根据实际情况提供合适的探究材料。这里的探究材料既指制作创意模型或某种作品的原材料，也指制作过程中必需的或可能需要的工具。合适的探究材料不仅有利于调动学生的学习积极性，引起学生对探究过程的关注，还能让学生加深对科学知识的理解，进而改善课堂教学效果。

第二节　技术与工程相关内容的教学实例

一、“用手来测量”一课的教学实例

“用手来测量”是教科版《科学》1 年级上册第 2 单元“比较与测量”的第 3 课，属于和技术与工程密切相关的内容。下面是这一课的教学实例。

教学实例：用手来测量

（一）教学背景分析

1. 课标分析

《课程标准》中，学科核心概念 12 为“技术、工程与社会”，

其学习内容 12.1 为“技术与工程创造了人造物，技术的核心是发明，工程的核心是建造”，要求 1～2 年级的学生“知道我们周围的人造物是由人设计并制造出来的，观察和区别身边的自然物和人造物”，并“学会使用锤子、安全剪刀、放大镜等简单工具”，能“应用身边的材料和工具，制作简单的手工作品”。

2. 教材分析

“比较与测量”这一单元可分为 4 个部分，各部分内容的学习要求如下。

第 1 部分（第 1 课）：知道采用不同方法进行比较可能会产生不同的比较结果。

第 2 部分（第 2 课）：知道比较（或比赛）要公平；知道为了公平比较与准确测量，每一次比较与测量都要事先确定起点和终点，并理解确定起点和终点的重要性。

第 3 部分（第 3～6 课）：知道测量工具有很多种，用不同的工具测量时，测量结果多种多样；测量时，测量工具要首尾相连、不断重复；记录测量结果时，要标明所使用的测量单位。

第 4 部分（第 7 课）：知道尺子是一种通用的测量工具；知道与用手测量相比，用尺子测量更方便，测量结果更准确。

本课属于“比较与测量”单元的第 3 部分。本课旨在引导学生使用非标准测量工具（如学生自己的手）开展测量活动，学生的学习活动开始由观察、比较转向测量。在用手测量物体的活动中，学生可以观察到使用非标准测量工具进行测量的效果，并认识到这种测量方法会导致测量结果的多样性。

3. 学情分析

1 年级学生通常对具体、形象的事物具有较强的兴趣，喜欢做游戏。课堂学习对他们来说十分有趣，但他们很难在 40 分钟的课堂上始终集中注意力。因此，教师要适当提高课堂教学中游戏活动时间的所占比例。同时，1 年级学生对“身体的一些部分能帮助我们测量”是有一定认知的，但对“拃”比较陌生。因此，在本节课的教学过程中，教师需要引导学生通过反复测量来强化对“拃”的认知。

（二）教学目标及重难点

1. 科学观念目标

（1）知道测量可以量化比较结果。

（2）知道人体可以作为测量工具测量物体的长度。

（3）知道“拃”是手指张开时拇指指尖到中指指尖的长度，测量时一拃和另一拃要首尾相连。

2. 科学思维目标

能借助工具进行科学观察并进行交流。

3. 探究实践目标

（1）能对桌子的高度进行预测。

（2）能用手测量桌子的高度，并标记测量过程。（教学重点）

（3）学会观察、比较用于测量的纸带的长度。（教学难点）

4. 态度责任目标

（1）能在好奇心的驱使下测量物体的长度。

（2）能如实地描述用“拃”测量物体的结果，培养用事实说话的意识。

（3）认识到比较和测量是人们认识世界的基本方法。

（三）教学用具

PPT、纸带、剪刀、记号笔、活动手册等。

（四）教学过程设计

1. 课题导入

（1）提问：“小朋友们，昨天啊，老师经过隔壁班时看到了班上的学生在做一个很有意思的活动，就录了下来，大家想看吗？”

（学生回答：“想。”）

（2）通过 PPT 播放视频：同学们在教室里用身体测量物体，有的用手，有的用脚，有的用手臂，等等。

设计意图 让学生产生用身体进行测量的兴趣。

（3）提问：“谁能告诉老师，他们在干什么呢？”

（学生回答：“用手、脚在测量东西。”）

（4）引导：“哇，真有趣！原来我们的身体还有这样的功能呢。同学们想试试吗？”

（学生回答：“想。”）

（5）点题：“那么，这节课大家就一起用自己身体的一个部位——手，来学习如何测量物体的长度吧。”

2. 探索发现

1）理解“拃”的概念

（1）提问：“视频中的这些小朋友是如何用手测量的呢？”

（学生回顾视频内容并说一说）

（2）通过 PPT 演示正确动作，并介绍：“伸出我们的小手，像这样用力张开，食指、无名指和小指弯曲，从大拇指到中指的最大距离，我们把它称为‘一拃’，跟我读一读‘拃’。”〔板书：拃（zhǎ）〕

（学生跟读）

（3）引导练习：“大家看，我们的手就像一个张得大大的嘴巴，那么一拃就是大拇指、中指张大嘴。请同学们一起说‘大拇指、中指张大嘴’。”

（学生在老师的指导下做出一拃的动作，并一起说“大拇指、中指张大嘴”）

（4）通过 PPT 展示图片（图片依次标上序号 1，2，3，4），并提问：“老师这里有几张由几名小朋友做的‘一拃’的动作图片。请同学们来观察一下，哪张图片中的动作最标准。”

（学生观察图片并认为 1 号图片最标准）

（5）追问："那 2 号、3 号和 4 号哪里没做好呢？"

（学生相互交流、讨论后回答）

（6）引导："好的，你们能不能像 1 号小朋友那样做出标准的一拃呢？现在，就请你做一名小小裁判员，在小组内看一看，检查小伙伴的动作标准不标准，并比一比你的一拃和小伙伴的一拃谁的更长。"

（学生每 4 人一组，组内互相检查一拃的动作，并比一比谁的一拃更长）

设计意图 让学生通过组内比赛和纠错，初步理解"拃"的科学概念。

2）学习"拃"的测量方法

（1）提问："现在，我们都会做'拃'的动作了。如果我们现在要用手一拃一拃地测量一个物体的长度，该怎么量呢？我们刚才观看的视频中，小朋友们是怎么测量的呢？"（再次播放"课题导入"环节的视频）

（学生观看视频后相互交流并作答。有的学生可能会说手要张开、一拃和另一拃要连接起来、要沿直线测量等）

（2）引导："同学们都说了很多测量的方法，那么正确的测量方法是怎样的呢？下面老师来向大家演示一下。"

（3）演示用手测量的正确方法，边演示边讲解："我们每次都要用大拇指和中指之间的最大距离来测量，并且一拃和另一拃之间的首尾要连起来，不留空隙。我们在测量的时候还要在一拃与另一拃的相连处画线作为记号。"

设计意图 让学生学习"拃"的测量方法，为后续测量物体的长度做准备。

3）用"拃"测量物体长度

（1）引导："同学们已经学会用'拃'来测量物体的方法了，下面请大家用'拃'测一测桌子的高度吧。在测量之前，同学们先来猜一下桌子有几拃高。像这样猜测桌子高度的过程，科学上称为'预测'。"

（学生观察桌子高度后预测桌子有几拃，并将预测结果记录到活动手册中）

设计意图 让学生理解"科学预测"，初步认识到预测和猜测是不同的概念。

（2）点题："大家的预测到底准不准呢？这就需要我们动手量一量了。为了方便测量，老师给大家准备了测量小帮手——纸带（长度大于桌子的高度），它可以帮助我们更好地测量桌子的高度。"

（3）演示使用纸带测量的方法：先用纸带匹配桌子的高度，确定纸带的测量起点和终点，并将多余的纸带剪掉；测量时拃与拃之间要首尾相连，在一拃与另一拃的连接处画记号；用同一只手重复测量两次以上；对不够一拃的部分，用"＋"表示。

（4）给每个学生分发一条纸带，让他们使用纸带测量桌子高度。（教师巡视指导）

设计意图 让学生认识到借助纸带测量物体长度，可以使测量结果更准确。

（5）指导学生把测量结果填写到活动手册上。

（提示：记录测量结果时，让学生用"＋"表示不够一拃的部分）

3. 研讨交流

（1）学生互相交流自己的测量结果。

（2）提问："小朋友们，为什么相同的桌子，大家测量出来的拃数不一样呢？这其中有什么奥秘？请开动脑筋想一想。"

（学生每 3 人一组展开讨论，讨论结束后回答问题）

设计意图 让学生认识"拃"的多样性，探索这种现象的成因。

（3）总结测量结果多样化现象产生的原因。

① 每个人的手指长度不同。

② 不能准确地做到一拃和另一拃首尾相连。

③ 用纸带匹配桌子高度时，操作不准确。

④ 连续多次测量时，没有使用相同的手指测量。

（4）小结：拃可以用来测量物体长度，但是测量结果不够准确。

4. 课外拓展

请学生课后用不同的身体部位测量自己家中家具的长度，并将测量结果记录到活动手册中。

板书设计

"用手来测量"一课的板书设计如下。

如何用"拃"准确测量？

（1）用纸带匹配椅子的高度。

（2）拃的指尖与下一拃的指尖必须紧紧挨着。

（3）确定起点和终点。

二、"设计制作小车（一）"一课的教学实例

"设计制作小车"是教科版《科学》4 年级上册第 3 单元"运动和力"的第 7 课，属于和技术与工程密切相关的内容。下面是这一课的教学实例。

（一）教学背景分析

1. 课标分析

《课程标准》中，学科核心概念 13 为"工程设计与物化"，其学习内容 13.2 和学习内容 13.3 分别为"工程的关键是设计""工程是设计方案物化的结果"，要求 3～4 年级学生知道工程设计的基本步骤包括明确问题、设计和选择方案、物化方案、反馈修改等，能"借助表格、草图、实物模型、戏剧或故事等方式说明自己的设计思路"，能"根据需求和限制条件，比较多种可能的解决方案，并初步判断其合理性"，"知道制作过程应遵循一定的顺序，制作简单的实物模型"，并"尝试发现实物模型的不足，改进并展示"。

2．教材分析

“运动和力”这一单元可以分为 4 个部分，各部分内容的学习要求如下。

第 1 部分（第 1～3 课）：知道生活中存在不同形式的力；通过小车运动实验认识到力可以改变小车的运动状态，初步认识力和运动的关系。

第 2 部分（第 4 课）：知道弹簧测力计可以用来测量力的大小，探究弹簧测力计的使用方法和简单原理，初步建立“弹力”的概念；通过自制弹簧测力计加深对弹力的认识，并探索弹力在生活中的应用。

第 3 部分（第 5～6 课）：认识摩擦力，知道物体从静止状态变为运动状态时需要克服摩擦力；通过不同的活动体会技术（工具）的改进能给人们的生活带来便利。

第 4 部分（第 7～8 课）：运用前面几课的所学知识设计和制作小车，并在这个过程中认识、理解工程设计与物化。

本课属于“运动和力”单元的第 4 部分，主要是对前面几课所学知识的应用。通过体验小车的设计过程，学生可以认识到：设计要先于制作，要从实际用途或需要解决的问题出发，设计并选用最优的方案。

3．学情分析

学生通过前面的课程已经知道用橡皮筋和气球驱动小车的方法，并通过实验和数据分析获得了以下信息：① 橡皮筋在车轴上缠绕的圈数越多，小车跑得越远；② 气球吹得越大，小车跑得越远。同时，学生在前面课程的学习中已经认识了弹力、反冲力、摩擦力等。总之，对于设计和制作小车，学生有一定的知识储备。

4 年级的学生普遍都玩过玩具小车，他们对亲手设计并制作一辆运动的小车很感兴趣，但是往往存在设计意识薄弱、不了解工程设计的基本要求等问题。所以，让他们用笔和纸画出具有空间感、便于制作的设计图，并按照设计图制作一辆运动的小车，是有一定难度的。在本节课中，教师的教学重点是引导学生运用已掌握的经验、知识和技能去完成小车的设计方案。

（二）教学目标及重难点

1．科学观念目标

（1）能提出满足一定限制条件的简单设计问题和多种设计方案。

（2）知道工程设计的基本步骤包括明确问题、设计和选择方案、实施方案和反馈修改等。（教学重点）

2．科学思维目标

能采用多种方式说明设计思路，并选择合适的方案。

3．探究实践目标

（1）能根据任务要求和所提供的材料讨论设计方案并绘制设计图。（教学难点）

（2）能对自己的设计方案进行评价和反思，并根据评价和反思结果修改设计方案。

4．态度责任目标

（1）具有技术与工程方面的操作兴趣，愿意动手制作，具有创新意识。

（2）愿意采纳他人的合理建议，并不断完善自己的设计方案。

（3）能认识到人们需要不断改进设计方案，以满足新的需求。

（4）能认识到科学技术的发展能促进社会的进步。

（三）教学用具

PPT、玩具车模型、硬纸盒、轮子、连接轴、橡皮筋、吸管、气球、剪刀、钳子、胶带、胶水等。

（四）教学过程设计

1．新课导入

（1）引导："大家看一下图片，这些都是我们生活中常见的车。这些车分别有什么用途？它们有什么共同点呢？"（通过 PPT 展示日常生活中常见的车的图片，如图 8-4 所示）

图 8-4　日常生活中常见的车

（学生交流讨论后回答）

（预设：学生可能会从有 4 个车轮、车身造型不同、需要动力等方面考虑）

（2）点题："人们会根据需要设计不同动力的车辆来执行不同的任务。今天，我们就来扮演一次小小工程师，设计一辆具有动力的小车吧。"

设计意图　通过问题情境引出本课的主题，让学生对设计小车产生兴趣。

2. 明确问题

（1）提出任务："今天我们要利用生活中的材料设计制作一辆具有动力的小车，让它能在 5 秒内把两块橡皮运输 1 米远。"

（2）通过 PPT 展示制作要求：① 车身长度不超过 25 厘米；② 用橡皮筋或气球作为动力；③ 只能利用提供的材料。

（3）出示制作材料：硬纸盒、剪刀、橡皮筋、车轮、连接轴、吸管、胶带和不同大小的气球。

（4）提问："工程师是如何根据要求制造小车的呢？需要实施哪些步骤？"（通过 PPT 展示工程设计流程：明确问题→确定方案→实施方案→评估改进）

（说明：① 明确问题——明确设计什么，用途是什么，具体要求是什么；② 确定方案——进行头脑风暴，研究设计、制作过程中会遇到的问题，以及怎样解决，找出最优设计方案；③ 实施方案——团队协作，根据设计方案加工制作，汇报展示；④ 评估改进——根据标准评估、打分，反思整个设计制作过程中存在的问题并改进）

设计意图 让学生初步认识工程设计的一般流程。

（5）引导："本节课我们将完成工程设计的两个步骤——明确问题、确定方案。前面我们已经知道了设计制作小车需要明确的问题，即'利用生活中的材料设计制作一辆具有动力的小车，让它能在 5 秒内把两块橡皮运输 1 米远'，下面我们一起来看看如何确定设计方案。"

3. 确定方案

1）了解小车构造

（1）引导："要想设计一辆小车，我们首先要了解小车的结构。老师准备了几辆小车，请同学们认真观察并思考小车包括哪几个部分，每一部分的特点和作用是什么。"

（2）学生分组（4 人一组）观察，同时思考、讨论教师提出的问题，将讨论结果记录下来。

（提示：学生可将小车拆开以观察内部结构）

设计意图 让学生通过观察和拆解小车，了解小车的构造和这些构造的作用，为设计环节的任务活动做准备。

（3）当学生分组汇报完成后，教师总结："小车结构包括车架、车身、动力装置、车轮和车轴。其中，车架起固定和支撑作用，车身起载人载物的作用，动力装置起驱动小车行驶的作用，车轮和车轴起连接车身并使小车运动的作用。"

2）确定设计方案

（1）引导："了解了小车的基本结构和这些结构的作用，下面我们来讨论、确定小车的设计方案。"

（2）组织各小组通过头脑风暴的方式思考以下问题，发散学生的思维，理清设计思路。

① 小车选用哪种动力方式？

② 小车的各部分结构需要用到哪些材料？这些材料要怎样加工？使用哪些工具进行加工？

③ 各部分结构之间要如何连接起来？

设计意图 让学生运用已有的经验和知识设计方案，体验在真实情境下需要考虑的因素，锻炼发现问题和提出解决方案的能力。

（3）各小组根据讨论结果确定设计方案（包括设计图和文字说明），设计图需要标注所需材料和各部分的尺寸。

（注意提醒学生从正面、侧面和上面 3 个角度绘制设计图，以全面地反映小车的结构）

设计意图 让学生认识到设计要先于制作，设计要从实际的用途或需要解决的问题出发，设计方案需要进行讨论和修改，学会比较和选择设计方案。

（4）各小组轮流展示设计方案。

（5）交流讨论：① 其他小组的设计方案有哪些值得学习的方面？② 你对其他小组的设计方案有什么建议？

（6）各小组根据其他小组的设计方案和建议修改本组设计方案，形成最终方案。

4. 研讨探究

（1）研讨问题：① 通过本节课的学习，你有什么收获？② 设计方案时需要考虑哪些问题？

（2）小结：明确设计制作的基本步骤，有助于我们整体规划及合理分配各种制作材料。动力和阻力是设计小车时首先要考虑的问题，这两个问题可以结合材料进行设计。此外，在设计小车制作方案时，应在图上标注出主要结构的尺寸，这有利于更加精准地制作小车。

板书设计

“设计制作小车（一）”一课的板书设计如下。

（1）制作流程：明确问题→确定方案→制作模型→测试模型。

（2）小车的结构：车架、车身、动力装置、车轮和车轴。

三、“我们的水钟”一课的教学实例

“我们的水钟”是教科版《科学》5 年级上册第 3 单元“计量时间”的第 3 课，属于和技术与工程密切相关的内容。下面是这一课的教学实例。

（一）教学背景分析

1. 课标分析

《课程标准》中，学科核心概念 13 为“工程设计与物化”，其学习内容 13.2 为“工程的关键是设计”，要求 5～6 年级学生能“利用示意图、影像、文字或实物等多种方式，阐明自己的创意，初步认识设计方案中各影响因素间的关系”，能“基于有说服力的论证，认同或质疑某些设计方案，并初步判断其可行性和合理性”。

2. 教材分析

“计量时间”这一单元可以分为 4 个部分，各部分内容的学习要求如下。

第 1 部分（第 1 课）：了解古代的一些计时方法，开展对“一炷香”时间的研究。

第 2 部分（第 2～3 课）：通过观察水流，探究水钟的特点和计时原理，学习制作水钟，体会完成一项工程任务的基本过程。

第 3 部分（第 4～6 课）：观察精确计时工具——机械摆钟，探究机械摆钟的计时方法和原理；制作摆钟并研究钟摆的摆动规律，学会控制钟摆的摆动节奏。

第 4 部分（第 7 课）：系统梳理人类计时工具的演变过程，认识计时工具的精确度对人们生活、出行等方面的影响。

本课属于“计量时间”单元的第 2 部分，主要目的是让学生探究水钟的计时方法和原理，并动手制作水钟。在学习本课内容的过程中，学生将有机会综合运用所学的各方面知识，参与一个完整的工程实践活动过程，并体会到“做”的乐趣。

3. 学情分析

通过前两课的学习，学生已经了解了两种水钟的构造，理解了水钟的计时原理，并且产生了制作水钟的兴趣。同时，5 年级学生已经学会了通过绘图记录所观察到的现象的方法，且初步具备了对自己或他人的设计思路、草图、模型等提出改进建议的能力，以及动手制作的能力和反馈修改的能力。在本课的教学过程中，教师要让学生运用已掌握的知识和技能设计水钟，指导他们动手制作一个水钟，并让他们测试自己的水钟能否准确计时。

（二）教学目标及重难点

1. 科学观念目标

（1）能以“水钟”为主题提出一个满足一定限制条件的简单工程问题。

（2）知道水钟能让水在一定的时间内以稳定的速度往下流，因而能用来计时。

（3）知道如何控制水流的速度，以使水钟计时更加准确。（教学难点）

2. 科学思维目标

（1）能基于所学科学知识，应用创造性思维的基本方法提出“水钟”设计方案。

（2）能基于批判性思维评价优化“水钟”设计方案。

3. 探究实践目标

（1）能利用剪刀、塑料瓶等简单的工具和材料制作简易的水钟。（教学重点）

（2）能按照“提出问题—制订计划—实施方案—检验成果—寻找原因—改进完善”的流程探究水钟的设计方案。

4. 态度责任目标

（1）乐于尝试多种设计方案，初步具有质疑、创新的态度。

（2）能认识到分工合作在科学探究中的重要性。

（3）能如实记录探究活动中的相关信息，正确对待设计方案的缺陷。

（三）教学用具

剪刀、秒表（可用手机或电话手表替代计时）、记号笔、胶带、直尺、塑料瓶、白纸条、实验记录单等。

（四）教学过程设计

1. 新课导入

（1）引导："人们曾将一个底部钻有小孔的碗放在水中，让碗慢慢下沉，并通过碗下沉的时长来计量时间。今天，我们就来做一个类似的计时器。"

（2）点题："通过上一课的学习，我们知道水可以用来计时，也了解了古代水钟的计时原理。今天我们就将这些知识应用于实践，尝试制作一个计时 10 分钟的水钟。"（板书：我们的水钟）

设计意图 承接上一课的内容，引出本课的主题，使学生对制作水钟产生兴趣。

2. 探索设计

1）设计水钟方案

（1）提问："要想制作一个计时 10 分钟的水钟，我们需要考虑哪些问题呢？"

（学生每 4 人一组展开讨论，然后回答问题）

（预设：① 在开始制作前，如何设计制作方案；② 制作水钟需要用到哪些材料；③ 怎样控制水钟的滴水速度；④ 如何划分 10 分钟的时间刻度）

设计意图 让学生通过小组交流的方式拓宽思路，为后续的小组合作探究活动做准备。

（2）引导："设计制作方案是工程实践活动中极为重要的一个环节。因此，我们拿到任务后不要着急动手制作，而是要先和小组成员认真讨论并确定设计方案。"

（3）引导学生认真阅读教材中的设计方案范例，使其初步了解方案的设计过程。（注意：提醒学生用画图和文字描述的方法设计制作方案）

（各小组展开讨论，确定要制作的水钟的类型——泄水型或受水型，以及所需材料、操作步骤等，并将这些事项填写到实验记录单中）

（4）指导学生汇报各自小组的设计方案，然后组织他们进行组间互评，以促使各小组完善设计方案。

（提示：设计方案是制作水钟的关键，教师应在这个环节中引导学生不断思考，完善设计方案）

2）制作水钟

（1）提问："课堂上的制作时间有限，我们应该怎样快速标出 1～10 分钟的时间刻度呢？"

（各小组讨论后回答问题）

（预设：确定合适的滴水速度，在用秒表计时的同时，用记号笔在塑料瓶壁上标出水流出 1 分钟和 5 分钟时的刻度，然后依据 1 分钟和 5 分钟的水位推算并标出 10 分钟内的其他时间刻度）

（2）分发制作材料，指导各小组按照本小组的设计方案制作水钟。

（说明：由于课堂时间有限，学生没有足够的时间在实验中反复探索流水孔的大小对水钟计时准确性的影响，故须提醒学生避免打孔过小或过大，否则会影响时间刻度计时的准确性）

3．研讨交流

（1）根据课堂实际情况，指导学生进行 1 分钟、3 分钟和 6 分钟时间刻度的计时准确性测试。

设计意图 让学生在实践中检验自己制作的水钟，初步认识重复验证的重要性。

（2）引导学生交流水钟的制作过程及水钟计时的准确性。

（3）提问："同学们的水钟制作过程简单吗？"（引导学生从材料消耗和制作时间等方面讨论）

（学生互相交流后回答）

（说明："制作水钟"是技术与工程方面的一个实践活动，不仅要考虑制作过程会消耗多少材料，如何尽可能地减少耗材，以节约资源与成本；还要考虑制作水钟需要耗费多少时间，如何缩短制作时间，以提高效率）

（4）提问："大家的水钟计时准确吗？影响水钟计时准确性的因素有哪些呢？"

（学生互相交流后回答）

（预设：影响水钟计时准确性的因素包括容器形状、刻度标记、滴孔大小、水位高低等）

设计意图 让学生从工程设计的角度对问题进行全面、系统的分析。

（5）组织学生展开讨论，让学生对自己小组设计的水钟提出改进意见。

设计意图 让学生通过评价和反思，改进自己的水钟设计方案，并认识到工程设计方案需要通过反复实验、反复评估和不断改进才能实现物化。

4．拓展延伸

（1）提问："除了水，还可以用哪些能流动的物体来制作计时工具？请同学们课后探索这些物体的计时方式。"

（2）提问："将没有关紧的水龙头看成一个滴漏，如果每秒钟滴一滴水，每滴水的体积为 0.05 毫升，那么这个水龙头一年（365 天）大约会流失多少升水？你能从中得到什么启发？"

板书设计

"我们的水钟"一课的板书设计如下。

（1）制作流程：明确任务→设计方案→制作模型→测试模型→评估与改进。

（2）影响计时准确性的因素：滴孔大小、水位高低、水流速度、容器形状、刻度划分……

实践活动

活动内容

以教科版《科学》(2019 年版)6 年级上册第 3 单元“工具与技术”中第 3 课“不简单的杠杆”为课题，设计教学方案。

活动目标

通过设计教学方案，熟悉技术与工程方面的学科核心概念、学习内容和学段目标，并根据具体教学内容运用相应的教学策略。

活动过程

(1)每 5 人一组，小组成员合理分工。(要求各小组成员的任务分工与物质科学、生命科学、地球与宇宙科学的实践活动的任务分工不完全一样)

(2)结合《课程标准》分析“不简单的杠杆”这一课题涉及的主要概念和相应的学段目标。

(3)结合《课程标准》分析“不简单的杠杆”这一课题在教材知识体系中的位置和作用，确定具体的教学内容。

(4)结合《课程标准》和教科版教材，分析 6 年级学生的认知能力，并确定四维教学目标。

(5)根据教学内容设计具体的教学活动，并按照一定的逻辑顺序编排这些教学活动。

(6)根据“不简单的杠杆”的内容特点和具体教学活动的安排，选用合适的教学策略和教学方法。

(7)合理设计教师和学生在整个教学过程中的主要行为，并写明设计意图。

(8)各小组将各自的教学方案系统、直观地呈现出来。

活动评价

授课教师可参考表 8-3 对实践活动进行评价。

表 8-3　活动评价表

评价标准	完成情况 （优、良、中、差）	教师点评
能准确地分析课题所涉及的主要概念和相应的学段目标		
能准确地分析课题在教材知识体系中的位置和作用		
所确定的教学内容与教学目标、学生的认知能力相适应		
选用的教学材料是日常生活中常见的，且易于获取的		
能引导学生结合生活经验自主探索，教学活动过程能充分体现教师的主导作用及学生的主体地位		
对教师和学生在整个教学过程中主要行为的设计合理，且设计意图明确		
教学活动设计综合运用多种教学方法，如启发法、讨论法、实验法等		

第九章

小学科学教学评价

学习目标

知识目标

- 了解小学科学教学评价的概念、内容和类型。
- 熟悉小学科学教学评价的特点和原则。

技能目标

- 学会灵活运用小学科学教学评价的各种方式。

素养目标

- 践行“以评促学，以学促教”的理念。

案例导入

小学科学教师徐老师每次上课前都会用心备课，包括认真分析与教学内容相关的课程目标、仔细研读教材内容、认真设计教案等。过了一段时间，徐老师发现教学效果并不理想。

为了找到课堂教学效果不理想的原因，进而改进教学方法，徐老师设计了一份教师教学行为课堂观察评价表，如表 9-1 所示。

表 9-1 教师教学行为课堂观察评价表

课题名称：			
教师主动行为		教师回应行为	
行为表现	次数	行为表现	次数
向学生提出问题		为学生解答疑惑	
向学生阐明学习要求		向学生反馈答题正误情况	
指导学生设计实验方案		引导学生思考，并等待学生反馈	
主动示范实验操作步骤		组织学生展开讨论	
其他行为		其他行为	

首先，借助上述观察评价表，徐老师通过多次记录了解了自己在课堂教学中对“教”和“学”的关注度。第一次记录显示，徐老师的主动行为共有 24 次，回应行为仅有 8 次；第二次记录显示，主动行为共有 26 次，回应行为共有 12 次……先后记录的 10 多张观察评价表显示，徐老师的教学主动行为的次数都是回应行为的两倍以上。在小学 2 年级的课堂教学中，教师的主动行为较多是正常的，但是如此高比例的主动行为说明徐老师在教学过程中关注得更多的是自己的“教”，而不是学生的“学”。其次，通过分析这 10 多张观察评价表，徐老师找到了自己课堂教学效果不理想的症结：问题难，不断提；学生多，难顾及。也就是说，课堂呈现的是老师带领学生挪步前行的状态，学生在课堂学习中自然只能亦步亦趋了。

基于以上原因分析，改变当然应从调整自己的主动行为频次和提问难度入手。在后来的课堂教学中，徐老师开始有意识地降低教学主动行为的频次，设置符合学生认知水平的问题，通过典型、必要的示范对学生进行更多的引导，将更多的精力放在学生的学习上，并根据学生的个体差异给予个性化的辅导和支持。

后来，随着对课堂观察评价表的深入研究，徐老师又陆续设计了“问题维度观察评价表”“学生学习行为观察评价表”“学生答问参与度评价表”“教师回应方式评价表”等。这些课堂观察评价表成为徐老师反思并改进课堂教学的另一双“眼睛”，有效地促进了徐老师教学能力的提升。

课堂观察评价表在小学科学教学评价中能发挥哪些作用？小学科学教学评价的内容有哪些？小学科学教学评价分为哪些类型？小学科学教学实践中常用的评价方式有哪些？在教学实践中，小学科学教师应如何运用不同的教学评价方式进行教学评价？下面让我们通过学习本章内容揭晓上述问题的答案。

第一节 小学科学教学评价概述

一、小学科学教学评价的概念和内容

（一）小学科学教学评价的概念

小学科学教学评价是指评价者（如教师、学生、家长、教育专家、教育行政人员、社会人士等）依据一定的事实材料和科学教学价值标准，对小学科学的教学过程和教学结果进行价值判断的活动。教学评价是对教学工作质量所做的测量、分析和评定，包括对学生学习效果的评价、对教师教学质量的评价等。教学评价与教学过程同等重要，它是一个持续的过程，贯穿于教学活动的每一个环节。

小学科学教学评价是为学生的学习服务的，其目的是通过评价了解学生实际的学习情况和素质发展状况，进而改进教学工作，最终实现小学科学的课程宗旨，即提高每个学生的科学素养。

（二）小学科学教学评价的内容

小学科学教学评价的内容主要包括学生评价和教师评价两个方面。

1．学生评价

学生评价是小学科学教学评价中最核心、最基本的活动，其根本目的在于更好地促进学生的全面发展。学生评价的主要内容包括学生对科学观念的掌握情况，以及学生在科学思维、探究实践、态度责任方面的动态发展情况等。学生对科学观念的掌握情况通常通过期中、期末考试来评定；对科学思维、探究实践、态度责任方面的考查，通常通过课堂表现、课后实践、单元小测验等方式进行。

知识链接

小学科学学习评价的内容

《课程标准》指出，小学科学学习评价的内容主要包括科学观念、科学思维、探究实践和态度责任4个方面。

（1）对科学观念的评价主要考查学生对《课程标准》规定的学科核心概念的理解情况。

（2）对科学思维的评价主要考查学生对科学探究方式的了解情况和学生科学探究能力的发展情况，包括探究过程中科学思维的发展情况等。

（3）对探究实践的评价主要考查学生进行科学学习和探究时所必须掌握的方法和技能。

（4）对态度责任的评价主要考查学生对科学、技术、社会与环境之间相互关系的理解，以及对热爱自然、珍爱生命、保护环境的意识和社会责任感的培养等。小学科学教师不仅要关注学生学习科学的兴趣和参与科学活动的热情，还要评价学生是否具有基于证据和推理发表见解的意识，是否能与他人合作交流、勇于表达、乐于倾听，是否具有追求创新的意识。

2. 教师评价

教师评价内容广泛，层次较多，既可以进行单项评价，也可以进行综合评价。概括来讲，教师评价的主要内容包括以下几个方面。

1）教师的基本素质

教师的基本素质是指教师履行职责、完成各项教育教学任务时所体现出来的各种内在品质的总和。它主要包括政治思想素质、职业道德素质、科学文化素质和身心素质4个方面。

2）教师的业务能力

教师的业务能力主要包括：① 钻研和利用教材的能力；② 了解和研究学生的能力；③ 组织教育教学活动的能力；④ 进行教育科学研究的能力。

3）教师的工作绩效

教师的工作绩效是教师的基本素质、业务能力和工作态度的综合体现。对教师工作绩效的评价应当结合教师的备课与上课、课外辅导与作业批改、科研与改革、出勤与工作量等情况进行。

二、小学科学教学评价的类型

小学科学教学评价范围广，内容多，依据不同的分类标准，可以分为不同的类型。

（一）依据评价时机和评价作用分类

根据教学评价时机和教学评价在教学过程中发挥作用的不同，教学评价可以分为诊断性评价、形成性评价和总结性评价。

1. 诊断性评价

诊断性评价又称前置性评价，是指为查明学生的科学学习准备状况及影响学习的因素而实施的测定，以及依据测验结果所做出的一系列价值判断。诊断性评价一般用于学生评价，通常在新学期开始时或某单元教学开始前进行，其目的是了解学生的学业水平，以便教师准确地把握教学的起点和重难点，从而更好地开展教学工作。

诊断性评价的主要作用如下。

（1）了解学生的个体差异、知识经验基础及认知发展水平，并以此为依据调整教学内容和教学方法，使教学活动能更好地满足学生个性化的学习需要。

（2）了解教师在教学过程中存在的问题，以及出现这些问题的原因等。

2. 形成性评价

形成性评价是指为改进和完善教学活动，在教学过程中对教师教学、学生学习的动态状况进行的评价。它关注的是教学过程，强调的是学生今后该如何学习和教师今后该如何授课的问题。

形成性评价的主要作用如下。

（1）了解学生在某一阶段对知识的掌握情况及能力发展情况，以此为基础为学生提供改善学习成效的有效对策。

（2）了解教师教学活动的开展情况、教学方法的使用情况，并能综合分析教学活动中存在的问题，从而促使教师有针对性地改进教学工作，以获得更加理想的教学效果。

3. 总结性评价

总结性评价是指在某一相对完整的教学阶段结束后，对课程教学目标或学习目标的实现程度所做出的评价。总结性评价常用于判定学生对科学知识的掌握程度及学生在科学探究过程中的综合表现。总结性评价考查范围较广，概括水平较高，一般在学期或学年结束时进行。毕业考试就是总结性评价的一种类型。

总结性评价

总结性评价的主要作用如下。

（1）评定学生的学习成绩。

（2）检测学生对知识的掌握程度。

（3）评估学生的能力水平，确定学生在后续教学活动中的学习起点。

（4）评定教师教学质量及教学方案的有效性，评价教学目标的实现程度。

传统意义上的总结性评价等同于书面测试，随着教学理论的不断发展，一些新的评价方式，如解释性练习、成长记录袋等开始用于总结性评价。

形成性评价和总结性评价具有相对性。若以学期为考查单位，则月考和单元测验具有形成性，期末考试具有总结性。若以小学六年为考查单位，则期末考试具有形成性，毕业考试具有总结性。

（二）依据参照标准分类

依据参照标准的不同，教学评价可分为相对评价、绝对评价和个体内差异评价。

1. 相对评价

相对评价是指将评价对象置于一个群体中，依据群体水平来确定评价标准，再用这个标准来评定群体中的每一个对象，从而确定每一个对象在群体中所处的相对位置的评价方式。我国的高考、研究生入学考试、学科竞赛考试都是典型的相对评价。

相对评价可以让评价对象清楚地认识到自己在群体中所处的位置，了解自己在群体中的发展状况。但相对评价结果只代表某评价对象在该群体中的相对位置，并不能反映其实

际水平。过分看重相对评价的结果容易导致评价对象盲目追逐分数和名次，忽略自身能力的提高。

2．绝对评价

绝对评价是指以教学目标或某项客观标准为依据来判断每个评价对象达标程度的评价方式。绝对评价的评价标准具有稳定性、客观性和准确性，不受评价对象所在群体发展状况的影响，评价对象能否达到预设目标只与其自身能力水平的高低相关。例如，毕业考试就是典型的绝对评价，通过考查学生成绩能否达到预设目标来判断学生的能力是否达到毕业水平。教师资格证考试也属于绝对评价。

3．个体内差异评价

个体内差异评价是指以评价对象最初的学习情况为基准，通过对其自身的发展情况进行纵向比较（当前与以往的对比）或横向比较（自身不同方面的对比）而做出评价的一种方式。个体内差异评价能照顾不同评价对象之间的个体差异，有利于评价对象减轻心理负担和压力，增强自信心，强化进步动力。

（三）依据评价方法分类

根据评价方法的不同，教学评价可分为定性评价和定量评价。

1．定性评价

定性评价是指运用分析、综合、比较、分类、归纳、演绎等逻辑分析方法，对所收集的评价数据、资料进行思维加工，进而对评价对象做出非数据化的价值判断的评价方式。定性评价重点考查评价对象的多元化综合发展情况，评价内容通常为评价对象在知识、能力、情感、态度等方面的变化，反馈的信息量较大。

定性评价的目的不是甄别和选拔，而是促进教师和学生的共同发展。在定性评价的实际运用过程中，由于评价者的教育理论水平、教学经验、分析问题的角度存在差异，因而评价结果难免带有一定程度的主观随意性。

2．定量评价

定量评价是指运用数学的方法收集和处理一些资料信息，用数值对评价对象的特性进行描述和判断的评价方式。定量评价要按照一定的客观标准对整个教学过程中的各种教学因素进行全面、科学的测定，并以量化的形式将测定结果呈现出来。定量评价一般通过阶段测验进行，具有客观化、标准化、精确化、简便化等特征，能在一定程度上克服评价的主观随意性。但定量评价往往只关注可以测定的品质与行为，而忽视评价对象个性发展的多元化，因而无法全面地评价学生的个性化发展和行为表现。

（四）依据评价者分类

根据评价者的不同，教学评价可分为他人评价和自我评价。

1．他人评价

他人评价也称外部评价，是指由评价对象自身以外的人员或组织机构对评价对象做出价值判断的评价方式。在小学科学教育中，他人评价主要分为两种：一是小学科学教师、班主任、校长等对学生的评价；二是学生、其他任课教师、校领导等对小学科学教师的评价。他人评价主要是从他人的角度反映评价对象的基本状况，比较客观，可信度较高。但是，在这种评价活动中，外部评价体系的建立与实施较为复杂，往往需要耗费大量的人力、物力。

"他人评价"针对学生的评价重点

在小学科学学习过程中，学生互评的重点如下：① 对学习的任务和目标有无清晰的认识；② 是否有强烈的学习动机，是否足够努力；③ 学习的方法是否合理；④ 是否实现了预期的学习目标，是否满意自己的学习效果；⑤ 其他同学的学习方法是否更合理、有效，哪些地方值得自己学习和借鉴。

在小学科学教学过程中，教师对学生评价的重点如下：① 学生对正在进行的科学学习活动是否感兴趣，是否足够投入；② 学生的探究过程是否合理；③ 学生当前的能力水平与教学目标之间存在多大差距；④ 学生存在哪些学习困难，遇到困难的原因是什么。

2. 自我评价

自我评价也称内部评价，是指由评价对象对自己的行为及行为结果做出评价的一种评价方式。现代小学科学教学评价的一个突出特点是重视自我评价，不仅强调提高教师的自我评价能力，还要求发展小学生的自我评价能力。恰当的自我评价有利于培养个体的自信心，对个体的成长与发展有积极作用。自我评价没有统一的评价标准，评价结果在很大程度上受个体本人价值观、期望水平、认知水平等的影响，具有较强的主观性。

有些科学教师对学生进行评价时常使用简单的口头语，如"棒极了""说得真好""大家为他鼓掌"等。这种评价方式对激发学生学习科学的兴趣有无作用？效果怎样？教师应如何评价才能提高学生参与科学实践活动的积极性？

三、小学科学教学评价的特点

（一）评价主体多元化

教学评价的功能

评价主体是指在评价活动中进行评价的个人或组织。随着新一轮基础教育课程改革的推进，教学评价主体呈现出多元化的趋势。教育行政管理部门、学校管理人员、教师、学生、家长、专家，以及社会有关组织和社会人士都可以对小学科学课程的组织、实施、方法和效率等方面进行评价。

（二）评价内容全面化

小学科学教学评价的内容包括对学生的评价和对教师的评价两个部分。对学生的评价注重对学生综合素质的考查，不仅关注学生的学业成绩，而且关注学生创新精神和实践能力的发展，以及心理素质、学习兴趣、情感态度等方面的发展。对教师的评价所包含的内容十分全面，包括课前准备、教学理念、课堂气氛、课堂节奏、教学方法等方面的情况。

（三）评价方法多样化

评价方法多样化主要体现为多种评价方法（包括书面检测、口头测验、开放式提问、活动报告、课堂观察、课后访谈、成长记录等）在小学科学教学过程中的运用。

每一种评价方法都有各自的特点。在实际运用过程中，评价者可结合教学内容及评价对象的学习特点或教学风格，选择合适的评价方法。例如，教师可以通过课堂观察了解学生独立思考的习惯和合作交流的意识，通过书面检测了解学生对基础知识与基本技能的掌握情况，通过分析成长记录了解学生的能力发展变化等。

（四）评价时机全程化

一方面，小学生科学素养的提升不是一朝一夕就能实现的，这是一个长期的过程。小学科学教学评价的主要目的是促进学生的学习和发展，因此教学评价必须贯穿于整个教学过程。这要求小学科学教师随时关注学生的学习情况和能力发展情况，并及时给予学生必要且恰当的评价。

另一方面，小学科学教师由新手教师成长为专家型教师也是一个长期的过程。在这个过程中，学校通常会定期组织教研组长、教导主任、骨干教师等对教师的成长过程进行系统而全面的评定，以帮助教师全面了解自己的教学情况，促使教师不断提高教学水平。

四、小学科学教学评价的原则

（一）客观性原则

客观性是小学科学教学评价的基本要求，教学评价的目的在于对学生的学或教师的教进行客观的价值判定。如果评价缺乏客观性，就会失去评价的意义。一般来说，贯彻教学评价的客观性原则要做到以下几点：① 评价标准客观，不带随意性；② 评价方法客观，不带偶然性；③ 评价态度客观，不带主观性。

（二）发展性原则

教学评价应当是鼓励师生进步、促进教学发展的手段。因此，小学科学教学评价应着眼于学生的学习进步和动态发展，着眼于教师的教学改进和能力提高，以调动师生参与教学过程的积极性，最终提高教学质量。

（三）有效性原则

小学科学教学评价的有效性是评价活动得以顺利进行的基本要求，它在很大程度上取决于评价标准的有效性。评价标准的有效性是指所确立的评价标准符合教学特点，能够体现现代课堂教学的内在要求，并有效地促进评价对象不断提升和完善自我。

（四）整体性原则

小学科学教学评价应从教学工作的整体出发，进行多方面的评定，防止以偏概全或以局部代替整体。需要注意的是，整体性并不代表平均化，而是要抓住主要矛盾，对决定教学质量的主导因素及环节进行评价，并且要把分数评价、等级评价和描述性评价结合起来，以使评价结果全面、准确，接近客观事实。

第二节　小学科学教学评价方式

小学科学教学评价是一个连续的、系统的过程。无论采用何种方式实施教学评价，评价者都需要先根据评价目的设计评价方案，然后依据评价方案深入教学过程收集信息，最后通过分析信息做出判断或反馈。

一、小学科学学习评价方式

小学科学学习评价常见的评价方式包括传统测试评价、表现性评价和档案袋评价等。本书重点介绍传统测试评价和表现性评价。

（一）传统测试评价

1. 什么是传统测试评价

传统测试评价主要指纸笔测试。这种评价方式要求学生在规定的时间内完成书面答题任务，能直观地反映学生的学习情况。传统测试评价试题通常由若干经过精心设计的问题和任务构成，教师根据学生的答题情况和任务完成情况来计算测试得分，并将得分作为判断学生学习情况的依据。传统测试评价操作简单、快捷，方便大规模使用，因此一直在学习评价中发挥着重要的作用。

当然，传统测试评价也存在明显的局限性。在传统测试评价中，教师一般会设置选择题、判断题、填空题、简答题等题型。这些题型可以检测学生对所学科学知识的掌握情况，但对学生的高阶思维能力、科学探究能力、科学态度与情感的考查十分有限。例如，在某次科学考试中，两名小学生都得了 95 分，这是否意味着他们在科学学习中拥有同样的能力水平？答案显然是否定的。因为小学科学是一门实践性很强的课程，传统测试很难全面、客观地评价学生的学习效果。

2. 传统测试评价的优化设计

在现阶段，传统测试评价仍在学生学习评价中占据重要的地位。为了让传统测试评价充分发挥客观的评价作用和学以致用的导向作用，小学科学教师应对传统测试评价进行优化设计，加大对学生探究实践、质疑创新、科学思维等方面能力的考查力度。具体而言，小学科学教师在设计传统测试评价试题时可以从以下几个方面进行优化。

1）巧设真实情境，考查问题解决能力

在设计传统测试试题时，小学科学教师应结合具体的教学内容和实际生活，创设一些真实的、有趣味性的问题情境。这些问题情境可以将测试内容与现实生活对接，引导学生把课本知识与真实的生活联系起来，让学生做到对知识的“活学活用”，从而不断提高分析问题和解决问题的能力。

2）内化科学探究，考查实践探究能力

由于科学学习以探究为核心，所以关注学生在科学探究过程中的思维发展与实践能力成为当前科学测试试题设计的趋势。在设计测试试题时，小学科学教师要将对科学探究能力的考查融入其中。具体的考查内容包括学生是否善于观察、勤于思考，能否根据科学现象提出问题，能否进行比较合理的猜想和假设，能否制订计划、设计方案并加以验证等。

传统测试试题示例

以下是某小学4年级科学课期末测试试题。

小亮开展了一项“在同一斜坡上的不同位置释放小车”的探究实验，小车及斜坡的设置情况如图9-1所示。

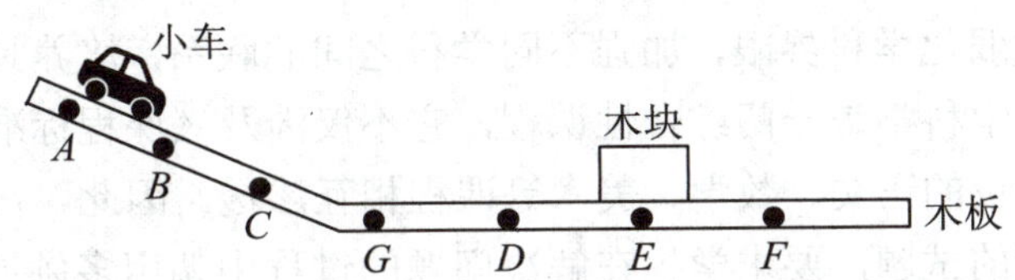

图 9-1 小车及斜坡的设置情况

（1）每次实验时，小亮都让木块从同一起始位置下滑，这是为了（　　）。

A. 让木块滑出更远的距离

B. 更客观地比较木块滑行的距离

C. 让小车在最短的时间内撞击木块，以免实验材料受损

（2）在每次实验中，木块最终都会停在某处，这是因为（　　）。

A. 木块受到了动力的影响

B. 木块受到了摩擦力的影响

C. 木块受到了重力的影响

（3）表 9-2 为小车斜坡运动探究实验记录表。通过分析这个表格，你能得出怎样的结论？

表 9-2　小车斜坡运动探究实验记录表

小车释放位置（填字母）	木块起始位置（填字母）	木块滑行后的位置（填字母）
A	*G*	*F*
B	*G*	*E*
C	*G*	*D*

（4）如果增大斜坡的坡度，那么，在 *A* 点释放小车后，你将观察到什么现象？

【分析】本试题依据“小车运动的速度与小车能量大小的关系”这一实验内容设计。试题中的4道题目是按照科学探究的逻辑顺序设置的，可以引导学生一步步地深入探索。设置这些题目的目的是考查学生对“斜面坡度越小，小车撞击木块时的速度越小，被撞击后木块移动的距离越短，小车具有的能量越小”这一知识点的掌握情况，并在此基础上进一步检验学生的推理能力。同时，这些题目还能考查学生在平时的实验探究中是否形成了“在对比实验中，只有控制唯一变量才能得出正确实验结果”这一科学思维。

3）渗透前沿素材，考查信息处理能力

收集、整理信息并对这些信息进行解释或抽象概括是学生开展科学探究的必备素养。在科学测试中设置适量的文本阅读题，可以有效地考查学生处理科学信息的能力，且有助于学生通过科学阅读将新的科学概念与已掌握的科学知识关联起来，构建更加完善的知识体系。因此，在设计传统测试试题时，小学科学教师可在试题中渗透适量的科技前沿素材，以考查学生处理科学信息的能力。

4）整合课程知识，考查跨学科思维能力

新课程改革要求弱化学科界限，加强不同学科之间的联系，培养具备多学科知识和能力的综合性人才。小学科学是一门综合性课程，它不仅涉及《课程标准》规定的 4 个方面的知识，还与平行开设的语文、数学、美术等课程相互渗透。因此，在传统测试中围绕一定的情境设置多步骤的试题，要求学生在解决问题的过程中调用多领域、多学科的知识，最终实现学生对不同学科知识的迁移与整合已经成为一种新的趋势。

总体来说，传统测试试题要在适度考查科学知识的基础上，加强对学生应用科学知识、运用科学思维解决实际问题的能力等方面的考核。小学科学教师是传统测试试题的编制者，决定着试题的导向，在编制试题时应优化试题质量，关注对学生科学思维的培养，尝试对学生的科学素养进行全面而综合的评价。

（二）表现性评价

1．什么是表现性评价

表现性评价是指要求学生在某种特定的真实情境或模拟情境中，运用先前所掌握的知识完成某项任务或解决某个问题，以考查学生对科学知识与相关技能的掌握情况，以及问

题解决能力、团队合作意识、语言表达能力、批判性思维能力等内容的一种评价方法。与传统测试评价相比，表现性评价的不同之处在于评价者可以通过观察学生在科学学习活动中的实际表现，较为全面、综合地评价学生的科学素养水平。表现性评价操作起来耗时费力，不便于大规模实施，它常与传统测试评价结合起来使用。

提 示

表现性评价的内容要尽可能地涵盖学生在科学探究中可能出现的各个方面的行为表现，以帮助学生较为全面地了解自己的科学学习情况和科学思维特点，引导其分析自己在科学探究中所用策略的优势和不足，审视自己在学习过程中所产生的变化，从而帮助学生有针对性地改进科学学习中的不足之处。

2. 表现性评价的分类

根据考查方式和侧重点的不同，表现性评价可以分为侧重于“听”“看（读）”“说”“写”“画”“做”等6个方面的评价。

1）侧重于“听”的表现性评价

侧重于“听”的表现性评价重点考查学生通过倾听获取科学信息的能力，所用音频素材通常是科学家故事、科普文章、科技数据等。例如，让学生听科学家的故事，考查学生对科学家研究领域和成果等信息的获取能力；让学生听科普文章，考查学生对自然现象和科学原理等信息的提取能力；让学生听气象广播，考查学生对天气数据的提取能力。在实施侧重于“听”的表现性评价时，小学科学教师可以先让学生聆听音频，然后要求学生复述音频内容并回答问题。

2）侧重于“看（读）”的表现性评价

侧重于“看（读）”的表现性评价重点考查学生通过观察或阅读获取科学信息的能力。例如，教师可以让学生观察模型模具、动植物、大自然、实验现象等，考查学生的科学观察能力；让学生观看文本、图画、视频等素材，考查学生获取科学信息的能力。在实施侧重“看（读）”的表现性评价时，小学科学教师可以先让学生观察某个事物，然后让学生回答问题。例如，先让学生观察一株植物，然后让学生写出该植物的组成部分，考查学生的事物观察能力和对科学术语的掌握情况。

3）侧重于“说”的表现性评价

侧重于“说”的表现性评价通常由两个部分构成：第一部分是让学生听音频、看文章、看图片、看实物、看视频等；第二部分是让学生“说”。

在小学科学教学评价中，“说”主要表现为说科学现象、说科学原理、说科学预测、说理由分析、说探究方案、说探究结论等。对“说”的评价侧重于原理的科学性和思维的逻辑性。例如，让学生在校园中寻找几片不同种类的树叶，要求他们先说一说这些叶子的形状、色彩、质地、花纹等特点，再比较它们的异同；提供气象预报信息，让学生说一说天气对人们生活的影响；让学生观察水烧开的过程，说一说看到的现象并分析这种现象的原理。

提 示

侧重于“听”和“看（读）”的表现性评价要求学生复述，主要考查识记、理解和应用等低阶思维能力。侧重于“说”的表现性评价主要考查语言表达能力和高阶思维能力（如综合分析能力、评价能力和创新能力等）。

4）侧重于“写”的表现性评价

侧重于“写”的表现性评价重点考查学生的书面表达能力。科学学科中的“写”主要表现为写观察日记和写小论文两种。例如，让学生观察豆芽、水仙花、多肉、凤仙花等植物的生长过程，写植物观察记录；让学生观察蜗牛、蚯蚓、蚂蚁、金鱼、蜜蜂等动物的活动规律，写动物观察日记；让学生观察一块冰融化、一滴墨水滴在清水中、塑料尺经摩擦后吸附碎纸片等实验现象，写实验现象观察记录；等等。总体来说，科学学科中的“写”具有写实性，对“写”的评价侧重于篇章结构、逻辑顺序、科学术语等。

5）侧重于“画”的表现性评价

画画有利于学生的记忆力、想象力、观察力、思维能力、创造力等能力的发展。科学学科中的“画”主要包括画结构图、画示意图、画原理图、画设计图、画想象图等，如画花的结构图、植物根的结构图、仪器原理图、水滴计时器的设计图等。

6）侧重于“做”的表现性评价

侧重于“做”的表现性评价一般从评价测量、制作和操作 3 个方面进行。

（1）对测量的评价侧重于考查学生使用刻度尺（三角板）、温度计、量筒、测力计、体重计、雨量器、风速仪等测量工具的规范性和熟练度。

（2）对制作的评价侧重于考查学生的设计能力、动手能力、创新思维能力等，如考查学生能否在规定时间内完成制作任务，所设计的作品是否具有可使用性和创新性等。

（3）操作分为实验操作和其他实践操作，对操作的评价主要是对实验操作进行评价。对实验操作的评价侧重于考查学生能否规范地使用实验器材、能否熟练地使用实验器材、能否在实验结束后将实验器材归位等。

上述 6 种表现性评价在结构层次上呈金字塔状，“听”“看（读）”是塔基，“说”“写”“画”是塔身，“做”是塔尖。小学科学教师要根据不同学段的教学内容和要求，设计适合学生的表现性评价行为综合测试题，并将表现性评价与传统测试结合起来，取长补短，促使学生全面提升科学素养。

3．表现性评价的设计

1）明确评价目标

明确的评价目标是确保所设计的表现性评价达到预期效果的前提。在设计表现性评价时，小学科学教师要十分明确自己需要从评价中获取学生的哪些相关信息。在小学科学教学评价实践中，评价目标主要涵盖科学观念、科学思维、探究实践、态度责任 4 个维度。在表现性评价中，评价目标既是教师评价学生的标准，也是学生进行自我评价的依据。

2）确定表现性任务

表现性任务是表现性评价的重要内容。在小学科学教学的表现性评价中，教师主要通过观察学生在任务过程中的各种行为表现和任务完成情况来对学生进行评价。因此，当评价目标确立后，教师需要做的是根据表现性评价目标确定合适的表现性评价任务。

设计的任务必须能实现促使学生运用所学知识解决问题，进而提升能力的目的。一般来说，教师在确定表现性任务时需要考虑以下几个方面：① 时间限制；② 所需资源；③ 场地选择；④ 能否充分考查评价目标所确定的各种能力。

提　示

表现性任务不能仅局限于课堂和学校，还应根据需要拓展到校外，以加强学生和社会实践的联系，使学生有更多的机会运用自己掌握的知识和技能，提高学生的实践能力和创造能力。

3）制订具体的评价指标

具体的评价指标是表现性评价得以顺利实施的保障。只有确定了明确而恰当的评价指标，才能确保评价的全面性和客观性。评价指标可由教师和学生共同协商制订。

一般来说，评价指标的制订要考虑以下 3 个方面的内容。

（1）评价指标要包括对学生行为表现的全过程及结果的评价。

（2）评价指标要充分体现出评价对学生学习的引导和激励作用，且设定的标准要符合学生能力水平由低到高、思维水平由具体到抽象的客观规律。

（3）评价指标要具有可操作性，教师在制订评价指标时应认真分析表现性任务，分解表现成果的每个细节，列出关键的表现行为，并为这些表现行为确定一个标准的评分等级评价表，以使评价有据可依、切实可行。

二、小学科学课堂教学评价方式

小学科学课堂教学评价是教学评价的重要组成部分，主要通过课堂观察的方式进行。课堂观察是指评价者带着明确的目的，凭借自身感官（如眼、耳等）及有关辅助工具（如观察表、录音录像设备等），从课堂情境中收集资料，并依据这些资料开展相应研究的一种教育科学研究方式。课堂观察研究资料的收集离不开必要的辅助工具。在这些辅助工具中，最典型的一种工具就是课堂观察评价表。

教学评价方式

（一）什么是课堂观察评价表

课堂观察评价表是指根据合理的观察点，记录教师和学生在课堂上的行为表现，并对所记录的数据进行科学的分析，以便改善课堂教学效果的一种工具。科学、合理、可操作性强的观察评价表是一种结构化的课堂观察工具，有利于提高教学观察质量和课堂教学评价的效度。

（二）课堂观察评价表的评价维度

小学科学课堂观察评价表包括教师教学和学生学习两个维度。

1. 教师教学维度

教师教学维度关注的是教师怎么教的问题。教师是课堂教学的组织者、引导者和促进者，教师的教学方案，教师在教学过程中对学生的引导及对各种教学资源、教学方式的运用等，在很大程度上影响着小学科学课堂教学的效果。

总体来说，对教师教学的评价可以从教学环节、教学呈现、教学对话、教学指导、教学机智等方面进行，各方面的评价要点示例如表 9-3 所示。

表 9-3　教师教学维度评价内容及其评价要点示例

评价内容	评价要点
教学环节	（1）教学过程的构成环节，不同环节之间的逻辑关系，以及各环节的时间分配 （2）教学环节与教学主题的契合度 （3）教学环节的特色
教学呈现	（1）板书的呈现（呈现了哪些内容？起到了什么作用？） （2）教学媒体的呈现（呈现了哪些内容？是怎样呈现的？内容是否恰当？） （3）教学行为（如实验、制作、示范动作等）的呈现（呈现出了什么？是怎样呈现的？体现了哪些理念？） （4）讲解效度（如语意表达的明确性、教学主题的契合度等）
教学对话	（1）提问的时机、对象，提问频次，问题的类型、结构、难度 （2）候答时间和理答方式 （3）课堂讨论的话题，以及话题与学习目标的关系
教学指导	（1）指导学生自主学习的情况（如读图、观察实物、做实验等） （2）指导学生合作学习的情况（如讨论、开展活动等） （3）指导学生探究学习的情况（如设计实验方案、进行科学探索等）
教学机智	（1）对教学设计的调整 （2）对教学过程中突发事件的处理 （3）非言语行为（如表情、体态等）的运用及效果

2. 学生学习维度

课堂上学生学习维度的评价内容主要包括学习态度和参与活动的情况两个方面，各方面的评价要点示例如表 9-4 所示。

表 9-4 学生学习维度评价内容及其评价要点示例

评价内容		评价要点
学习态度		（1）学习主动性和对科学学习的兴趣 （2）对课堂教学内容的专注度
参与活动的情况	参与活动的广度	（1）参与活动的形式（如个人思考、同桌互动、小组合作等） （2）参与活动的人数 （3）参与活动的时长
	参与活动的深度	（1）用科学的语言发表个人见解 （2）积极参与合作探究，乐于与同学交流观点、分享体验 （3）按照规范的流程进行实验操作 （4）正确地使用实验器材 （5）有良好的记录习惯，实验记录准确、规范，语言表达清晰明了 （6）愿意倾听他人的意见 （7）能根据他人的意见修正或完善自己的观点

在实际教学过程中，评价者可以根据实际需要设计针对课堂教学整体效果的综合性课堂观察评价表，以及针对某项评价内容的观察评价表，如用于评价教师教学设计的“教学设计环节观察评价表”，用于评价学生学习活动参与情况的“学生发言情况观察评价表”等。

（三）课堂观察评价表的设计原则

从某种意义上说，课堂观察评价表的设计质量决定了课堂教学评价的最终效果。因此，小学科学课堂教学的评价者应结合小学科学课程的特点及学生的能力水平设计合理、实用的课堂观察评价表。

一般来说，课堂观察评价表的设计需要遵循以下原则。

1. 紧扣观察主题

课堂观察评价表的设计应紧扣观察主题。观察主题主要解决评价要点的问题，每个观察主题都包含若干评价要点。评价者在设计课堂观察评价表时必须紧紧围绕观察主题这一核心，选定若干评价要点，设计出有针对性的课堂观察评价表。例如，某次课堂观察的观察主题是“新课程背景下教师工作方式的转变——学生学习的组织者、引导者、促进者”，那么对应的评价要点可以是教学活动的组织方式、教学环节的设计等。

2. 强调可观察性

评价者在设计课堂观察评价表时，应确保评价要点所涉及的相关信息可以通过肉眼观察或录音录像的方式获得，否则，这些评价要点的设置就失去了意义。

例如，师生之间的提问与应答、阐释与分辨、辅导与练习，教师教学方法的运用等，都是可以被直接观察到的，可以列为评价要点；教师和学生头脑中的想法，则不能被直接观察到，因而不能列为评价要点。

3. 重视客观性

为了让课堂教学评价更加客观、公正，评价者在设计课堂观察评价表时要尽量少设置需要进行主观判断的项目，减少由主观判断给观察评价带来的不确定性。

课堂观察评价表的设计不是一个简单的制表技术问题，而是评价者教育理念、课程理念、教学价值观等思想的综合体现。该表需要在“构建—优化—再构建—再优化”的过程中不断完善。

课堂观察评价表通常是由多个评价者共同协作完成的。在进行课堂观察之前，所有评价者都需要参加课前会议。课前会议的主要目的是对评价者进行分组，确定各小组的观察主题，明确评价者需要提前了解的有关问题或信息。

各小组确定好本组的观察主题之后，应立即商榷本组的观察维度和评价要点，并设计出课堂观察评价表。

小学科学课堂观察评价表范例

小学科学课堂观察评价表范例如表 9-5 所示。

表 9-5 小学科学课堂观察评价表范例

<table>
<tr><td>授课时间</td><td></td><td>授课教师</td><td></td><td>授课班级</td><td></td><td>课题</td><td></td><td>评价者</td><td colspan="3"></td></tr>
<tr><td colspan="2" rowspan="2">评价内容</td><td colspan="2" rowspan="2">评价要点</td><td colspan="4" rowspan="2">对评价要点的描述</td><td colspan="4">符合程度</td></tr>
<tr><td>A</td><td>B</td><td>C</td><td>D</td></tr>
<tr><td colspan="2" rowspan="2">教学目标（15 分）</td><td colspan="2">（1）符合课程标准和学生实际的程度</td><td colspan="4">① 符合课程标准的要求，科学观念、科学思维、探究实践、态度责任等方面的目标设定与学生的心理特征和认知水平相适应
② 关注不同学生之间的差异</td><td rowspan="2">15 分</td><td rowspan="2">10 分</td><td rowspan="2">8 分</td><td rowspan="2">5 分</td></tr>
<tr><td colspan="2">（2）可操作的程度</td><td colspan="4">教学目标明确、具体，且便于观察和检测</td></tr>
<tr><td colspan="2" rowspan="2">教学条件（10 分）</td><td colspan="2">（1）教学环境的创设</td><td colspan="4">教学环境的创设立足于生活，有利于教学目标的实现</td><td>5 分</td><td>3 分</td><td>2 分</td><td>1 分</td></tr>
<tr><td colspan="2">（2）教学资源的处理</td><td colspan="4">① 科学地选择和组织教学内容
② 依据教学内容准备所需的相关实验器材</td><td>5 分</td><td>3 分</td><td>2 分</td><td>1 分</td></tr>
<tr><td colspan="2">学习指导与教学调控（20 分）</td><td colspan="2">（1）学习指导的范围和有效程度</td><td colspan="4">① 能为大多数学生提供平等参与的机会
② 能对学生的学习活动进行有针对性的指导
③ 创设恰当的问题情境
④ 采用多样的评价方式
⑤ 教师的语言表达准确，有激励性和启发性
⑥ 选用恰当的教学方法</td><td>10 分</td><td>8 分</td><td>6 分</td><td>4 分</td></tr>
</table>

续表

<table>
<tr><th rowspan="2">评价内容</th><th rowspan="2">评价要点</th><th rowspan="2">对评价要点的描述</th><th colspan="4">符合程度</th></tr>
<tr><th>A</th><th>B</th><th>C</th><th>D</th></tr>
<tr><td>学习指导与教学调控（20 分）</td><td>（2）教学过程调控的有效程度</td><td>① 能够根据实际情况调整教学进程
② 能恰当地处理课堂中出现的各种突发情况</td><td>10 分</td><td>8 分</td><td>6 分</td><td>4 分</td></tr>
<tr><td rowspan="3">学生活动（15 分）</td><td>（1）学生参与活动的态度</td><td>① 学生自觉地关注课堂情境
② 学生积极参与活动</td><td>5 分</td><td>3 分</td><td>2 分</td><td>1 分</td></tr>
<tr><td>（2）学生参与活动的广度</td><td>① 参与课堂活动的学生人数较多
② 学生参与活动的方式多样
③ 参与课堂活动的时长合理</td><td>5 分</td><td>3 分</td><td>2 分</td><td>1 分</td></tr>
<tr><td>（3）学生参与活动的深度</td><td>① 敢于发表自己的观点，能提出有意义的问题
② 能按要求规范地操作实验步骤
③ 能够接受他人意见，愿意与同伴协作互助</td><td>5 分</td><td>3 分</td><td>2 分</td><td>1 分</td></tr>
<tr><td rowspan="2">课堂气氛（15 分）</td><td>（1）课堂气氛的宽松度</td><td>① 学生的人格受到尊重
② 学生的疑问得到解答
③ 学生的质疑问难得到鼓励
④ 学习进程张弛有度</td><td rowspan="2">15 分</td><td rowspan="2">10 分</td><td rowspan="2">8 分</td><td rowspan="2">5 分</td></tr>
<tr><td>（2）课堂气氛的融洽度</td><td>① 课堂气氛活跃而有序
② 师生、生生之间的交流平等、积极</td></tr>
<tr><td rowspan="3">教学效果（15 分）</td><td>（1）目标达成度</td><td>① 基本实现教学目标
② 多数学生能完成学习任务
③ 每个学生都有不同程度的收获</td><td>5 分</td><td>3 分</td><td>2 分</td><td>1 分</td></tr>
<tr><td>（2）解决问题的灵活性</td><td>部分学生能灵活地解决学习任务中出现的新问题</td><td>5 分</td><td>3 分</td><td>2 分</td><td>1 分</td></tr>
<tr><td>（3）师生的精神状态</td><td>① 教师情绪饱满，充满热情
② 学生体验到学习的成功和喜悦
③ 学生有进一步学习的意愿</td><td>5 分</td><td>3 分</td><td>2 分</td><td>1 分</td></tr>
</table>

续表

评价内容	评价要点	对评价要点的描述	符合程度			
			A	B	C	D
学科特色（10 分）	（1）探究性学习情境的创设	① 创设探究性学习情境，激发学生的学习兴趣和探究欲望，形成良好的探究氛围 ② 创设有适当物质支持的环境，提供必要的材料和工具 ③ 问题情境的创设贴近学生的生活，有利于激发学生提出与探究主题相关的有价值的科学问题	10 分	8 分	6 分	4 分
	（2）对探究活动的组织和指导	① 能采用合适的教学组织形式，引导学生采用多种形式进行以探究为核心的学习 ② 能根据学生的实际情况和探究活动的需要选用不同类型的指导方法 ③ 在探究活动中提供适当的提示和说明，重视对科学思维方法的指导 ④ 在探究活动中帮助学生建构基础性的知识体系 ⑤ 注意指导学生安全规范地操作实验，培养学生的安全意识				
	（3）学生参与探究活动的情况	① 学生积极主动地参与探究活动，能够提出问题，并以问题为导向进行科学探究 ② 学生能应用已有知识和经验对所观察到的现象做假设性解释 ③ 学生能自主设计探究活动，有创新意识 ④ 学生在观察实验等探究活动中，能够认真细致地搜集和记录数据，尊重事实和证据，能够安全、规范地进行实验操作 ⑤ 学生对问题的思考有一定的深度，能够通过独立思考对一些现象做出解释 ⑥ 学生能够运用多种方式进行表达和交流				

综合评价		
（1）最大的亮点：	（2）评价者的思考：	（3）一点小建议：

活动内容

从第五章至第八章的实践活动中任选其一（可以是自己的，也可以是他人的），为该教学活动方案设计课堂观察评价表。

活动目标

通过设计课堂观察评价表，熟悉课堂观察评价表的设计过程，掌握课堂观察评价表的设计方法，并在此过程中体会团队合作的重要性。

活动过程

（1）每 4 人一组，小组成员围绕评价内容展开讨论，共同确定评价维度。

（2）根据评价维度确定评价内容，通过研讨确定每项评价内容的评价要点。

（3）各小组展示自己设计的课堂观察评价表。

活动评价

授课教师可参考表 9-6 对实践活动进行评价。

表 9-6　活动评价表

评价标准	完成情况（优、良、中、差）	教师点评
评价维度中的评价要点设计得贴切、合理		
评价要点全面、细致		
各评价要点的评价标准（评价对象要达到什么程度或水平才是合乎要求的、优秀的、良好的等）明确		
评价要点具有可测性，能通过观察或测量得到明确的结果		
各个评价要点的权重合理		

第十章

小学科学教师

学习目标

知识目标

- 知道小学科学教师需要具备的专业素养。
- 了解小学科学教师的专业发展阶段及发展目标。
- 熟悉小学科学教师的专业发展路径。

技能目标

- 能根据自身情况确定专业发展目标，并规划专业发展路径。
- 能采用科学的方法提升自己的专业素养。

素养目标

- 认识到不断丰富自身知识储备、提升自身专业素养的重要性。
- 能够在实践中通过各种途径提升自身的专业素养，努力成长为优秀的小学科学教师。

案例导入

教师的终极价值是立德树人。每一位小学科学教师都应当注重自身的专业发展。教师的专业发展首先在于思想素质的提升，其次才是具体学科教学能力的提升。思想素质高的小学科学教师可以用自己正确的价值观和优良的行为品格为学生做示范，使学生在学习科学知识的过程中受到潜移默化的影响，即身正为范。教学能力强的小学科学教师可以在教学过程中按照教学规律开展教学活动，通过高超的教学技艺帮助学生提升学习效率，即学高为师。其中，思想素质是首要因素，教学能力是必要条件。就教师专业发展而言，两者缺一不可。

小学科学教师章老师就是一位德艺双馨的好老师。他在小学科学课程的教学工作中以身作则，用自己的优良品行感染着每一名学生，通过各种方式引导学生自主探索科学知识，并通过反思和研修不断提升自己的教育教学能力，充分展现了优秀教师的风采。

善于“节外生枝”，引导学生自主探究

在教学活动中，章老师常常兴致勃勃地“玩”跟教学内容相关的物品或游戏，而且善于“节外生枝”，衍生出一些与教学内容相关的内容，以便引导学生自主探究科学知识。例如，在一次科学课上，章老师带着学生研究肥皂泡，并将肥皂泡游戏玩出了“新水平”——能把肥皂泡吹得比篮球还大，让它在教室上空晃荡很久。在激发了学生的探索欲望之后，章老师便开始引导他们探究肥皂泡所涉及的科学原理，如水的表面张力、光的反射等。正如英国著名的物理学家开尔文说的那样：“吹一个肥皂泡并且观察它，你会用毕生之力研究它，并且由它引出一堂又一堂的物理课程。”大自然的奇妙与乐趣，值得师生用一生去探索。

兴趣爱好广泛，不断提升专业素养

科学的内容包罗万象。这要求小学科学教师拥有广泛的知识面，能够带领学生探索生活中常见的科学现象，解答学生关于某些科学现象的疑惑。章老师兴趣爱好广泛，他在为学生传授科学知识的过程中常常乐在其中，并且有意识地培养新的兴趣，以便不断提升专业素养。

起初，章老师向往星空，并且一直积极探索天文方面的知识。他阅读了很多天文学方面的书籍，还购买了天文望远镜等科学观测器材。在上与天文课相关的科学实验课的晚上，章老师常带领学生一起观察木星、哈雷彗星、月全食，以及一些著名的双星（由两颗绕着共同的中心旋转的恒星组成）、星团（恒星数目为 10 颗以上且相互之间存在引力作用的星群）等，极大地激发了学生探索宇宙的兴趣，让学生受益匪浅。

后来，章老师以同样的劲头沉浸于地理知识、气象知识、环境知识等各方面知识的学习。“博观而约取，厚积而薄发”，章老师凭着广泛的兴趣涉猎不同领域的科学知识，并积累了丰富的科学课程素材和授课经验，其科学专业素养自然而然地得到了提升。这让章老师在教学过程中更加得心应手。

深入反思研修，提高教育理论水平

在追逐教育梦想的路上，章老师除了追求上好每一节科学课之外，还不断反思自己的教学工作，深入研修小学科学课程的教育理论，如研究多个国家或地区的科学教育大纲、教材和教师用书，研读教育学、心理学、哲学、科学、科学方法论等方面的书籍等。这让章老师的业务素质、理论水平、教育科研能力、课堂教学能力等都得到了极大的提升。

一名合格的小学科学教师需要具备哪些专业素养？小学科学教师的专业发展要经历哪些阶段？小学科学教师提升专业素养的途径有哪些？下面就让我们一起学习本章内容，并揭晓上述问题的答案。

第一节　小学科学教师的专业素养

教师是知识的传递者，是学生认识世界、掌握真理和发展能力的引路人，其专业素养直接关系到学校教学质量和教育目标的达成程度。在小学科学教学领域，小学科学教师不仅要具有良好的思想素质，还要拥有符合科学课程教学工作要求的知识结构，具有较高的文化素养。一般来说，小学科学教师应具备的专业素养包括专业知识、专业能力和教育理念 3 个方面。

一、专业知识

专业知识是指个体开展某项专业活动所需具备的相对稳定的系统知识。对于小学科学教师而言，专业知识是指从事小学科学教学工作所必需的专门知识的总和。它是小学科学教师开展教育实践所必须具备的智力资源。

一般来说，小学科学教师的专业知识包括本体性知识、条件性知识、实践性知识和通识性知识 4 个方面。

（一）本体性知识

本体性知识即小学科学教师应当具备的科学学科知识，它是小学科学教师开展课堂教学所要用到的最主要的知识。具体来说，小学科学教师的本体性知识主要包括自然科学知识、科学方法知识、科学本质观知识和科学史知识。

1. 自然科学知识

自然科学知识是指小学科学教师应当具备的一个或数个学科的系统知识。小学科学课程属于综合性课程，涉及物质科学、生命科学、地球与宇宙科学、技术与工程 4 个方面的知识。作为学生学习的组织者和引导者，小学科学教师应对相关的物理学、生物学、

化学、地理学、环境学、空间科学等方面的学科知识有全面而深刻的认识，并掌握日常生活中常见的科学现象、工程问题的科学原理。此外，小学科学教师还应与时俱进地更新相关领域的学科知识，不断提升自身的学科知识水平，以满足学生不断发展的求知需要。

2. 科学方法知识

科学方法知识是指小学科学教师应当掌握的科学探究方法的相关知识。在小学阶段，科学课程教学的一个重要目标是培养学生的科学探究能力，换句话说，就是引导学生掌握科学探究的方法，如怎样提出问题、进行假设、制订方案、验证假设、解读结论等。这一系列问题的解决要求小学科学教师具备科学方法的相关知识，以便帮助学生运用这些方法进行科学探究。

3. 科学本质观知识

科学本质观知识是指小学科学教师探索科学本质问题的相关知识。小学科学教师只有树立正确的科学本质观，才能引导学生正确理解科学的本质。例如，小学科学教师应该认识到科学是不断发展的，知道科学问题是在一定的历史、文化背景下产生的，科学方法可能会随着新方法或新技术的产生而发生变更等；知道科学课程教学中的哪些知识是假说、哪些知识是公理、哪些知识是定理；等等。小学科学教师对科学本质问题的认知水平比其所掌握的科学知识和科学方法更能影响其在教学中的表现。

小学科学课程的目的是培养学生良好的科学素养，科学本质观是科学素养的重要方面。小学科学教师必须树立正确的科学本质观，以便引导学生在学习科学知识和科学方法的过程中形成科学的价值观和认知。

4. 科学史知识

科学史是小学科学教育内容中必不可少的一部分，科学史上的科学探索实例和科学人物是学生学习科学知识的良好素材。因此，小学科学教师应掌握一定的科学史知识，并将这些知识融入科学课程教学中，以培养学生良好的科学素养。

例如，在教学过程中，小学科学教师可以引导学生追溯一项发明的历史，让学生明白发明者在科学探索的过程中遇到的各种困难，以及这些发明者在战胜困难的过程中表现出来的拼搏精神、批判精神、创新精神等，以使学生从中受到启发。

提 示

在科学课程教学过程中，教师可以通过一些科学结论追溯科学家（如鲁班、张衡、祖冲之、蔡伦、伽利略、牛顿、法拉第等）探索科学的历程。这样做具有以下两个方面的作用：一方面，能让学生了解科学研究的过程，学习和内化科学精神，关心科学的研究动态，而不是仅仅把握科学事实，将建构知识变为单纯的“占有”知识；另一方面，可以让学生以移情的方式体验这些科学家思考和探究的过程，让学生从科学史中体味到科学家身上可敬的、深切的人文情怀。

（二）条件性知识

条件性知识是指小学科学教师认识教育对象、开展教育活动和教育研究时应当具备的知识，主要包括教育学、心理学等方面的知识。条件性知识是小学科学教师顺利开展科学课程教学活动的必备知识，不仅能够帮助小学科学教师认清复杂的教育现象，还有利于小学科学教师准确地把握学生在不同学段的心理发展特征和认知水平，进而结合科学知识认知规律制订合理的教学方案。

（三）实践性知识

实践性知识是指小学科学教师在教学实践中应对各种实际教学情境时所需要的知识，包括教育信念、实践策略、人际交往等多方面的内容。这种知识一般表现为教师的教学经验。实践性知识是教师通过沉淀理论知识、总结实践经验所得到的教育智慧，能在具体的教学情境中被激活。丰富的实践性知识有助于小学科学教师在各种教学情境中针对临时状况快速做出应对决策并采取适当的应对措施，是小学科学教师做好教学工作的重要保证。

实践性知识主要源自教师的教学实践，即他们对自身教学实践的反思和总结，与教师的教学经历有着密切的联系，具有明显的经验性。

（四）通识性知识

掌握广博的通识性知识是小学科学教师开展教学工作的必备条件。小学科学涉及的内容包罗万象。同时，在小学课程改革的背景下，各个学科之间的联系日益紧密。要驾驭这样一门知识涉及范围如此广阔的学科，除了要具备系统的科学知识外，小学科学教师还要广泛涉猎其他领域的相关知识，如人文社会科学知识、天文知识、地理知识、工程建造方面的知识、机械方面的知识等，做到文理渗透、中外渗透、古今渗透，以便得心应手地开展小学科学教学工作。

二、专业能力

专业能力是指个体完成某项专业任务所必须具备的基本能力。对于小学科学教师而言，专业能力是指小学科学教师完成小学科学教学任务所必须具备的基本能力。小学科学教师的专业能力主要包括基本能力与核心能力两个方面。

（一）基本能力

1. 语言表达能力

语言是教师传播知识及与学生进行交流的主要工具。语言表达能力是教师的一项基本

专业技能，教师的语言表达能力会直接影响教学效果。因此，小学科学教师要想高效地开展小学科学教学工作，就必须具备较强的语言表达能力。总体来说，小学科学教师的语言表达要做到发音正确、标准，措辞严谨，语意清楚，既要保证所讲内容的科学性，又要确保所讲的内容通俗易懂，富有逻辑性和启发性，且能让学生易于理解。

2. 学情分析能力

学情分析能力是教师顺利开展教学工作的重要条件。在教学过程中，小学科学教师只有先从个性特征、心理素质、认知基础、学习能力、身体状况等各个方面对学生进行分析，掌握学生的整体情况和个体差异情况，才能设计出合适的教学方案，做到因材施教，从而促进学生科学素养的发展。实践证明，在深入分析学情的基础上开展教学工作，能够更有效地提高学生各方面的能力，取得更好的教学效果。

3. 教学设计能力

面对特定的教学任务，如何安排教学内容，如何设计教学程序，采取何种策略和方法来开展教学，对于小学科学教师来说尤为重要。好的教学设计可以使课堂教学过程跌宕起伏、妙趣横生，吸引学生的注意力，激发学生的求知欲望。因此，小学科学教师要想提升自己的教学水平，就必须具有良好的教学设计能力。

4. 组织管理能力

组织管理能力是指教师有序地组织学生开展科学实践活动、管理与监督课堂教学过程的能力。小学科学教师在教学活动中发挥着主导作用，必须具备相应的组织管理能力。在教学过程中，小学科学教师既要维持良好的课堂秩序，营造生动活泼的课堂气氛，又要采用合适的教学组织形式，调动学生参与教学活动的积极性，且合理地控制课堂教学的节奏等。除此之外，小学科学教师还要能够灵活处理课堂教学过程中出现的一些偶发事件，以维持正常的课堂秩序。

（二）核心能力

1. 教育科研能力

教育科研能力是指教师研究教育现象及其本质和规律的能力。教师成为研究者是我国新一轮课程改革的重要理念，科技的发展和时代的进步也要求小学教师成为“科研型”“专家型”教师。实现由“教书匠”向“科研型”教师转变的关键就是培养小学教师的教育科研能力。

对于小学科学教师而言，教育科研工作包括研讨教学实验方案、进行专题研究、交流实践经验等。小学科学教师要具备将教育科研与实际教学工作结合起来的能力，采用恰当的科研方法，不断探索教育教学规律，用这些规律指导教学实践，从而不断地提升自己的教育教学水平。

2. 课程开发能力

课程是联系教师和学生的桥梁，是教学活动的重要载体。小学科学教师能否在教学活动中较好地贯彻教育理念，充分发挥科学课程的价值导向作用，促使学生自主探究并学以致用，取决于小学科学教师是否具备良好的课程开发能力。在小学科学教学实践中，教师

不能仅是课程的实施者，还要成为课程的研究者和开发者，在深入研究课程标准和教材的基础上，结合当地特色创造性地打造出精品课程。

请结合自己的求学经历谈一谈你对“教师即课程”这句话的理解。

3. 教学反思能力

教学反思能力是指教师在教学实践中对自身教学行为和效果进行分析、审视、思考和改进的能力，是教师应该具备的核心能力之一。教学反思的内容主要包括教师对教学理念、专业知识、教学技能、教学态度等方面的反思。教学反思是教学工作的重要环节，是教师有效提升自身专业能力的有效途径。

扫一扫

教学反思

三、教育理念

教育理念是指教师在长期的教育实践中形成的关于教育的本质、规律及价值的根本性判断和观点。教育实践是教育理念形成的基础和源泉。

教育理念的特点

教育理念具有以下4个方面的突出特点。

（1）抽象性。教育理念包含教育思想、教育主张、教育认识、教育信念、教育使命、教育理想、教育要求等，这些内容都内化在教育者的头脑之中。

（2）导向性。教育理念源自教育实践，又反过来指导教育实践。它能引领教师朝着特定的方向开展教育实践，促使教育教学活动达到预定的教学效果。

（3）稳定性。教育理念一旦形成，就不容易发生改变。正因为教育理念具有这种特性，教师才能形成自己的教学风格。同时，由于社会和时代是不断发展变化的，教育实践的价值取向和利益诉求是不断更新的，所以教师的教育理念也必须适时更新。

（4）情境性。任何教育理念都必须通过特定的教育教学情境发挥作用。在教育教学实践中，教师的教育理念要与真实的教学情境相契合，这样才能激发学生的求知欲，调动学生的学习积极性。

小学科学教师应在教学过程中践行以下教育理念。

（一）以人为本

以人为本是新课程改革的教育理念之一，其基本内涵是“人类的任何活动都要以满足

人的生存和发展为目的，它强调人是自然、社会、自身的主体”。以人为本的根本就是以人为尊、以人为重、以人为先。在小学科学教学过程中，以人为本教育理念要求小学科学教师能够以学生为本，以最简捷、最有效的方法将适应社会发展所需要的科学知识传授给学生，使学生有能力继承传统的科学，并在此基础上发展现代科学和未来科学，在不断延续人类科学发展的过程中茁壮成长。

（二）以德为先

教育之道，在于树人；树人之本，在于立德铸魂。古人云：“凡举大事者，必以人为本；凡择贤良者，必以德为先。”每一位小学科学教师都要树立以德为先的理念，以树人为核心，立德为根本，全面落实立德树人根本任务，将社会主义核心价值观全面贯穿于科学教育的全过程，注重发挥师德引领作用，用师德引导生德。

（三）全面发展

全面发展教育理念强调学生发展的完整性和全面性，其内涵主要体现在以下3个方面：① 德智体美劳全面发展；② 意志品质、思维能力、创新精神等综合素质全面发展；③ 身体和心理全面发展。这就要求小学科学教师在教学实践中不仅要引导学生学习科学文化知识，还要注意培养学生的语言表达能力、动手实践能力、科学探究能力、逻辑思维能力、创新能力等，提升学生的心理素质，从而促进学生的全面发展。

（四）因材施教

小学科学课程要面向全体学生，适应学生个性发展的需要，使每个学生都获得良好的科学教育。然而，不同的学生在学习兴趣和动机、学习基础和能力、学习方法和习惯等方面都存在个体差异。这就要求小学科学教师在教学过程中充分了解每个学生的个性特点和学习情况，照顾不同层次学生的需要，在保证全体学生达到课程标准基本要求的前提下，适当加深、拓宽教学内容，让学有余力的学生有机会接触、了解，甚至钻研自己感兴趣的科学问题，最大限度地满足其进一步学习的需要，并注意培养其学习的独立性和创造性。

（五）终身学习

终身学习是指个体为适应社会发展和实现个体发展的需要，持续学习新理念、新知识，并学以致用的过程。随着社会的快速发展，知识更新周期越来越短，教师的专业发展不可能一次性完成，而应贯穿于教师职业生涯的全过程。在科学教育领域，科学文化知识不断更新，小学科学教师应该树立终身学习的意识，不断优化自身知识结构，提升自身科学素养，主动适应社会经济和教育发展的变革，为培养具有较高科学素养的人才服务。

（六）创新教育

创新教育是指教师按照一定的培养目标和培养规格，通过有效的教育手段，培养学生的创新人格、创新意识和创新能力，使其成长为适应知识经济时代所需要的创新型人才的教育。创新教育理念的基本要求就是通过教育激发每个学生的创新潜能，培养他们的创新能力。

小学科学的创新教育主要体现在教师教学内容的创新、教师教学方法的创新、学生学习方法的创新及教学评价方式的创新上。在小学科学教学活动中，教师应树立创新教育理念，解放思想，大胆尝试，积极探索更好的教学模式；注重培养学生的创新意识，不断探索可锻炼创新思维的教学方法；教导学生敢于质疑、勤于思考、善于实践，为将学生培养成知识经济时代所需要的创新型人才打下坚实的基础。

匠心筑梦

提升基本素养，争做有为教师

教师在传道授业解惑的同时，也在用自己崇高的世界观、人生观和价值观影响着学生。要成为一名优秀的教师，首先要拥有最基本的教师素养。

那么，现代教师应具备的基本素质有哪些呢？

一、身心健康，有独特的人格魅力

首先，教师要有健康的体魄，这样才能担负起繁重、艰巨的教学工作，并按时完成各项教学工作之外的育人任务。其次，教师还需要有良好的个性特征和独特的人格魅力，这样才能在教育活动中给学生以潜移默化的正面影响。

二、忠于教育，有正确的价值取向

陶行知先生曾说：“教师手里操着幼年人的命运，便是操着民族和人类的命运。”一个师德上失衡的教师远比一个教学水平不高的教师可怕。在由教师和学生共同构成的课堂上，教师如果没有正确的价值观，就会将一个国家的未来推向深渊。故而，人民教师必须树立正确的价值观。

三、育人为本，有良好的职业操守

“育人为本”是党和国家的办学宗旨。教书是教师的职责，育人是教书的根本。在教学过程中，做到德育与智育的统一、教学能力与育人能力的统一、学高与身正的统一、个人与社会的统一，是教师基本的职业操守。

四、一专多能，有多元的知识结构

时代在发展，学科教育内容也在不断地丰富。新时代的教师不仅要掌握一门专业学问，还应储备多学科知识，构建多元化的知识结构，以便更好地发挥教师的育人功能。

五、尊重学生，有平等的教育观念

教师要平等地看待每一名学生，尊重学生个性的多样化，发掘每一名学生的潜能，使每一名学生都能有所发展。

六、与时俱进，有执着的创新精神

面对新一轮课程改革，面对新时代的学生，一名好老师要与时俱进，勇于创新，不断尝试新的教学手段，探索多样化的教学方法。

社会对教育发展的要求，归根到底是对教师的要求。现代教师要善于加强自身修养，勇于承担时代重任，使教育事业蒸蒸日上，为祖国培养一批又一批的栋梁之材。

（资料来源：佚名，《教师十大素养》，“光明社教育家”公众号，2022 年 8 月 18 日）

第二节　小学科学教师的专业发展

小学科学教师的专业发展是指小学科学教师作为专业人员，在职业道德、专业知识、专业能力、教育理念等方面由不成熟到成熟的发展过程，即由新手教师成长为专家型或研究型教师的发展过程。

一、专业发展阶段

（一）教师专业发展阶段理论

教师专业发展是一个长期的、持续的、由量变到质变的发展过程。它的长期性和持续性决定了其发展的阶段性。教师的专业素养在每一个发展阶段都会有一定的变化，这些变化为判断教师的专业发展情况提供了依据。

关于教师专业发展阶段的划分，国内外学者在进行了细致的研究后，形成了不同的理论学说，如表 10-1 所示。

扫一扫

教师专业发展的阶段

表 10-1　关于教师专业发展阶段的相关理论

提出者		理论名称	阶段划分
国外	福勒	教师教学关注阶段理论	① 教学前的关注阶段；② 早期关注生存阶段；③ 关注教学情境阶段；④ 关注学生阶段
	休伯曼	教师生命周期理论	① 入职期（从教最初的 1～3 年）；② 稳定期（从教 4～6 年）；③ 实验和歧变期（从教 7～25 年）；④ 平静和保守期（从教 26～33 年）；⑤ 退出教职期（从教 34～40 年）
	伯登	教师教学生涯发展理论	① 求生阶段（从教 1 年以内）；② 调整阶段（从教 2～4 年）；③ 成熟阶段（从教 5 年以上）
	伯利纳	教师专业发展阶段理论	① 新手阶段（从教 1 年以内）；② 高级新手阶段（从教 2～3 年）；③ 胜任阶段（从教 4～5 年）；④ 熟练阶段（从教 5～7 年）；⑤ 专家阶段（从教 8～15 年）

续表

提出者		理论名称	阶段划分
国外	费斯勒	教师生涯循环论	① 职前教育阶段；② 引导阶段；③ 能力建立阶段；④ 热心和成长阶段；⑤ 生涯挫折阶段；⑥ 稳定和停滞阶段；⑦ 生涯低落阶段；⑧ 生涯退出阶段
国内	邵宝祥等	教师教学能力发展四阶段理论	① 适应阶段（从教 1～2 年）；② 成长阶段（从教 3～8 年）；③ 称职阶段（一般在 35 岁之后）；④ 成熟阶段
	钟祖荣	教师专业发展四阶段理论	① 准备期；② 适应期；③ 发展期；④ 创造期
	叶澜、白益民	“自我更新”取向阶段论	① 非关注阶段；② 虚拟关注阶段；③ 生存关注阶段；④ 任务关注阶段；⑤ 自我更新关注阶段
	彭红琴	教师专业成长三阶段理论	① 教师专业发展的初始阶段——以教材为本；② 教师专业发展的发展阶段——以教师为本；③ 教师专业发展的成熟阶段——以学生为本

（二）小学科学教师专业发展的阶段

小学科学教师的专业发展阶段与前文所述的教师专业发展阶段存在共性，通常可分为 4 个阶段：定向阶段、初任适应阶段、反思提升阶段和成熟稳定阶段。

1. 定向阶段

定向阶段始于大学时期。在校师范生如果希望毕业后到小学任职，就应提前确定好毕业后的课程教学方向。若选择教授小学科学课程，则在大学期间，除了学好教育理论知识及相关教学技能，还应注意了解科学教育及其他相关领域的学科知识和前沿动态，提升自身的科学文化素养，关注科学教师特别是小学科学教师的职业发展要求。

2. 初任适应阶段

初任适应阶段是教师成长的起始阶段，也是教师专业发展的关键阶段。新手教师一般处于这一阶段，他们通常更多地关注自己的生存状态，以及他人对自己的评价，会不自觉地花费大量的时间处理同事关系和师生关系。在这一阶段，小学科学教师不仅要适应由教育专业的学生向正式教师的角色转换，还要努力将所学理论知识运用到具体的教学实践中去。

刚开始从事小学科学教学工作时，有的新手教师会有一种兴奋感和新奇感，对科学教学工作充满期待，有的新手教师可能会担心自己无法顺利开展科学教学工作，这都是很正常的现象。新手教师应当认识到这是每名教师入职后都要经历的阶段，同时，积极地向经验丰富的教师学习课堂教学经验，一般可在 3 年内顺利度过这个阶段。

3. 反思提升阶段

在反思提升阶段，小学科学教师通常已经掌握了小学科学教学的各方面技能，也积累了一定的教学经验，对自己的教学能力比较有信心。在这一阶段，小学科学教师的主要目

标是如何改进或完善现有的教学模式，追求创新并超越自我。其注意力由关注自我生存转变为更多地关注教学工作，由关注“我能行吗？”转变为关注“我怎样才能做得更好？”。

在这一阶段，小学科学教师的主要任务是结合学生的个体差异和学习特点，开发校园和社会的科学课程教育资源，反思自己的教学过程，学习他人的教学经验，创造性地尝试新的教学方法。为了完成这个任务，小学科学教师一般会自觉地强化科学教学的专业意识，提升自己的专业能力，积极参加与科学教学相关的各种研讨活动、学术会议，了解科学教学研究的前沿信息，主动与同行交流、学习。

4. 成熟稳定阶段

在成熟稳定阶段，小学科学教师通常已具备了较强的教育教学能力，拥有丰富的教学经验。在这一阶段，其专业发展的主要目标是建构自己的教学思想体系，形成自己独特的教学风格。在这一阶段，小学科学教师还需要继续研究与科学教育相关的理论，并通过研究课题、发表论文、开办讲座等方式指导青年教师教学，发挥自己在科学教学领域的表率作用。

二、专业发展目标

小学科学教师的专业发展目标主要包括情感、态度、价值观、科学方法、科学知识和科学探究能力 6 个方面的内容。小学科学教师应当不断地提高自己的专业能力，努力实现这 6 个方面的专业发展目标。

（一）情感方面的发展目标

（1）对与科学有关的事物有浓厚的兴趣，自觉地培养与科学有关的业余爱好。

（2）能够欣赏科学所具有的和谐、有序、简洁、对称、统一的美。

（3）能够在设计、参与和指导小学生进行科学探究活动的过程中体验到科学活动带来的乐趣。

（4）对自己成为科学的传播者而感到自豪，有一种神圣的使命感。

（二）态度方面的发展目标

（1）崇尚科学，远离愚昧迷信，自觉地用科学知识武装头脑，努力践行科学课程教育理念。

（2）有批判精神，相信科学的结论而不迷信权威，具有献身科学的精神和捍卫科学的勇气。

（3）深刻地理解科学认识与实践的关系，善于用实践检验科学认识。

（4）热爱科学教育事业，采取各种方式探究前沿科学问题，积极主动地带领学生参与科学探究活动。

（5）能正确理解科学假说与科学理论之间的关系，并认识到科学假说与科学理论之间不存在不可逾越的界限，对学生建立在自身经验基础上的猜想持宽容的态度。

（6）明白小学生的科学素养是在科学探究活动中形成的，鼓励学生凭好奇心、直觉等提出创造性问题，同时能帮助学生排除假说验证过程中的非理性因素（如情感和爱好等）的影响。

（7）明确科学理论需要的实验证据必须是有效的，能按照实事求是的原则搜集科学实验证据。

（8）愿意结合本地资源设计科学探究活动，善于创造性地运用教材。

（9）乐于且善于与同行合作，并在科学探究过程中鼓励学生互相合作，培养学生的团队精神。

（三）价值观方面的发展目标

1. 教育价值观方面的发展目标

（1）能认识到教育的目的不只是传授知识和提升智力，而是从科技发展与价值发展相统一的角度，培养能探索人类发展方向、适应未来社会发展的人。

（2）牢固树立大众教育的教育理念，面向全体学生开展教学活动，让每一名学生都能在平等的关爱中健康成长。

（3）能以学生的发展为本位，摒弃灌输的观念，倡导启发式教学，关注学生的个性发展，为学生的终身学习奠定基础。

（4）能认识到科学精神的培养、科学行为习惯的养成比获取科学知识更加重要。

2. 科学价值观方面的发展目标

（1）理解世界的物质性，能认识到在由精神和物质组成的二元世界里，物质是第一性的。

（2）承认自然规律的客观性，尊重事实，尊重客观规律。

（3）知道科学认识是受人类实践活动限制的，有时代局限性，因此科学真理具有相对性和发展性。

（4）能认识到人是自然的产物，人能在与自然对话的过程中掌握自然规律，会对自然产生能动的作用，但不能违背自然规律，不能破坏自然环境，人和自然应该建立协调、和谐、统一的关系。

（5）了解科学技术的发展对人类的影响具有双面性，树立科学的生态观。

（四）科学方法方面的发展目标

（1）掌握科学方法的 3 种类型，即经验方法（观察、测量、实验等）、理性方法（逻辑、数学、统计等）、臻美方法（直觉、对称、类比等）。

（2）对于数学与实验、假设与验证、归纳与演绎、分析与综合等科学方法有深刻的认识。

（3）理解科学方法的多元性，对无序的猜测、想象、灵感、顿悟、幻想等创造性的研究方法持宽容的态度。

（4）理解科学方法的创新性，能有效地引导和鼓励学生在科学探究方法上创新。

（5）理解科学方法的开放性，能主动跟踪了解新的研究方法，如计算机模拟方法等。

（6）能从本质上把握自然科学中几个基础门类的具体研究方法，并能将一些常用的研究方法（如变量控制法、图表法、科学统计法、类比法等）融会贯通。

（7）对现代科学方法（如逻辑经验论、科学理性论等）有所了解。

（五）科学知识方面的发展目标

（1）具有扎实的科学基础知识，在物质世界、生命世界、地球与宇宙、技术与工程等方面具有较高的认知水平。

（2）对贴近生活的科学知识有比较全面的了解。

（3）对科技发展史、科学与技术的关系、科技与社会的关系、科学知识与人文知识的关系、科学与当代人的生活等都有相当程度的认识。

（4）知识结构以广博为主、渊深为次，能从哲学的高度去理解一些重要的科学原理。

（5）了解现代科技发展的主要方向，并了解前沿科技知识。

（六）科学探究能力方面的发展目标

（1）有强大的专注力和敏锐的观察力，能够通过观察学生科学探究的过程捕捉他们思维的亮点，及时发现学生在科学探究过程中遇到的困难，引导他们用科学的方法探索客观世界。

（2）有丰富的想象力和较强的思维能力，能理解学生以感性为主的认识方式、以想象为主的理解方式，并能逐步引导学生从形象到抽象、从个别到一般地理解科学现象并建构科学概念。

（3）有较强的动手能力，能带领学生开展有效的科学探究活动。

（4）能用书面语言和口头语言准确地阐述科学探究过程、科学概念、科学思想和科学理论等。

（5）能客观地评价学生的科学探究能力，并能在正确判断的基础上有效地改进教学方案。

（6）能用科学原理解读生活中常见的科学问题，并乐于解答学生提出的问题。

三、专业发展途径

小学科学教师的专业发展是小学科学教师成长和小学科学教学质量提升的必然要求。在教学实践中，小学科学教师可以通过以下路径提升自身的专业素养。

教师专业发展的方法

（一）加强理论学习

小学科学教师应不断地加强理论学习，关注教育改革的前沿信息，扩展自己的知识视野，不断更新教育教学理念，丰富教育教学理论，以便不断提升教育教学水平和教研水平。具体来说，小学科学教师可以通过阅读教育教学方面的著作、聆听专家（不仅包括科学家、科学教育专家、一线教师和教研员，还包括各行各业中与科技相关的专家等）讲座、参加教育科研活动等途径加强理论学习。

（二）加强技能训练

在小学科学教学实践中，教师的教学技能在很大程度上影响着课堂教学效果。要想提高教学水平，获得良好的专业发展，小学科学教师就必须掌握一定的教学技能，如实验操作技能、教学媒体使用技能、组织与指导课外活动的技能等，并能够将其灵活地运用到具体的教学实践中去。具体来说，小学科学教师可以通过以下途径训练教学技能：① 观摩优秀教师的课堂教学，学习他们丰富的教学经验；② 虚心请教教学经验丰富的一线教师，争取得到他们的结对帮扶，认真听取他们的意见和建议；③ 参加教学技能比赛，在比赛中积累教学经验，学习并运用教学技能。

（三）注重教学反思

教学反思是教师专业发展的重要途径。小学科学教师要通过反思回顾、分析和审视整个教学过程，总结教学过程中的得失与成败，以便不断地改进教学工作，进而提高自身的教学水平。一般来说，小学科学教师可以采用记教学日记、说课、听课、征询学生反馈意见、总结教学经验、与同行研讨交流等方式进行教学反思。反思的内容主要包括以下几个方面：① 是否获得了预期的教学效果，并实现了教学目标；② 是否创造性地使用了教材；③ 教学过程是否存在“伪探索”，有无激发学生的主动性和创造力；④ 教学过程是否兼顾学生的个体差异；⑤ 教学过程中的临场应变是否得当；⑥ 通过教学摸索出了哪些教学规律，教学方法上可以进行哪些创新；⑦ 学生的提问反映出哪些问题，可以如何改进教学方案；⑧ 教学过程有哪些成功经验。

（四）重视经验升华

教学实践中的经验往往是个性化的、零散的。要想在更大的范围内使用这些经验，就必须将具体的教学经验上升到理论高度。这要求小学科学教师通过提炼升华、研究课题等方式将零散的经验系统化、理论化。因此，小学科学教师要增强经验升华意识，善于将实践经验升华到理论的高度。

职后培训是小学科学教师提升专业素养的有效途径，它与职前培养、入职教育同样重要。近年来，在推行素质教育和新课程改革的背景下，国家和地方在职后培训上投入了大量的人力、物力和财力，通过各种方式建立了开放性的教师专业发展途径，开展了不同层次、类别、规模的教师培训活动。小学科学教师可以根据需要选择适合自己的培训项目。例如，处于初任适应阶段的教师可以参加以课堂教学培训为主的培训项目，进入成熟稳定阶段的教师可以参加以教学科研和课程开发为主的培训项目。

活动目标

全面评估自己的专业能力发展水平，结合自身情况确定专业发展策略和行动规划。

活动内容

在新课程改革与实施的大背景下，广大小学科学教师必须与时俱进，加强学习，努力获取扎实的教学功底和广阔的学术视野，把握教育的真谛；与新课程共同成长，以主人翁的心态投入课程改革的浪潮中去。请结合自身情况编写“个人专业发展规划”。

活动过程

（1）进行全面的自我评估，进一步了解自己的专业能力发展水平。评估内容包括自己的语言表达能力、教学设计能力、自我监控能力、课程开发能力、教学反思能力等。（可借助测评工具进行）

（2）了解小学科学教师的职业现状及发展趋势，结合自身情况确定合理的专业发展目标（短期目标、中期目标和长期目标）。

（3）确定专业发展策略，包括职后学习、教学研讨、终身学习等。

（4）制订行动方案。按照专业发展目标和专业发展策略确定具体的行动方案，将方案细化到日常可操作性的层面，最终形成书面的“个人专业发展规划”。

活动评价

授课教师可参考表 10-2 对实践活动进行评价。

表 10-2　活动评价表

评价标准	完成情况（优、良、中、差）	教师点评
自我分析全面、深入、客观，能清楚地认识到自己的优劣势		
对小学科学教师所处行业的现状及发展前景有清晰的认识，了解行业就业需求		
职业发展路径设计符合外部环境和个人特质（兴趣、技能、特质、价值观）		
行动方案有利于保持个人优势、改进个人不足、全面提升个人竞争力，且具有可操作性		
能准确把握职业规划设计的核心与关键，所制订的“个人专业发展规划”思路清晰，逻辑合理		

参考文献

[1] 胡卫平，刘守印. 义务教育科学课程标准（2022 年版）解读［M］. 北京：高等教育出版社，2022.

[2] 王思锦，叶宝生. 小学科学教学关键问题研究［M］. 北京：首都师范大学出版社，2020.

[3] 曾宝俊，王天锋. 小学科学教师入门十课［M］. 北京：化学工业出版社，2019.

[4] 张二庆，乔建生. 小学科学课程与教学论［M］. 北京：北京师范大学出版社，2016.

[5] 林长春，彭蜀晋. 小学科学课程与教学［M］. 重庆：西南大学出版社，2019.

[6] 赵继辰. 小学科学技术与工程领域教学资源开发［M］. 长春：长春出版社，2021.

[7] 李中国. 小学科学教学设计［M］. 2 版. 北京：高等教育出版社，2017.

[8] 张红霞. 小学科学课程与教学［M］. 北京：高等教育出版社，2010.

[9] 刘德华. 小学科学课程与教学［M］. 北京：中国人民大学出版社，2009.

[10] 戴缪勇. 小学科学与技术课程教学实践［M］. 上海：上海社会科学院出版社，2017.

[11] 于胜刚. 教师专业发展导论［M］. 北京：北京大学出版社，2015.

[12] 叶勤. 小学科学学科知识与拓展［M］. 上海：华东师范大学出版社，2015.

[13] 曾宝俊，夏敏. 小学科学教材教法与教学设计（低年级）［M］. 福州：福建教育出版社，2018.

[14] 张和平. 小学科学教学活动设计案例精选［M］. 北京：北京大学出版社，2012.

[15] 毛利丹. 中小学教师评价研究［M］. 北京：中国社会科学出版社，2017.